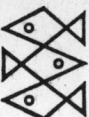

Über dieses Buch Neben seinen philosophischen Forschungen hat sich Bertrand Russell zeitlebens auch mit Fragen der politischen Moral befaßt – jedoch keineswegs aus der Perspektive eines behaglichen Gelehrtendaseins. Dieses Interesse speiste sich vielmehr aus Russells nonkonformistischer Haltung, die ihn immer wieder in offene Konfrontation mit Religion, öffentlicher Meinung und staatlicher Macht führte. Der Krieg gegen das totalitäre Regime in Deutschland und der erste Einsatz von Atomwaffen veranlaßten ihn, seine ethischen Überlegungen erstmals systematisch darzustellen.
Der erste Teil enthält die Umrisse einer nichtdogmatischen Ethik, die an das wohlverstandene Eigeninteresse der Menschen appelliert. Begriffe wie Sünde, Unrecht, Ehre, Gewissen und Autorität werden dabei einer kritischen Prüfung unterzogen. Im zweiten Teil überträgt Russell die gewonnenen Ergebnisse in die Sphäre der Politik: Auch hier seien magische Vorstellungen am Werk, die zu Nationalismus und Vergeltungsdenken führten. Im gemeinsamen, unbedingten Willen zur Vermeidung eines Krieges – im atomaren Zeitalter ein Gebot bloßer Selbsterhaltung – sieht Russell die große und zugleich letzte Chance der Verständigung zwischen den feindlichen Wertsystemen.
Das zweite Kapitel des zweiten Teils ist identisch mit dem Vortrag, den Russell in Stockholm anläßlich der Verleihung des Nobelpreises hielt.

Der Autor Bertrand Russell wurde 1872 in Chepstow/Wales geboren. Er studierte Mathematik und Sozialwissenschaften in Cambridge und lehrte Philosophie u. a. in England, China und den Vereinigten Staaten. Daneben trat er als Politiker der Labour Party, als Pazifist, Pädagoge und Literat hervor. Für sein Buch *Marriage und Morals* wurde ihm 1950 der Nobelpreis für Literatur verliehen. Bertrand Russell starb im Alter von achtundneunzig Jahren.
Im Fischer Taschenbuch Verlag erschienen *Philosophie. Die Entwicklung meines Denkens* (Bd. 6572) und *Das ABC der Relativitätstheorie* (Bd. 6579).

Bertrand Russell

Moral und Politik

Aus dem Englischen
von Ruth Gillischewski

Fischer Taschenbuch Verlag

5.–6. Tausend: November 1992

Ungekürzte Ausgabe
Veröffentlicht im Fischer Taschenbuch Verlag GmbH,
Frankfurt am Main, September 1988

Titel der englischen Originalausgabe:
›Human Society in Ethics and Politics‹
© 1954 George Allen & Unwin Ltd., London
Für die deutsche Ausgabe:
© 1972 Nymphenburger Verlagshandlung GmbH, München
Lizenzausgabe mit freundlicher Genehmigung
der Nymphenburger Verlagshandlung GmbH, München
Umschlaggestaltung: Buchholz / Hinsch / Hensinger
Foto: Ullstein Bilderdienst
Druck und Bindung: Clausen & Bosse, Leck
Printed in Germany
ISBN 3-596-26573-8

Gedruckt auf chlor- und säurefreiem Papier

INHALT

Die ersten neun Kapitel dieses Buches sind in den Jahren 1945/46, die übrigen 1953 entstanden, mit Ausnahme des 2. Kapitels des zweiten Teils; dieses enthält den Vortrag, den ich [1950] in Stockholm anläßlich der Überreichung des Nobelpreises für Literatur gehalten habe. Ursprünglich hatte ich die Absicht, die Darstellung der Ethik in mein Buch »Human Knowledge« [dt. »Das menschliche Wissen«] aufzunehmen; ich habe aber davon Abstand genommen, weil ich mir nicht klar darüber war, in welchem Sinne man die Sittlichkeit als Wissen auffassen könnte.

Dieses Buch bezweckt zweierlei: 1. die Darstellung einer undogmatischen Ethik, 2. die Anwendung dieser Ethik auf verschiedene aktuelle politische Probleme. Die im ersten Teil dieses Bandes entwickelte Ethik erhebt keinen Anspruch auf erstaunliche Originalität, und ich hätte es sicher nicht der Mühe wert gehalten, sie darzulegen, wenn mir nicht jedesmal, wenn ich sittliche Urteile über politische Probleme äußere, von der Kritik vorgehalten würde, ich sei nicht dazu befugt, da ich nicht an die Objektivität sittlicher Urteile glaubte. Ich halte diesen Vorwurf für unbegründet, kann das aber nur an Hand verschiedener Ausführungen rechtfertigen, bei denen es samt und sonders nicht mit wenigen Worten getan ist.

Der zweite Teil dieses Buches soll keine vollständige politische Theorie bieten. Ich habe mich in früheren Schriften mit verschiedenen Teilen der politischen Theorie beschäftigt und befasse mich in diesem Bande lediglich mit solchen, die abgesehen von ihrer engen Verknüpfung mit der Ethik vorwiegend praktische Bedeutung für die Gegenwart haben. Durch Eingliederung unserer derzeitigen Probleme in einen größeren Rahmen hoffte ich zu erreichen, daß sie mit nicht so eiferndem Fanatismus und nicht ganz so erbittert und gereizt behandelt würden, wie es leicht geschieht, wenn sie nur in ihren zeitgebundenen Zusammenhängen gesehen werden.

Des weiteren hoffte ich, mit diesem Buche, das ausschließlich von den menschlichen Leidenschaften und ihren Auswirkungen auf das menschliche Schicksal handelt, ein Mißverständnis zu klären, dem nicht nur meine eigenen Schriften ausgesetzt sind, sondern auch alles, was andere Autoren schreiben, mit denen ich weitgehend übereinstimme. Aus dem Charakter der Beschuldigung, welche die Kritiker gegen mich zu erheben pflegen, scheint mir hervorzugehen, daß sie meine Schriften mit einer so starken Voreingenommenheit zur Hand nehmen, daß sie gar nicht merken, was ich wirklich sage. Immer wieder habe ich zu hören bekommen, ich überschätzte den Anteil der Vernunft an menschlichen Angelegenheiten. Das soll wohl heißen, ich sei des Glaubens, die Menschen seien vernünftiger oder sollten vernünftiger sein, als sie nach Auffassung meiner Kritiker sind. Ich glaube aber, daß der Irrtum in erster Linie auf Seiten meiner Kritiker zu suchen ist, und daß sie, nicht ich, die Rolle überschätzen, die die Vernunft zu spielen vermag, und zwar vermutlich deswegen, weil sie sich einfach nicht klar darüber sind, was das Wort ›Vernunft‹ eigentlich bedeutet.

Das Wort ›Vernunft‹ hat einen ganz klaren, präzisen Sinn. ›Vernunft‹ bedeutet: Wahl der richtigen Mittel zu einem erwünschten Zweck. Mit der Wahl der Zwecke hat sie gar nichts zu tun. Das wird aber von den Verächtern der Vernunft verkannt; sie glauben, die Sachwalter der Vernunft wollten die Zwecke genau so wie die Mittel von ihr diktiert wissen. Den Schriften der Rationalisten können sie eine Rechtfertigung dieser Ansicht nicht entnehmen. Es gibt ein berühmtes Wort: »Die Vernunft ist die Sklavin der Leidenschaften und nur das soll sie sein.« Dieser Ausspruch stammt weder von Rousseau noch von Dostojewski oder Sartre. Er stammt von David Hume. Darin prägt sich eine Anschauung aus, die ich wie jeder vernünftig denken wollende Mensch voll unterschreibe. Wenn ich häufig zu hören bekomme, »ich legte der Rolle, welche die Gefühle in menschlichen Dingen spielten, so gut wie gar keine Bedeutung bei«, so würde es mich interessieren, was ich nach Ansicht meiner Kritiker als maßgebende Triebfeder ansehe. Wünsche, Gefühle, Leidenschaften (wie man sie auch nennen mag) sind die einzig möglichen Ursachen des Handelns. Die Vernunft ist nicht Ursache, sondern Regulator des Handelns. Wenn ich nach New York fliegen möchte, dann sagt mir die Vernunft, daß ich besser ein Flugzeug besteige, das nach New York geht als eines, das nach Konstantinopel fliegt. Vermutlich denken alle, die mich für übertrieben vernünftig halten, ich müßte im Flughafen in eine derartige Aufregung geraten, daß ich in das erstbeste Flugzeug spränge und bei der Landung in Konstantinopel die Menschen verwünschte, unter denen ich mich wiederfände, weil sie Türken und nicht Amerikaner wären. Das wäre eine prächtige, urgesunde Verhaltensweise, die vermutlich die Anerkennung meiner Kritiker fände.

Einer meiner Kritiker nimmt mich ins Gebet, weil ich sage, nur schlechte Leidenschaften vereitelten die Verwirklichung einer besseren Welt, und triumphierend fragt er: »Sind alle menschlichen Gefühle unbedingt schlecht?« In demselben Buch, das meinen Kritiker zu diesem Einwand veranlaßt, sage ich, was der Welt nottäte, sei christliche Liebe oder Mitleid. Das ist doch gewiß ein Gefühl, und wenn ich behaupte, dieses brauche die Welt, so gebe ich damit nicht zu verstehen, daß die Vernunft die treibende Kraft sei. Ich kann nur annehmen, daß dieses Gefühl für die Apostel der Unvernunft keinen Reiz hat, weil es weder grausam noch zerstörerisch ist.

Warum geraten also die Leute dermaßen aus dem Häuschen, daß sie bei der Lektüre meiner Bücher außerstande sind, auch nur die schlichteste Feststellung zu erkennen und einfach bei der Annahme bleiben, ich sagte genau das Gegenteil von dem, was ich wirklich sage? Es gibt mancherlei Gründe, aus denen Menschen die Vernunft hassen können. Man kann Wünsche haben, die nicht miteinander vereinbar sind, und nicht sehen wollen, daß sie einander widersprechen. Sie können den Wunsch haben, mehr auszugeben, als Sie einnehmen, und doch zahlungsfähig bleiben wollen. Und das kann die Veranlassung werden, Ihre Freunde zu hassen, wenn sie Ihnen mit nüchternen Zahlen kommen. Wenn Sie ein altmodischer Schulmeister sind, können Sie sich für einen von lauter Güte überströmenden Menschen halten wollen, und gleichzeitig kann es Ihnen besonderes Vergnügen bereiten, Ihren Buben eine Tracht Prügel zu verabfolgen. Um diese beiden Wünsche miteinander in Einklang zu bringen, müssen Sie sich einreden, Prügel hätten eine erzieherische Wirkung. Sagt Ihnen aber ein Psychiater, daß Schläge keinen solchen Einfluß auf eine besonders ärgerniserregende Klasse von jugendlichen Übeltätern hätten, dann werden Sie einen Wutanfall bekommen und ihm vorwerfen, er sei ein kalter Verstandesmensch. Ein herrliches Beispiel hierzu ist der empörte Protest des großen Dr. Arnold von der Rugby School gegen diejenigen, die sich vom Prügeln nichts versprachen.

Die Liebe zur Unvernunft kann auch einen anderen, verhängnisvolleren Beweggrund haben. Wenn Menschen unvernünftig genug sind, kann man sie für die eigenen Zwecke einspannen, wenn man in ihnen die Überzeugung erweckt hat, sie nützten damit ihren Interessen. Dieser Fall ist in der Politik sehr häufig. Die meisten Politiker kommen zu ihrer Führerstellung, weil sie den Leuten weismachen, Führer seien von uneigennützigen Wünschen beseelt. Begreiflicherweise setzt sich ein solcher Glaube leichter durch, wenn die Menschen sich in einem Erregungszustande befinden. Mit Blechmusik, Volksreden, Lynchjustiz und Krieg läßt die Erregung sich wirksam steigern. Vermutlich sind die Vorkämpfer der Unvernunft der Meinung, sie hätten eine größere Chance zu nutzbringender Täuschung des Volkes, wenn sie die Volksseele dauernd im Kochen hielten. Vielleicht ist es meine Abneigung gegen diese Methoden, die die Leute zu der Behauptung veranlaßt, ich sei übertrieben vernünftig.

Diese Menschen würde ich aber folgendermaßen in Verlegenheit bringen: da die Vernunft in der richtigen Anpassung der Mittel an die Zwecke besteht, kann sie nur von denen bekämpft werden, die es für gut befinden, daß die Menschen Mittel wählen, mit denen sich ihre angeblichen Zwecke nicht verwirklichen lassen. Das heißt, daß sie sich entweder darüber täuschen müssen, wie ihre vermeintlichen Zwecke zu verwirklichen sind, oder daß sie in Wirklichkeit andere Ziele erstreben, als sie vorgeben. Ein Beispiel für die erste Alternative ist ein von einem wortgewandten ›Führer‹ irregeleitetes Volk, ein Beispiel für die zweite der Schulmeister, dem es Vergnügen macht, seine Buben zu quälen, der sich aber trotzdem weiter für einen gütigen Menschenfreund halten möchte. Beides scheint mir moralisch zu wenig respektabel, um gegen die Vernunft zu Felde zu ziehen.

Schließlich gibt es noch einen Grund, weswegen sich die Menschen gegen das sträuben, was sie sich unter Vernunft vorstellen. Sie halten starke Gefühle für etwas Erstrebenswertes und glauben, wer von einem starken Gefühl durchdrungen sei, könne infolgedessen nicht vernünftig sein. Anscheinend meinen sie, jede stark empfindende Person müsse den Kopf verlieren und sich töricht gebärden; sie finden das gut und rechtens, denn das scheint ihnen der Beweis dafür, daß der Betreffende leidenschaftlich ist. Sie denken aber anders, wenn diese Selbsttäuschung zu mißlichen Konsequenzen führt. Kein Mensch ist zum Beispiel der Ansicht, ein General müsse den Feind so leidenschaftlich hassen, daß er aus lauter Hysterie zu keiner vernünftigen Planung imstande ist. Es stimmt nicht, daß heftige Leidenschaften ein richtiges Abwägen der Mittel unmöglich machen. Es gibt Menschen mit glühenden Leidenschaften wie z. B. den Grafen von Monte Christo, die sie schnurstracks zu den richtigen Mitteln greifen lassen. Man erzähle mir nicht, die Zwecke eines respektablen Menschen seien irrational. So etwas wie einen irrationalen Zweck gibt es gar nicht, es sei denn ein Zweck, der sich nicht verwirklichen läßt. Ebensowenig sind kühle Rechner stets im landläufigen Sinne schlecht. Als Lincoln im amerikanischen Bürgerkrieg mit aller Kühle plante und überlegte, wurde er von den Abolitionisten ganz gehörig heruntergemacht, die als Apostel der Leidenschaft wünschten, er solle Maßnahmen ergreifen, die wohl energisch aussahen, aber nicht zur Sklaven-befreiung geführt hätten.

Vermutlich ist die Sache darauf zurückzuführen, daß es mich nicht gut dünken will, wenn Menschen sich in einem Zustand unsinniger Erregung befinden, in dem sie Dinge tun, die ihren Absichten diametral zuwiderlaufende Folgen haben, wenn sie zum Beispiel beim Über-schreiten der Straße nicht stehen bleiben konnten, um auf den Ver-kehr zu achten. Wer ein solches Verhalten gutheißt, will sich entwe-der zum vollendeten Heuchler entwickeln oder einer Selbsttäuschung zum Opfer fallen, die abzuschütteln er sich nicht überwinden kann. Ich scheue mich nicht, beide Standpunkte für schlecht zu erklären; bezichtigt man mich deswegen übertriebener Vernünftigkeit, dann bekenne ich mich schuldig. Sollte aber die Vermutung bestehen, ich sei starken Gefühlen abgeneigt oder der Meinung, daß alles und jedes, nur das Gefühl nicht, Triebfeder des Handelns sein könne, dann muß ich diese Beschuldigung ganz energisch zurückweisen. In einer Welt, wie ich sie mir wünschte, würden die Gefühle stark, aber nicht zer-störend sein, und da sie anerkannt würden, hätten sie weder Selbst-täuschung noch die Täuschung anderer zur Folge. Auch Liebe und Freundschaft wären in dieser Welt zu Hause und das Streben nach Kunst und Wissenschaft. Menschen freilich, die sie lieber etwas blut-dürstiger sähen, kann ich leider nicht hoffen zufriedenzustellen.

Das Leben des Menschen läßt sich von verschiedenen Blickpunkten betrachten. Man kann ihn als eine Spezies der Säugetiere ansehen und ihn rein biologisch erforschen. So gesehen, sind seine Erfolge überwältigend gewesen. Er vermag in jedem Klima und in jedem Teile der Welt zu leben, wo es Wasser gibt. Er hat an Zahl zugenommen, und diese Zunahme geht in immer rascherem Tempo weiter. Seine Erfolge verdankt er gewissen Dingen, deren Besitz ihn von anderen Lebewesen unterscheidet: der Sprache, dem Feuer, dem Ackerbau, der Schreibkunst, dem Werkzeug und einer großangelegten Zusammenarbeit.

Bezüglich der Zusammenarbeit freilich sind seine Erfolge nicht ganz so vollkommen. Wie in anderen Lebewesen stecken im Menschen Triebe und Leidenschaften, die während seiner Entwicklung vornehmlich dem Zweck des Am-Leben-Bleibens dienten. Doch dank seiner Intelligenz ist er zu der Erkenntnis gekommen, daß Leidenschaften oft zur Selbstvernichtung führen und daß seine Wünsche weit mehr befriedigt würden und sein Glück vollkommener sein könnte, wenn er seinen Leidenschaften teils mehr, teils weniger Freiheit gewährte. Fast immer und überall hat sich der Mensch nicht als eine Spezies betrachtet, die mit anderen Spezies in Wettbewerb steht. Sein Interesse galt nicht *dem* Menschen als solchem, sondern den Menschen im allgemeinen, die sich für ihn scharf in Freunde und Feinde schieden. Bisweilen erwies sich diese Scheidung als nützlich für diejenigen, die als Sieger auf dem Plan blieben: im Kampf zwischen Weißen und Indianern zum Beispiel. Aber da Intelligenz und Erfindungsgabe die soziale Ordnung immer vielgestaltiger und komplizierter machen, treten die Vorteile des Wettbewerbs vor den immer sichtbarer werdenden Vorzügen der Zusammenarbeit zurück. Da Intelligenz und Neigung miteinander in Konflikt geraten, braucht der Mensch Sittlichkeit und einen Sittenkodex. Hätte nur die Intelligenz oder nur die Neigung zu gebieten, dann wäre die Sittlichkeit entbehrlich.

Die Menschen sind leidenschaftlich, halsstarrig und unglaublich närrisch. So närrisch, daß sie sich und andere in Katastrophen stürzen, die ungeheure Ausmaße annehmen können. Aber bei aller Gefährlichkeit des Trieblebens muß es doch zu seinem Recht kommen, wenn das menschliche Dasein nicht jeden Reiz verlieren soll. Zwischen den beiden Polen Trieb und Selbstbeherrschung muß eine Ethik, die den Menschen ein glückliches Leben verbürgen will, die richtige Mitte suchen. Aus diesem Zwiespalt in des Menschen tiefster Brust entspringt das Verlangen nach einem Sittengesetz.

In seinen Trieben und Wünschen ist der Mensch komplizierter als jedes andere Lebewesen; daher rühren seine Schwierigkeiten. Er ist weder ein reines Herdentier wie Ameisen und Bienen noch ein absoluter Einzelgänger wie Löwen und Tiger. Er ist zur Hälfte ein geselliges Lebewesen. Manche seiner Triebe und Wünsche sind gesellig, andere bindungsfeindlich. Der gesellige Teil seiner Natur spricht aus der Tatsache, daß Einzelhaft als sehr schwere Form der Bestrafung gilt; sein Hang zur Einsamkeit prägt sich in dem Bedürfnis nach Zurückgezogenheit aus, in der Abneigung, Fremde anzusprechen. Graham Wallace weist in seinem ausgezeichneten Buch »Human Nature in Politics« darauf hin, daß Menschen, die an dicht besiedelten Orten wie London leben, einen Abwehrmechanismus gegen geselliges Verhalten entwickeln, um sich vor einem unerwünschten Ausmaß menschlicher Fühlungnahme zu schützen. Leute, die nebeneinander im Bus oder Vorortzug sitzen, sprechen meist nicht miteinander; es braucht aber nur etwas Aufregendes zu geschehen, ein Fliegerangriff oder auch nur ein ungewöhnlich starker Nebel, und schon betrachtet man die Unbekannten als seine Freunde und beginnt ungezwungen ein Gespräch mit ihnen. Dieses Verhalten veranschaulicht das Schwanken der menschlichen Natur zwischen ihrer geselligen und ihrer privaten Veranlagung. Weil wir nicht nur gesellig sind, bedürfen wir der Moral, damit sie uns auf Zwecke hinweist, und sittlicher Normen, um uns Gebote für unser Verhalten einzuprägen. Ameisen brauchen so etwas anscheinend nicht: sie verhalten sich stets so, wie es ihnen die Interessen ihres Staates gebieten.

Aber auch wenn es dem Menschen gelänge, sich wie die Ameise dem allgemeinen Interesse unterzuordnen, würde er doch keine restlose Befriedigung verspüren und gewahr werden, daß ein ihn wesentlich dünkender Teil seiner Natur verkümmert. Es geht nicht an, zu behaupten, der private Teil der menschlichen Natur sei geringer zu bewerten als der gesellige. In der religiösen Phraseologie prägt sich dieser Unterschied in den beiden Geboten aus »Du sollst Gott lieben« und »Liebe deinen Nächsten«. Für diejenigen, die nicht mehr an den Gott der traditionellen Theologie glauben, wird vielleicht eine gewisse Abwandlung der Phraseologie, jedoch kein grundlegender Wandel in bezug auf die sittlichen Werte erforderlich sein. Mystiker, Dichter, wissenschaftliche Entdecker sind im tiefsten Innern einsam. Was sie tun, kann anderen nützen, und dieser Nutzen kann sie ermutigen, aber in den Augenblicken, in denen sie am intensivsten leben und der Erfüllung dessen, was sie als ihre Funktion empfinden, am allernächsten kommen, denken sie nicht an die übrige Menschheit, sondern folgen einer Vision.

Wir müssen also annehmen, daß der Mensch seinen besonderen Rang zwei unterschiedlichen Elementen, einem sozialen und einem privaten, zu verdanken hat. Eine Ethik, die nur eines von beiden berücksichtigt, muß unvollkommen und unbefriedigend sein.

Die Unentbehrlichkeit einer Moral für die menschliche Lebensführung ergibt sich nicht nur aus der unzureichenden Eignung des Menschen zur Geselligkeit oder aus seinem Unvermögen, einer inneren Vision nachzuleben; sie beruht auf einem weiteren Unterschiede des Menschen gegenüber anderen Lebewesen. Die menschlichen Handlungen entspringen nicht nur einem unmittelbaren Triebe, sondern können kontrolliert und gesteuert werden durch bewußte Zwecke. Bis zu einem gewissen Grade besitzen auch die höheren Tiere diese Fähigkeit. Ein Hund duldet es, daß sein Herr ihm beim Entfernen eines Dorns aus seiner Pfote einen Schmerz zufügt. Die Köhlerschen Affen taten verschiedene nicht instinktbedingte Dinge, um in Reichweite von Bananen zu kommen. Trotzdem sind zweifellos auch bei höheren Tieren die meisten Akte reine Triebhandlungen. Auf den zivilisierten Menschen trifft das nicht zu. Von dem Moment an, da er sich trotz des heftigen Verlangens, liegenzubleiben, aus dem Bett erhebt, bis zu dem Augenblick, da er am Abend sich selbst überlassen ist, hat er wenig Gelegenheit, impulsiv zu handeln, wenn er nicht gerade an seinen Untergebenen etwas auszusetzen findet oder das ihm am wenigsten unsympathische der beim Mittagstisch angebotenen Gerichte auszuwählen hat. In allen anderen Beziehungen wird er nicht von einem Triebe, sondern von einem wohlüberlegten Zweck geleitet. Was er tut, tut er nicht, weil ihm die Sache Spaß macht, sondern in der Hoffnung, sie werde ihm Geld oder einen sonstigen Lohn einbringen. Auf dieser Fähigkeit, im Hinblick auf einen erwünschten Zweck zu handeln, beruht die Wirksamkeit der Sittlichkeit und der sittlichen Normen, denn sie veranlassen uns, zwischen guten und schlechten Zwecken einerseits und zwischen legitimen und illegitimen Mitteln der Zweckerreichung andererseits zu unterscheiden. Wenn es sich um zivilisierte Menschen handelt, wird aber leicht zu großes Gewicht auf bewußte Zwecke gelegt und die Bedeutung spontaner Neigungen unterschätzt*. Der Moralist pflegt gern die Ansprüche der menschlichen Natur zu übersehen; in solchen Fällen wird aber wahrscheinlich die Natur des Menschen von den Ansprüchen des Moralisten keine Notiz nehmen.

Auf die schwierigsten Probleme stößt die Sittlichkeit – obwohl sie in erster Linie individuell ist, und zwar auch dann, wenn sie von den Pflichten gegenüber anderen handelt –, sobald sie es mit sozialen Gruppen zu tun hat. Nur auf Grund einer genauen Kenntnis des Handelns sozialer Gruppen, die ein wissenschaftliches Studium der menschlichen Natur im Rahmen der Gesellschaft bedingt, können wir beurteilen, was möglich und was unmöglich ist. Zunächst bedarf es der Klarheit über die wichtigsten Beweggründe, die das Verhalten von Einzelnen und von Gruppen bestimmen. Die wesentlichsten sind die das Fortleben sichernden Bedürfnisse, also Ernährung, Wohnung, Kleidung und Fortpflanzung. Sobald diese sichergestellt sind, werden andere Motive ungeheuer stark: Gewinnsucht, Wettbewerb, Eitelkeit und Machtliebe, um einige der wichtigsten zu nennen. Die meisten politischen Handlungen von Gruppen und deren Führern lassen sich, neben der Sicherung des Fortlebens natürlich, auf diese vier Motive zurückführen.

Jedes menschliche Wesen ist schon bald nach den ersten Tagen, nachdem es das Licht der Welt erblickt hat, das Produkt zweier Faktoren: der angeborenen Veranlagung und der Einwirkung der Umwelt einschließlich der Erziehung. Über die relative Bedeutung dieser beiden Faktoren ist endlos gestritten worden. Im 18. und im frühen 19. Jahrhundert setzten vordarwinistische Reformer so gut wie alles auf das Konto der Erziehung; seit Darwin aber besteht die Tendenz, der Erbanlage größere Bedeutung als der Umwelt beizumessen. Der Streit kann sich natürlich nur darauf erstrecken, bis zu welchem Grade sich beide Faktoren auswirken. Daß jedem seine besondere Bedeutung zukommt, wird niemand bestreiten. Ohne in diesen strittigen Fragen entscheiden zu wollen, können wir wohl mit ziemlicher Sicherheit behaupten, daß die Neigungen und Wünsche, die das Verhalten des Erwachsenen bestimmen, in enormem Ausmaß durch seine Erziehung und die ihm gebotenen Möglichkeiten bedingt sind. Wie wichtig das ist, erhellt aus der Tatsache, daß gewisse Neigungen zweier Menschen oder zweier Gruppen zwangsläufig zum Konflikt führen müssen, da die Befriedigung der einen mit der Befriedigung der anderen unvereinbar ist, während es andererseits Neigungen und

* Zur ausführlichen Behandlung dieses Themas vgl. das 1. Kapitel meiner *Principles of social Reconstructions* (George Allen & Unwin Ltd., London).

Wünsche gibt, die so geartet sind, daß die Befriedigung der einen Person oder Gruppe der Befriedigung der anderen förderlich oder zumindest nicht hinderlich ist. Der gleiche Unterschied macht sich, wenn auch in geringerem Maße, im Leben des Einzelnen geltend. Ich kann den Wunsch haben, mir heute abend gehörig die Nase zu begießen und morgen früh in bester Verfassung zu sein. Diese Wünsche kommen einander in die Quere. Unter Entlehnung eines Ausdrucks, den Leibniz bei der Darstellung möglicher Welten geprägt hat, können wir diese beiden Neigungen oder Wünsche als ›compossible‹, miteinander verträglich, bezeichnen, wenn beide sich befriedigen lassen, oder als ›widersprechend‹, wenn sich die Befriedigung des einen mit der des anderen nicht verträgt. Wenn zwei Männer für die Präsidentschaft von Amerika kandidieren, muß einer von beiden eine Enttäuschung erleben. Wenn aber zwei Menschen reich werden wollen, der eine durch das Pflanzen von Baumwolle, der andere durch die Fabrikation von Baumwollstoffen, dann besteht kein Grund, warum nicht beide ihr Ziel erreichen sollten. Es leuchtet ein, daß eine Welt, in der sich die Ansprüche verschiedener Einzelner oder Gruppen miteinander vertragen, wahrscheinlich glücklicher sein wird als eine, in der sie aufeinanderprallen. Folglich sollte eine weise Gesellschaftsordnung miteinander verträgliche Zwecke fördern und einander widersprechende mittels erzieherischer, dieses Ziel erstrebender Methoden vereiteln.

Im Mittelpunkt der von der politischen Theorie zu berücksichtigenden Fakten stehen die Dinge, die auf den Charakter sozialer Gruppen Bezug haben. Gruppen können sich in verschiedenen Beziehungen voneinander unterscheiden; als wichtigste wären Ursache des Zusammenhalts, Zweck, Größe, Intensität der Gruppenkontrolle über den Einzelnen und Regierungsform zu nennen. Die letztgenannte führt zur Frage der Macht und ihrer Konzentration oder Verteilung, vielleicht der wichtigsten Frage der ganzen politischen Theorie. Sie ist deshalb so schwierig, weil gewisse technische Gründe für Konzentration sprechen, diejenigen aber, die die Macht in Händen haben, sie ziemlich sicher mißbrauchen. Die Demokratie ist ein Versuch, dieses Problem zu lösen, der aber nicht immer gelingt. Ich habe in meinem Buch »Power: A New Social Analysis«* diesen Fragenkomplex behandelt.

Eine Reihe sehr verwickelter Probleme entsteht durch das plötzliche Aufkommen neuer Techniken in einer Gesellschaft, deren Orga-

* George Allen & Unwin, Ltd., London.

nisation und Denkgewohnheiten einem älteren System angepaßt sind*. In der menschlichen Geschichte ist zweimal ein großer Umbruch dieser Art erfolgt: 1. durch den Übergang zum Ackerbau, 2. durch das Aufkommen des Industrialismus. In beiden Fällen hat der technische Fortschritt unsagbares menschliches Elend zur Folge gehabt. Der Ackerbau führte zur Leibeigenschaft, zu Menschenopfern, zur Unterjochung der Frau und zu den despotischen Reichen, die von der ersten ägyptischen Dynastie bis zum Untergang Roms einander ablösten. Die Übel, die das Aufkommen der wissenschaftlichen Technik zur Folge hat, fangen, wie zu befürchten steht, gerade erst an, sich bemerkbar zu machen. Das schlimmste dieser Übel ist die Intensivierung des Krieges, aber es gibt noch viele andere. Die Erschöpfung der natürlichen Reserven, die Zerstörung der privaten Initiative durch die Behörden, die Kontrollierung des menschlichen Denkens durch zentrale Erziehungs- und Propagandaorgane sind einige von den größeren Übeln, die sich zu mehren scheinen, seitdem die Wissenschaft die überkommenen Anschauungen, die einer Vergangenheit gewordenen Beschaffenheit der Welt gemäß waren, erschüttert hat. Moderne Wissenschaft und Technik haben die Macht der Gewalthaber vermehrt und es wie nie zuvor möglich gemacht, ganze Gesellschaften nach einem Plan ins Leben zu rufen, der in irgendeinem Kopfe entstanden ist. Diese Möglichkeit hat die Vorliebe für das Planwesen förmlich zur Manie werden lassen, und über dieser Manie geraten die elementarsten Ansprüche des Einzelnen in Vergessenheit. Mittel und Wege zu finden, diesen Ansprüchen gerecht zu werden, gehört zu den wichtigsten Problemen der Gegenwart. Ich habe diesen Teil der politischen Theorie in »The Scientific Outlook«, 3. Teil, sowie in »Authority and the Individual« behandelt.

Die Welt, in die wir uns hineingestellt sehen, ist von großen Hoffnungen und schrecklichen Befürchtungen erfüllt, die gleichermaßen durch die Möglichkeiten gerechtfertigt sind. Die Befürchtungen, die von sehr vielen gehegt werden, sind dazu angetan, eine Welt dumpfer Teilnahmslosigkeit entstehen zu lassen. Weniger lebhaft regen sich im Geiste der Menschen die Hoffnungen, die Mut erfordern und Vorstellungskraft. Nur weil sie nicht so lebhaft sind, erscheinen sie utopisch. Schuld daran ist eine Art geistiger Trägheit. Gelingt es der Menschheit, sie zu überwinden, dann liegt ein neues Glück für sie greifbar nahe.

* Vgl. mein Buch *The Impact of Science on Society*.

ERSTER TEIL

DIE ETHIK

Die Ethik unterscheidet sich von der Wissenschaft dadurch, daß ihre grundlegenden Gegebenheiten Gefühle und Empfindungen, nicht Wahrnehmungen sind. Das ist wörtlich zu verstehen: die Gegebenheiten sind die Gefühle und Empfindungen als solche, nicht die Tatsache, daß wir sie haben. Daß wir sie haben, ist ein wissenschaftliches Faktum wie andere auch; wir erkennen es in der üblichen wissenschaftlichen Weise durch Wahrnehmung. Ein sittliches Urteil dagegen sagt kein Faktum aus; es drückt, wenn auch häufig in verkappter Form, eine Hoffnung oder eine Befürchtung, ein Begehren oder eine Abneigung, Liebe oder Haß aus. Es sollte in der Form des Optativs oder Imperativs, nicht im Indikativ ausgesprochen werden. In der Bibel heißt es: »Du sollst deinen Nächsten lieben wie dich selbst«, und ein moderner Mensch könnte angesichts der unter den Staaten herrschenden Zwietracht in die Worte ausbrechen: »Möchten doch alle Menschen einander lieben!« Das sind rein moralische Sätze, die sich selbstverständlich nicht durch bloßes Summieren von Tatsachen beweisen oder widerlegen lassen.

Daß die Gefühle in der Sittlichkeit eine besondere Rolle spielen, sieht man leicht, wenn man sich hypothetisch ein rein materielles, aus fühlloser Materie bestehendes Universum vorstellt. Ein solches Universum wäre weder gut noch schlecht, und nichts darin wäre recht oder unrecht. Wenn Gott in der Genesis »sah, daß es gut war«, bevor er das Leben erschaffen hatte, dann müssen wir annehmen, daß sich diese ›Güte‹ entweder auf seine Gefühle bei der Betrachtung seiner Schöpfung bezog oder auf die Eignung der unbelebten Welt zur Umwelt lebender Wesen. Wenn die Sonne mit einem anderen Stern zusammenzuprallen drohte und die Erde sich allmählich in Gas verwandelte, dann würden wir die bevorstehende Umwälzung für schlecht halten, sofern uns die Existenz der Menschheit gut dünkte; eine ähnliche Umwälzung auf einem Gebiet ohne Leben wäre dagegen nur interessant. Die Sittlichkeit ist also mit dem Leben verknüpft, nicht als einem physikalischen Prozeß, den der Biochemiker zu erforschen hat, sondern bestehend aus Glück und Sorge, Hoffnung und Furcht und ähnlichen verwandten Gegensatzpaaren, die uns bestimmen, eine gewisse Beschaffenheit der Welt einer anderen vorzuziehen.

Aber wenn man auch die grundlegende Bedeutung des Fühlens und Wünschens zugibt, so bleibt doch die Frage, ob es so etwas wie ein sittliches *Wissen* gibt. »Du sollst nicht töten« ist ein Imperativ; »Morden ist böse« dagegen ist anscheinend ein Indikativ und die Behauptung, daß etwas falsch oder richtig ist. »Möchten doch alle Menschen glücklich sein!« ist ein Optativ, während »Das Glück ist gut« die gleiche grammatische Form hat wie »Sokrates ist sterblich«. Ist diese grammatische Form irreführend, oder gibt es auch in der Sittlichkeit ›Richtig‹ und ›Falsch‹ wie in der Wissenschaft? Wenn ich sage: »Nero war ein schlechter Mensch«, gebe ich dann ebenso Auskunft, wie wenn ich sagte: er war ein römischer Kaiser, oder wäre das Gesagte genauer ausgedrückt mit den Worten: »Nero? Pfui Teufel!« Diese Frage ist nicht so einfach, und ich glaube nicht, daß sie sich auf Anhieb beantworten läßt.

Damit hängt ein anderes Problem eng zusammen, nämlich die Frage der Subjektivität sittlicher Urteile. Wenn ich behaupte, Austern seien etwas Gutes, und Sie sagen, sie seien abscheulich, dann wissen wir beide, daß wir nur unserem persönlichen Geschmack Ausdruck geben, und über den Geschmack läßt sich nicht streiten. Wenn aber die Nazis behaupten, es sei gut, die Juden zu quälen, und wir sagen, es sei schlecht, dann haben wir nicht das Gefühl, nur einen Geschmacksunterschied auszudrücken; wir sind sogar bereit, für unsere Überzeugung zu kämpfen und zu sterben, was wir nicht wären, um unsere Ansicht über Austern durchzusetzen. Trotz aller Argumente, die sich dafür geltend machen lassen, daß es sich um zwei gleichgelagerte Fälle handelt, werden doch die meisten Menschen davon überzeugt sein, daß irgendwo ein Unterschied besteht, mag es auch schwierig sein, zu sagen welcher. Ich glaube, dieses Gefühl verdient respektiert zu werden, auch wenn es nicht entscheidend ist; es sollte uns davor bewahren, uns blindlings auf den Standpunkt zu stellen, alle moralischen Urteile seien völlig subjektiv.

Man könnte vielleicht sagen, daß, wenn Hoffnungen und Wünsche in der Ethik von grundlegender Bedeutung sind, schlechthin alles auf dem Gebiet des Moralischen subjektiv sein müsse, da Hoffnungen und Wünsche es sind. Doch dieses Argument ist nicht so überzeugend wie es klingt. Die wissenschaftlichen Gegebenheiten sind individuelle Wahrnehmungen; sie sind viel subjektiver, als der gesunde Menschenverstand glaubt, und doch ist auf dieser Grundlage das imposante Gebäude der unpersönlichen Wissenschaft errichtet worden. Das war möglich, weil in gewissen Beziehungen die Wahrnehmungen der meisten Menschen übereinstimmen und die abweichenden Wahrnehmungen von Farbenblinden oder von Opfern irgendwelcher Halluzinationen nicht ins Gewicht fallen. Vielleicht kann man auf ähnlichem Wege zur Objektivität in der Moral kommen; wenn ja – denn es macht einen Appell an die Mehrheit erforderlich –, dann gelangen wir damit aus dem Bereich der persönlichen Ethik in den der Politik, die in der Tat sehr schwer von der Ethik abzugrenzen ist.

Die Grenzlinie zwischen der Ethik und der Theologie zu ziehen, ist schwieriger als die analoge Abgrenzung im Falle der Wissenschaft. Die Wissenschaft hat sich freilich erst nach langem Kampf von der Theologie emanzipiert. Bis in die zweite Hälfte des 17. Jahrhunderts galt ein Mensch, der an Hexerei nicht glaubte, allgemein als Atheist, und auch heute noch gibt es Menschen, die aus theologischen Gründen die Evolution ablehnen; aber sehr viele Theologen sind der einstimmigen Überzeugung, daß die Wissenschaft durch nichts die Grundlagen des religiösen Glaubens zu erschüttern vermöge. Auf dem Gebiet der Ethik liegt die Sache anders. Viele überkommene Moralbegriffe sind schwer zu begründen, wenn man nicht an einen Gott oder Weltgeist oder zumindest an einen immanenten kosmischen Zweck glaubt. Ich behaupte nicht, daß derartige Deutungen und Rechtfertigungen ohne theologische Grundlage *unmöglich* seien, wohl aber, daß sie mangels einer solchen Grundlage nicht zu überzeugen und keinen psychologischen Zwang auszuüben vermögen.

Von jeher war es eines der beliebtesten Argumente der Strenggläubigen, daß die Menschen ohne die Religion schlecht würden. Die englischen Freidenker des 19. Jahrhunderts, von Bentham bis zu Harry Sidgwick, haben dieses Argument heftig zurückgewiesen; ihr Protest wirkte um so überzeugender, als sie zu den sittlich vortrefflichsten Menschen zählten, die je gelebt haben. Der modernen Welt aber, die schwer erschüttert worden ist durch die Ausschreitungen der Vertreter des Totalitarismus, die sich als ungläubig bekannten, erscheinen die Tugenden der viktorianischen Agnostiker weniger überzeugend, wenn sie nicht gar der unvollkommenen Befreiung von der christlichen Tradition zugeschrieben werden. Die ganze Frage, ob die Ethik in einer sozial angemessenen Form von der Theologie unabhängig sein kann, muß folglich überprüft werden, mit besserem Wissen um die abgründigen Möglichkeiten des Bösen, als es unsere Großväter bekundeten, denen der bequeme Glaube an den Fortschritt ein mildes Lebensklima verbürgte.

In der gesamten Geschichte sind durchgehend die sittlichen Anschauungen zwei ganz verschiedenen Quellen entsprungen: zum einen aus den Erfahrungen des öffentlichen Lebens und zum anderen aus den persönlichen religiösen und sittlichen Überzeugungen. Scharf ausgeprägt finden wir diesen Gegensatz im Alten Testament, das zwischen dem Gesetz und den Propheten unterscheidet. Das Mittelalter machte den gleichen Unterschied zwischen der offiziellen, von der Hierarchie eingeimpften Moral und der persönlichen Heiligkeit, die von den großen Mystikern gelehrt und verwirklicht wurde. Auch heute noch lebt diese Dualität fort. Als Kropotkin nach der russischen Revolution aus seiner langen Verbannung heimkehren durfte, fand er nicht das Rußland seiner Träume verwirklicht. Geträumt hatte er von einer lockeren Gemeinschaft freier, selbstbewußter Individuen, aber entstanden war ein mächtiger, zentralisierter Staat, worin der Einzelne nur als Mittel zählte. Dieser doppelten persönlichen und bürgerlichen Moral muß jede angemessene ethische Theorie Rechnung tragen. Ohne bürgerliche Moral gehen Staatswesen zugrunde, ohne persönliche Moral hat ihr Fortbestand keinen Wert. Deshalb sind bürgerliche und persönliche Moral für eine gute Welt gleich unentbehrlich.

In allen menschlichen Gemeinwesen, die wir kennen, selbst in den primitivsten, gibt es moralische Überzeugungen und Gefühle. Manche Handlungen werden gepriesen, andere getadelt, manche belohnt, andere bestraft. Gewisse Handlungen Einzelner gelten als gedeihlich, nicht nur für Einzelne, sondern für die Allgemeinheit; andere werden als verderblich betrachtet. Die Anschauungen, die darin zum Ausdruck kommen, sind zum Teil rational vertretbar, in primitiven Gemeinwesen aber überwiegen die rein abergläubischen Vorstellungen, die häufig sogar solche Verbote inspirieren, die sich, wie sich später herausstellt, vernünftig begründen lassen.

Zu den Hauptquellen primitiver Moral zählt das Tabu. Bestimmte Dinge, namentlich wenn sie dem Häuptling gehören, sind von *Mana* erfüllt; berührt man sie, dann stirbt man. Gewisse Dinge sind einem Geist geweiht; nur der Medizinmann darf sie gebrauchen. Manche Nahrungsmittel sind gesetzlich, andere ungesetzlich. Bestimmte Personen sind vor ihrer Reinigung unrein; das gilt namentlich für solche, die mit Blut befleckt sind, und zwar nicht nur für Personen, die einen Mord oder Totschlag begangen haben, sondern auch für Frauen bei der Geburt oder während der Menstruation (s. 3. Buch Mose, 15, 19–29). Oft gelten sorgfältig ausgearbeitete Vorschriften bezüglich der Exogamie, die einen Großteil des Stammes für das andere Geschlecht tabu machen. Alle diese Tabus sollen, falls sie verletzt werden, Unglück über den Schuldigen, und zwar über die ganze Gemeinschaft bringen, wenn nicht entsprechende Reinigungszeremonien durchgeführt werden.

Die Strafe, die auf eine durch Tabu verbotene Handlung folgt, stellt keine Maßnahme im Sinne der Gerechtigkeit dar, wie wir sie verstehen, sondern ist eher in Analogie zu dem Tode zu verstehen, der bei Berührung einer elektrischen Leitung eintritt. Als David die Bundeslade auf einem Wagen beförderte, holperte sie über eine unebene Tenne; Usa, der den Wagen lenkte, griff zu, im Glauben, sie werde herabstürzen. Wegen dieses Frevels schlug Gott ihn, daß er starb, obwohl sein Motiv lobenswert war (2. Samuel, 6, 6–7). Das gleiche Fehlen des Gerechtigkeitsmoments finden wir in der Tatsache, daß nicht nur der Mord, sondern auch die zufällige Menschentötung Reinigung erfordert.

In größerem Ausmaß, als manche Menschen glauben, leben gewisse Formen der Moral, die auf einem Tabu beruhen, in zivilisierten Gemeinwesen fort. Pythagoras untersagte den Genuß von Bohnen; Empedokles hielt es für sündhaft, Lorbeerblätter zu kauen. Die Hindus schaudern bei der Vorstellung, Rindfleisch essen zu sollen. Die Mohammedaner und die strenggläubigen Juden halten das Schweinefleisch für unrein. Augustin, der Missionar Englands, fragte brieflich bei Papst Gregor dem Großen an, ob Eheleute in die Kirche kommen dürften, wenn sie in der Nacht zuvor verkehrt hätten, und der Papst entschied, sie dürften das nur nach zeremonieller Waschung. In Connecticut gab es ein Gesetz – formaliter ist es, glaube ich, noch nicht aufgehoben –, das es für rechtswidrig erklärte, wenn ein Mann seine Frau am Sonntag küsse. Im Jahre 1916 richtete ein Geistlicher aus Schottland einen Brief an die Presse, worin er das Ausbleiben unserer Erfolge gegen die Deutschen darauf zurückführte, daß die Regierung das Pflanzen von Kartoffeln am Sonntag unterstützt habe. Alle diese Ansichten lassen sich nur auf Grund von Tabus rechtfertigen.

Eins der besten Tabu-Beispiele ist die große Verbreitung von Gesetzen oder Regeln, die verschiedene Formen der Endogamie verbieten. Ein Stamm ist zuweilen in eine Anzahl Gruppen aufgeteilt; ein Mann darf sich seine Frau nur aus einer anderen, nicht aus seiner eigenen Gruppe wählen. In der griechisch-katholischen Kirche dürfen die Paten des gleichen Kindes nicht miteinander die Ehe eingehen. In England durfte ein Mann noch bis vor kurzem nicht die Schwester seiner verstorbenen Frau heiraten. Derartige Verbote sind unmöglich damit zu begründen, daß solche Verbindungen von Schaden sein würden; zu rechtfertigen sind sie nur auf Grund eines einstigen Tabus. Außerdem aber werden diejenigen Formen der Blutschande, welche die meisten von uns immer noch als gesetzlich nicht sanktioniert ansehen, von den meisten Leuten mit einem Grauen betrachtet, das in keinem Verhältnis zu dem Schaden steht, den sie anrichten würden, und das als Nachwirkung eines prärationalen Tabus zu verstehen ist. Defoes Moll Flanders ist wahrhaftig kein Musterexemplar an Tugendhaftigkeit und begeht skrupellos viele Verbrechen; doch als sie entdeckt, daß sie unwissentlich den eigenen Bruder geheiratet hat, ist sie entsetzt und kann ihn nicht mehr als Gatten ertragen, obgleich sie jahrelang glücklich zusammen gelebt hatten. Das Ganze ist eine Dichtung, aber sicherlich lebenswahr.

Als Ursprung sittlichen Verhaltens hat das Tabu gewisse große Vorzüge. Es ist psychologisch weit zwingender als rein rationale Vorschriften: man vergleiche den schaudervollen Widerwillen gegen den Inzest mit der ruhigen Mißbilligung etwa des Vergehens der Fälschung, das nicht unter dem Aspekt des Aberglaubens gesehen wird, denn Wilde können es nicht begehen. Eine Tabu-Moral kann im übrigen ganz präzis und genau festgelegt sein. Sie kann wohl ganz harmlose Dinge wie den Genuß von Bohnen untersagen, wahrscheinlich aber verbietet sie auch wirklich schädliche Handlungen wie z. B. den Mord, und zwar mit größerem Erfolge als jede andere moralische Methode, die primitiven Gemeinwesen zu Gebote steht. Auch durch Festigung der obersten Macht erweist sie sich als nützlich:

»Denn solche Göttlichkeit schirmt einen König,
daß der Verrat zwar auf ihn zielen kann,
doch kraftlos bleibt im Handeln.«

Da das Endergebnis eines Königsmordes gewöhnlich der Bürgerkrieg ist, muß diese ›Göttlichkeit‹ als segensreiche Wirkung der den Häuptling umgebenden Tabus betrachtet werden.

Wenn Strenggläubige geltend machen, daß die Ablehnung des theologischen Dogmas zum Sittenverfall führen müsse, dann haben sie als überzeugendstes Argument die Nützlichkeit des Tabus für sich. Wenn Menschen keine abergläubische Ehrfurcht mehr vor altehrwürdigen Gesetzen haben, dann begnügen sie sich nicht mehr damit, die Schwester ihrer verstorbenen Frau zu heiraten und sonntags Kartoffeln zu pflanzen, sondern gehen zu noch viel schrecklicheren Sünden wie Mord, Landes- und Hochverrat über. So war es im klassischen Griechenland und so war es im Italien der Renaissance, und für beide endete es mit der politischen Katastrophe. In beiden Fällen wurden Menschen, deren Großväter fromme, gesittete Bürger gewesen waren, unter dem Einfluß des Freidenkertums anarchische Verbrecher. Man sollte nach meinem Dafürhalten die Bedeutsamkeit solcher Überlegungen nicht unterschätzen, namentlich heutzutage, wo Diktaturen großenteils die fast unvermeidliche Reaktion auf die Verbreitung anarchischer Tendenzen von Menschen sind, welche die Tabu-Moral über Bord geworfen haben, ohne sie durch eine andere zu ersetzen.

Die Argumente gegen das Festhalten an einer Tabu-Moral sind aber meines Erachtens weit überzeugender als die Gründe, die dafür sprechen, und da ich mir die Darstellung einer vernünftigen Ethik zur Aufgabe gemacht habe, muß ich diese Argumente erläutern, um mein Vorhaben zu rechtfertigen.

Erstes Argument: in einer modern erzogenen, wissenschaftlichen Gesellschaft läßt sich die Ehrfurcht vor der reinen Tradition nur schwer lebendig erhalten, es sei denn durch strenge Überwachung der Erziehung, die darauf abzielt, die Fähigkeit selbständigen Denkens abzutöten. Wenn Sie protestantisch erzogen werden, dürfen Sie nie erfahren, daß der Sonnabend, nicht der Sonntag, der Tag ist, an dem das Pflanzen von Kartoffeln sündhaft ist. Werden Sie katholisch erzogen, dann müssen Sie in Unkenntnis dessen bleiben, daß Herzöge und Herzoginnen trotz der Unlösbarkeit der Ehe die ihrige von der Kirche für nichtig erklären lassen können auf Grund eines Beweismaterials, das für ein gewöhnliches Paar als unzureichend gelten würde. Das Ausmaß von Dummheit, das dazu gehört, ist sozial schädlich und nur durch ein streng wissenschaftfeindliches Regime zu erreichen.

Zweites Argument: wenn die sittliche Erziehung sich auf die Einprägung von Tabus beschränkt hat, dann wird jemand, der erst ein Tabu über Bord geworfen hat, das wahrscheinlich auch mit den übrigen tun. Wenn man gelernt hat, daß alle Zehn Gebote gleich bindend seien, und später zu der Überzeugung kommt, daß es nichts Schlechtes sein kann, am Sonnabend zu arbeiten, dann wird man auch den Mord für erlaubt halten und nicht einsehen, weshalb die eine Handlung schlechter sein soll als die andere. Der allgemeine moralische Zusammenbruch, der häufig auf ein plötzlich aufkommendes Freidenkertum folgt, ist auf das Fehlen einer rationalen Grundlage für den überkommenen Moralkodex zurückzuführen. Bei den englischen Freidenkern des 19. Jahrhunderts hat es einen solchen Zusammenbruch nicht gegeben, vornehmlich deswegen, weil sie im Utilitarismus eine ausreichende nichttheologische Grundlage sahen für den Gehorsam gegenüber denjenigen sittlichen Geboten, die er als gültig anerkannte, und das waren in der Tat alles Vorschriften, die zur Wohlfahrt des Staates beitrugen.

Drittes Argument: alle uns bekannten Tabu-Moralen enthielten gewisse Gebote, die positiv schädlich waren, mitunter sogar äußerst schädlich. Wir brauchen nur an die Bibelstelle 2. Buch Mose, 22,18 zu denken: »Die Zauberinnen sollst du nicht leben lassen.« Auf Grund dieser Bibelstelle sind allein in Deutschland in der Zeit von 1450 bis 1550 an die hunderttausend Hexen hingerichtet worden. Besonders stark war der Hexenglaube in Schottland; in England unterstützte ihn Jakob I. Ihm zu schmeicheln, wurde »Macbeth« geschrieben, worin Hexen auftreten. Sir Thomas Browne vertrat den Standpunkt, daß, wer den Hexenglauben nicht teile, zu den Atheisten zähle. Nicht christliche Barmherzigkeit, sondern eine zunehmend wissenschaftlicher werdende Geisteshaltung machte etwa von der Zeit Newtons an der Verbrennung unschuldiger Frauen um vermeintlicher Verbrechen willen schließlich ein Ende. Heute sind die Tabu-Elemente der gültigen Moral nicht mehr so grausam wie vor dreihundert Jahren, hemmen aber zum Teil immer noch humanes Fühlen und Handeln; man denke nur an die Opposition gegen die Geburtenregelung und die Euthanasie.

Wenn die Menschen zivilisierter werden, begnügen sie sich nicht mehr mit bloßen Tabus, sondern ersetzen sie durch göttliche Gebote und Verbote. Der Dekalog beginnt: »Und Gott redete alle diese Worte.« In den Büchern des Gesetzes ist es durchweg der Herr, der spricht. Gegen Gottes Verbote zu handeln, ist böse und wird auch bestraft werden; noch böser wäre es, wenn keine Bestrafung erfolgte. Damit wird der Gehorsam zum Kernpunkt der Sittlichkeit. Der grundlegende Gehorsam bezieht sich auf den Willen Gottes, aber daneben gibt es viele abgeleitete Formen, die deswegen sanktioniert wurden, weil soziale Unterschiede von Gott gewollt sind. Untertanen haben dem König, Sklaven ihrem Herrn, Frauen ihren Männern und Kinder ihren Eltern zu gehorchen. Der König ist nur Gott Gehorsam schuldig; läßt er es an diesem Gehorsam fehlen, dann wird er oder sein Volk bestraft werden. Als David eine Volkszählung veranstaltete, schickte der Herr, der die Statistik nicht schätzte, eine Pestilenz, an der viele tausend Kinder Israels starben (1. Chronik 21). Man sieht daraus, wie wichtig es für jedermann war, daß der König tugendhaft sein sollte. Die Macht der Priester beruhte zum Teil darauf, daß sie in einem gewissen Ausmaß den König von Sünden, jedenfalls von schwereren Sünden, etwa der Anbetung falscher Götter, abzuhalten vermochten.

Der Gehorsam als grundlegendes Gebot der Moral bewährt sich ganz leidlich in einem stabilen Staatswesen, in dem niemand an der eingeführten Religion zweifelt und die Regierung erträglich ist. Aber es gab Zeiten, wo es an diesen Voraussetzungen fehlte. Nach Ansicht der Propheten fehlten sie, wenn Könige Götzen anbeteten, nach Ansicht der Frühkirche, wenn die Herrscher Heiden oder Arianer waren. In großem Maßstabe fehlten diese Voraussetzungen während der Reformation, als die Protestanten ihre Untertanenpflicht gegenüber katholischen Landesherren nicht anerkannten oder umgekehrt Katholiken nicht gegenüber protestantischen Herrschern. Die Protestanten aber hatten mit größeren Schwierigkeiten zu kämpfen als die Katholiken, denn diese hatten immer noch die Kirche, deren Sittenlehre unfehlbar war, während es für die Protestanten keine offizielle Quelle gab, aus der sie in Ländern, deren Regierung sie bekämpfte, sittliche Verhaltensregeln schöpfen konnten. Natürlich gab es die Bibel, aber über manche Dinge schwieg die Bibel sich aus und über andere äußerte sie sich widerspruchsvoll. War es rechtmäßig, Geld gegen Zinsen auszuleihen? In der Heiligen Schrift fand sich keine Antwort auf diese Frage. Durfte eine kinderlose Witwe den Bruder ihres Gatten ehelichen? Das 3. Buch Mose sagte nein, das 5., das Deuteronomium, ja (3. Buch Mose, 20, 21; 5. Buch Mose, 25, 5).

So griffen denn die Protestanten auf eine Auffassung zurück, die schon in den Propheten und im Neuen Testament zu finden war, daß nämlich Gott das Gewissen eines jeden darüber belehrt, was recht und was unrecht ist. Einer äußeren sittlichen Autorität bedarf es infolgedessen nicht; ja es ist sogar Sünde, einer solchen Autorität zu gehorchen, wenn ihre Befehle dem persönlichen Gewissen widersprechen. Kein Gebot, das Gehorsam gegenüber einer irdischen Autorität anbefiehlt, ist absolut oder bindend, wenn das Gewissen es nicht gutheißt. Diese Lehre hat sich sehr stark in einer Wandlung der Ethik und der Politik ausgewirkt, sogar dort, wo sie nicht anerkannt wird. Sie liefert eine Rechtfertigung für Dinge wie religiöse Toleranz, Auflehnung gegen eine schlechte Regierung, Weigerung sozial Tieferstehender, sich ›Höherstehenden‹ unterzuordnen, Gleichberechtigung der Frau und Beschneidung der elterlichen Autorität. Aber sie versäumte in verhängnisvoller Weise, eine neue sittliche Grundlage für den sozialen Zusammenhalt an Stelle der alten, von ihr zerstörten zu bieten. Das Gewissen *per se* ist eine anarchische Macht, auf der sich kein Regierungssystem errichten läßt.

Von Anfang an hat es noch eine ganz andere Quelle sittlichen Empfindens und sittlicher Normen gegeben: das Prinzip des Aushandelns oder den sozialen Kompromiß. Dieser fußt nicht, wie die verschiedenen Arten der Moral, von denen bisher die Rede war, auf dem Aberglauben oder der Religion; er entspringt, grob gesagt, aus dem Wunsch, das Leben ungestört zu verbringen. Wenn ich Kartoffeln brauche, kann ich mich nachts aufmachen und sie mir bei meinem

Nachbarn ausgraben; er wiederum kann sich damit rächen, daß er mir die Früchte von meinen Apfelbäumen stiehlt. Beide müßten wir also allnächtlich jemand Wache stehen lassen, um uns gegen solche Übergriffe zu schützen. Das wäre lästig und unbequem, und schließlich würden wir es für das einfachste halten, daß jeder des anderen Eigentum respektierte – immer vorausgesetzt, daß keiner von uns beiden verhungert. Eine solche Ethik, mag sie auch in ihren Anfangsstadien durch Tabus oder religiöse Sanktionen gestützt worden sein, kann auch dann noch weiterleben, wenn diese ihre Bedeutung verloren haben; denn jedem bietet sie Vorteile, zumindest in der Intention. Mit fortschreitender Zivilisation hat sie dann schließlich eine immer größere Rolle bei der Gesetzgebung, bei der Regierung und für die Privatmoral gespielt, und doch ist es ihr nie gelungen, so starke Gefühle wie Grauen oder Ehrfurcht einzuflößen, die mit der Religion oder dem Tabu verknüpft sind.

Der Mensch ist ein Gruppenwesen, nicht aus Instinkt wie Ameisen oder Bienen, sondern vornehmlich aus dem mehr oder weniger dunklen Gefühl kollektiven Eigeninteresses. Die größte soziale Einheit, die auf einer festen, instinktbedingten Grundlage beruht, ist die Familie; die Untergrabung der Familie durch den Staat setzte ein, als dieser sich für verpflichtet zu halten begann, unmündige Kinder, die von ihren Eltern vernachlässigt wurden, am Leben zu erhalten. Ameisen oder Bienen handeln vermutlich triebhaft, wenn sie etwas tun, was der Brut oder dem Stock nützlich ist, und denken nie darüber nach, daß jede ihre Lage durch antisoziales Verhalten verbessern könnte. Die Menschen aber sind nicht so glücklich dran. Um ihre Handlungen mit dem allgemeinen Interesse in Einklang zu bringen, mußten gewaltige Kräfte in Form des Rechts, der Religion und einer auf aufgeklärtes Eigeninteresse ausgerichteten Erziehung aufgeboten werden, und doch ist nicht viel damit erreicht worden. Vermutlich waren die ersten Staatswesen erweiterte Familien; der stärkste Antrieb zu jedem weiteren Zusammenschluß aber war der Krieg. Im Kriege steht zu erwarten, daß ein großes Gemeinwesen ein kleines besiegt; folglich ist jede Methode zur Herbeiführung sozialen Zusammenschlusses zu einer großen Gruppe biologisch vorteilhaft.

Wenn aber der Krieg die Triebkraft für den fortschreitenden Zusammenschluß war, dann mußte die Sittlichkeit aus zwei ganz verschiedenen Teilen bestehen, aus den Pflichten des Menschen gegenüber seiner eigenen Gruppe und aus den Pflichten gegen Einzelne oder Gruppen außerhalb seiner eigenen.

Religionen mit dem Anspruch auf Universalität wie der Buddhismus oder das Christentum haben diesen Unterschied zu verwischen und die ganze Menschheit als eine einzige Gemeinschaft zu betrachten gesucht. Im Abendland ging diese Auffassung von der Stoa aus, in Auswirkung der Eroberungszüge Alexanders des Großen. Doch trotz allem, was die Religion dazu tun konnte, ist sie bisher nur die Sehnsucht einiger weniger Philosophen und Heiliger geblieben.

Hier möchte ich mich nur mit der Moral innerhalb der Gruppe befassen und auch das nur insoweit, als sie darauf abzielt, die soziale Zusammenarbeit zu erleichtern. Es ist begreiflich, daß die wichtigste Voraussetzung hierfür eine Methode ist, mit der sich, im Gegensatz zur Gewaltanwendung des Einzelnen, entscheiden läßt, was wem gehören soll. Die beiden Einrichtungen, mit denen die meisten zivilisierten Gemeinwesen die Lösung dieses Problems in Angriff genommen haben, sind Gesetz und Eigentum; das sittliche Prinzip, das zur Richtschnur für diese Institution erklärt wurde, war die *Gerechtigkeit* oder was nach allgemeiner Anschauung dafür gelten konnte.

Das Gesetz besteht im wesentlichen aus einer Sammlung von Vorschriften, die die Gewaltanwendung seitens des Staates regeln, in Verbindung mit dem Verbot der Gewaltanwendung seitens privater Einzelpersonen oder Gruppen, mit Ausnahme gewisser, besonders aufgeführter Umstände, z. B. Notwehr. Ohne Gesetz herrscht Anarchie und damit die Anwendung nackter Gewalt durch muskelstarke Individuen, und wenn die Gesetze unter Umständen auch schlecht sind, so werden sie doch fast immer noch besser sein als die Anarchie. Ehrfurcht vor dem Gesetz ist folglich ein vernünftiges Gefühl.

Das Privateigentum wurde erfunden, um die Unterordnung unter das Gesetz etwas schmackhafter zu machen. Ursprünglich hatte der Mensch, nachdem der primitive Zustand der Gütergemeinschaft abgewirtschaftet hatte, ein Recht auf den Ertrag seiner Arbeit, auf Aufenthalt und ein Landlos dort, wo er immer gelebt hatte; außerdem entsprach es dem rechtlichen und natürlichen Empfinden, daß er sein Eigentum seinen Kindern hinterlassen durfte. In einem Nomadenstaat bestand es gewöhnlich in Schaf- und anderen Herden.

Wo es Gesetz und Eigentum gibt, wird das Stehlen ein definierbarer Begriff und kann in den Dekalog als eine der zehn schlimmsten Sünden aufgenommen werden.

Gesetze gelten als gut, wenn sie ›gerecht‹ sind; doch ›Gerechtigkeit‹ ist ein Begriff, der sich sehr schwer präzisieren läßt. Platons »Staat« soll ein Versuch sein, ihn zu definieren, aber dieser Versuch kann nicht als sehr gelungen bezeichnet werden. Unter dem Einfluß demokratischen Denkens neigen moderne Menschen dazu, Gerechtigkeit mit Gleichheit zu identifizieren, aber selbst heute ist diese Anschauung nur begrenzt gültig. Wenn der Vorschlag gemacht würde, die Königin sollte das gleiche Einkommen haben wie ein Maurer, dann würden die meisten Leute samt den Maurern den Vorschlag empörend finden. Vor noch nicht langer Zeit ging das Gefühl für derartige Unterschiede noch bedeutend weiter. Ich glaube, man muß tatsächlich ›Gerechtigkeit‹ definieren als »das, was die meisten Menschen für gerecht halten«, oder besser, um den Circulus vitiosus zu vermeiden, als »das System, das nach allgemeiner Übereinstimmung am wenigsten Anlaß zu Klagen bietet«. Um dieser Definition einen konkreten Inhalt zu geben, müssen wir die Tradition und die Gefühle des Gemeinwesens, für das es gelten soll, in Rechnung stellen. Was bei allen Gemeinwesen immer gleich bleibt, ist, daß dasjenige System gerecht ist, welches das kleinste Ausmaß an Unzufriedenheit zur Folge hat.

Es ist klar, daß, wenn die Ethik vom Standpunkt des Aushandelns betrachtet wird, sie sich kaum von der Politik unterscheidet, im Gegensatz zu der persönlichen Ethik, die im Gehorsam gegen den Willen Gottes oder in der Unterwerfung unter die Stimme des Gewissens besteht. Eines der Probleme, die eine ethische Theorie zu berücksichtigen hat, ist das Verhältnis dieser beiden verschiedenen Moralsysteme zueinander und die Abgrenzung ihrer Gültigkeitsbereiche. Man bedenke, welche Gesinnung einen Künstler bewegt, lieber ein wirkliches Kunstwerk zu schaffen als leichtverkäufliche Massenware zu produzieren; diesem Empfinden muß ein moralischer Wert zugesprochen werden, obwohl es mit Gerechtigkeit nichts zu tun hat. Aus solchen Gründen kann meines Erachtens die Ethik nicht *nur* sozial sein. Jeder der Ursprünge sittlichen Empfindens, von denen hier die Rede war, so unentwickelt er anfangs vielleicht auch war, kann sich zu Formen entfalten, die hochzivilisierte Menschen zu beeinflussen vermögen. Berücksichtigen wir einen davon nicht, so wird das Ergebnis einseitig und unvollkommen sein.

2 Sittenkodizes

In jedem Gemeinwesen, selbst bei der Besatzung eines Piratenschiffs, gibt es befohlene und verbotene, gebilligte und getadelte Handlungen. Der Pirat muß Mut beim Angriff und Gerechtigkeitssinn bei der

Verteilung der Beute beweisen, sonst ist er kein ›guter‹ Pirat. Gehört ein Mensch zu einem größeren Verbande, dann ist der Kreis seiner Pflichten und etwaigen Verfehlungen größer, sind die dadurch bedingten Überlegungen vielgestaltiger und verwickelter; aber immer noch ist ein Kanon maßgebend, nach dem er sich zu richten hat, wenn er nicht in schlechten Ruf kommen will. Die meisten Handlungen sind freilich sittlich belanglos, wenn der Handelnde nicht ein Sklave ist oder sich in halbsklavischer Lage befindet. Wer unabhängig ist, kann aufstehen und schlafen gehen, wann er will; er kann essen und trinken, was ihm beliebt, wenn es nicht im Übermaß geschieht; er kann die Frau seiner Wahl heiraten, wenn sie einverstanden ist. Er muß aber der Wehrpflicht genügen, wenn er vom Staat dazu aufgerufen wird; er darf keine Verbrechen begehen, und er muß in seinem Verhalten alles vermeiden, was einen Menschen unbeliebt macht. Menschen, die wirtschaftlich nicht unabhängig sind, genießen weit weniger Freiheit.

Die Sittenkodizes sind zu verschiedenen Zeiten und in den verschiedenen Teilen der Welt so unterschiedlich gewesen, daß man es fast nicht für möglich halten sollte. Die Azteken betrachteten es als schmerzliche Pflicht, bei feierlichen Gelegenheiten Menschenfleisch zu essen; sie glaubten, bei Nichterfüllung dieser Pflicht werde das Licht der Sonne erlöschen. Die Kopfjäger von Borneo durften, bevor ihnen die Niederländische Regierung das Selbstbestimmungsrecht nahm, nur heiraten, wenn sie eine bestimmte Anzahl von Köpfen als Morgengabe darbrachten; ein junger Mann, der das versäumte, verfiel der Verachtung, die man in Amerika einem *sissy*, einem Schwächling, gegenüber empfindet. Konfuzius entschied, daß ein Mensch, dessen Eltern noch lebten, sich mangelnder Sohnesliebe schuldig mache, wenn er einen einträglichen Regierungsposten ablehne, denn er habe sein Gehalt und seine Nebeneinnahmen dazu zu verwenden, Vater und Mutter einen behaglichen Lebensabend zu bereiten. Hammurabi dekretierte, daß, wenn die Tochter eines angesehenen Mannes an den Folgen von Schlägen während der Schwangerschaft stürbe, die Tochter desjenigen, der ihr die Schläge versetzt hatte, hinzurichten sei. Das jüdische Gesetz befahl, eine Frau, die beim Ehebruch ertappt wurde, zu steinigen.

Angesichts dieser unterschiedlichen Moralkodizes vermögen wir nicht zu sagen, daß gewisse Arten von Handlungen recht, andere dagegen unrecht seien, wenn wir nicht ein Kriterium ausfindig machen, auf Grund dessen manche Kodizes besser sind als andere. Von Natur aus hat jeder, der über seine Heimat nicht hinausgekommen ist, die

Neigung, diese Frage sehr einfach zu entscheiden: der Kodex seines Landes ist der richtige, und wenn andere Kodizes von ihm abweichen, so sind sie zu verwerfen. Dieser Standpunkt ist besonders einfach zu vertreten, wenn die Vermutung besteht, daß der eigene Kodex übernatürlichen Ursprungs ist. Auf Grund dieses Glaubens konnten die Missionare der Auffassung sein, daß in Ceylon »nur der Mensch schlecht sei«, und dabei die ›Schlechtigkeit‹ britischer Baumwollfabrikanten übersehen, die durch Kinderarbeit reich wurden und die Missionstätigkeit nur deswegen unterstützten, weil sie hofften, die ›Eingeborenen‹ würden sich zur Kattunkleidung entschließen. Wenn sich aber mehrere unterschiedliche Kodizes gleichzeitig auf einen erhabenen Ursprung berufen, dann kann der Philosoph sich schwerlich für einen von ihnen entscheiden, wenn für ihn nicht ein besonderes Argument spricht, das die anderen nicht für sich geltend machen können.

Manch einer wird vielleicht sagen, ein Mensch müsse den Sittenkodex seiner Gemeinschaft befolgen, wie er auch beschaffen sein möge. Wenn ich auch allenfalls zugebe, daß er nicht dafür getadelt werden kann, wenn er das tut, so glaube ich doch, daß häufig die Veranlassung besteht, ihn dafür zu loben, daß er es unterläßt. Der Kannibalismus war einst fast überall üblich und meist mit der Religion verknüpft. Daß er von selbst ausstarb, ist nicht anzunehmen; sicherlich haben irgendwelche Pioniere der Sittlichkeit ihn für einen schlechten Brauch erklärt. In der Bibel lesen wir, daß Samuel es für sündhaft hielt, das Vieh besiegter Feinde nicht zu schlachten, und Saul, vielleicht nicht aus den edelsten Motiven, diese Anschauung bekämpfte. Die ersten Fürsprecher der religiösen Toleranz galten als schlecht, und nicht anders erging es den ersten Gegnern der Sklaverei. Die Evangelien berichten, wie Christus die strengeren Formen des Sabbat-Tabus bekämpfte. Angesichts dieser Beispiele läßt sich nicht bestreiten, daß gewisse Handlungen eines Menschen, die wir alle sehr lobenswert finden, in der Kritik an dem Sittenkodex seiner Gemeinschaft oder gar in dessen Übertretung bestehen. Natürlich gilt das nur für vergangene Zeiten oder für Ausländer; bei uns könnte so etwas gar nicht vorkommen, denn unser Sittenkodex ist ja über jede Kritik erhaben.

›Recht‹ und ›Unrecht‹ liegen nach allgemeiner Ansicht nicht auf der gleichen Ebene; der Begriff ›unrecht‹ ist viel älter und ursprünglicher und auch heute noch die emphatischere Konzeption. Um ein ›guter‹ Mensch zu sein, braucht man sich nur der Sünde zu enthalten; irgendein positives Handeln ist nicht erforderlich. Das ist aber selbst nach der negativsten Anschauung nicht ausnahmslos gültig; zum Beispiel muß man ein Kind vor dem Ertrinken retten, wenn man das tun kann, ohne sich selbst zu sehr zu gefährden. Aber nicht derartige Dinge sind es, auf denen die meisten landläufigen Moralisten bestehen. Neun von den Zehn Geboten sind negativ. Wenn man sich zeit seines Lebens des Mordes, des Diebstahls, der Unzucht, des Meineids, der Gotteslästerung und der Unehrerbietigkeit gegenüber seinen Eltern, seiner Kirche und seinem König enthält, so gilt man gemeinhin als moralisch bewundernswerter Mensch, auch wenn man keine einzige gütige, großmütige oder nützliche Tat vollbracht hat. Dieser sehr unzulängliche Tugendbegriff ist aus der Tabu-Moral hervorgegangen und hat unsagbares Leid verursacht.

Die herkömmliche Moral befaßt sich zu stark mit der Unterlassung der ›Sünde‹ und dem Reinigungsritual, wenn eine Sünde begangen worden ist. Obwohl dieser Standpunkt in der christlichen Ethik vorherrscht, ist er doch älter als das Christentum; er wurde bereits von den Orphikern vertreten und findet sich am Anfang von Platons »Staat«. Die ›Sünde‹ besteht im Sinne der kirchlichen Lehre in bestimmt gearteten und spezifizierten Handlungen; manche sind sozial schädlich, andere neutral, wieder andere positiv nützlich (z. B. Euthanasie bei entsprechenden Sicherheitsklauseln). Sünden haben göttliche Bestrafung zur Folge, sofern sie nicht aufrichtig bereut werden; in diesem Falle können sie vergeben werden, sogar dann, wenn der Schaden, den sie verursacht haben, nicht wiedergutzumachen ist. Das Sündenbewußtsein und die Angst, eine Sünde zu begehen, haben, wenn sie stark genug sind, eine in sich gekehrte, mit sich selbst beschäftigte Gemütsverfassung zur Folge, die spontaner Liebe und großzügiger Gesinnung abträglich ist und leicht zu einer ängstlichen, etwas peinlichen Art von Demut führt. Die beste Lebensführung wird gewiß nicht durch eine solche Gemütsstimmung inspiriert.

›Recht‹ im Gegensatz zu ›Unrecht‹ ist ursprünglich ein mit Macht verknüpfter Begriff und bezieht sich auf die Initiative derer, die nicht zum Gehorsam verpflichtet sind. Könige sollten »recht handeln vor Gott«. Jedem Amt und jedem Beruf eignet etwas von dieser Art positiver Pflicht, im Grunde überhaupt jeder Machtstellung. Soldaten müssen kämpfen, Feuerwehrleute müssen ihr Leben einsetzen, um Menschen aus brennenden Häusern zu retten, die Besatzung eines Rettungsbootes muß bei Sturm hinausfahren, Ärzte müssen bei einer Epidemie die Gefahr der Infektion auf sich nehmen, Väter müssen alles tun, was gesetzlich erlaubt ist, um für die Ernährung ihrer Kinder zu sorgen.

In diesem Sinne hat schließlich jeder Beruf seinen eigenen Sittenkodex, der teilweise von dem gewöhnlicher Bürger abweicht und vor allem positiver ist. Ärzte sind an den Eid des Hippokrates gebunden, Soldaten an die Grundsätze militärischer Disziplin, Priester an eine Reihe von Geboten, von denen andere Menschen ausgenommen sind. Könige müssen heiraten, wie die Interessen des Staates es gebieten und nicht nach der eigenen Neigung. Die positiven Pflichten, die zu jedem Beruf gehören, sind teils gesetzlich vorgeschrieben, teils durch die Berufsauffassung oder die öffentliche Meinung diktiert.

Innerhalb des gleichen Gemeinwesens können zwei einander widersprechende Sittenkodizes Gültigkeit haben. Das bemerkenswerteste Beispiel hierfür ist die Gegensätzlichkeit der christlichen Moral im Sinne der kirchlichen Lehre und des Ehrenkodex, der aus der Ritterzeit stammt und auch heute keineswegs aufgehoben ist. Die Kirche verdammt die Tötung von Menschen, außer im Kriege oder auf Grund eines gerichtlichen Verfahrens, die Ehre aber gebot dem Gentleman, sich jederzeit zu duellieren, um sich für eine Kränkung zu rächen. Die Kirche verdammt den Freitod; von dem Kommandanten eines deutschen Kriegsschiffs aber erwartet man, daß er den Verlust seines Schiffes nicht überlebt. Die Kirche verdammt den Ehebruch; trotzdem respektiert der Ehrenkodex, ohne es positiv zu gebieten, einen Mann mehr, wenn er viele Eroberungen zu verzeichnen hat, namentlich wenn es sich um hochgeborene Damen handelt, und in noch höherem Maße, wenn er deren Gatten in ritterlichem Zweikampf getötet hat.

Der Ehrenkodex ist natürlich nur für ›Gentlemen‹ bindend und zum Teil auch nur im Verkehr mit anderen ›Gentlemen‹. Wo er aber gilt, da gebietet er mit äußerster Strenge und ist unter allen Umständen bedenkenlos zu befolgen. In Corneilles »Cid« finden wir ihn in seiner ganzen prächtigen Unsinnigkeit dargestellt. Der Vater des Cid ist von dem Vater der Dame seines Herzens beleidigt worden, aber zu alt, um selbst seine Ehre mit der Waffe wiederherzustellen. Deshalb gebietet die Ehre, daß der Cid sich für ihn schlägt, obwohl das seiner Liebe zum Verhängnis werden muß. Nach einem Monolog großen Stils ringt er sich zu einem Entschluß durch:

»Allons, mon bras, sauvons du moins l'honneur,
Puisqu' après tout il faut perdre Chimène.«

Der gleiche Kodex, nun aber mit allen Zeichen der Degeneration und Lächerlichkeit behaftet, beherrscht Tom Moores ersten Umgang mit Byron. Zunächst forderte Moore Byron; aber noch ehe die Sache zum Austrag kam, schrieb er nochmals und erklärte, er habe sich überlegt, daß er Weib und Kinder habe, die hilflos zurückbleiben würden, wenn er fiele; er schlage deshalb vor, lieber Freundschaft zu schließen, statt miteinander zu kämpfen. Byron, nun wieder obenauf und wie immer voller Angst, man könne ihn nicht für einen Gentleman halten, beeilte sich durchaus nicht, Moores Entschuldigung anzunehmen, und spielte den wilden Mann. Aber schließlich einigte man sich doch Gott sei Dank dahin, daß Moore lieber Byrons Biographie schreiben als seinen Tod herbeiführen solle.

Wenn sich auch der Glaube an die persönliche Ehre oft in absurder, bisweilen auch in tragischer Weise äußerte, so hatte er doch nicht zu unterschätzende Verdienste, und wir dürfen es durchaus nicht nur als Gewinn buchen, daß er allmählich schwächer wurde. Es gehörte Mut dazu und Wahrhaftigkeit, Verachtung des Treubruchs und Ritterlichkeit gegenüber den Schwachen und Hilfsbedürftigen der gleichen Gesellschaftsstufe. Wenn Sie nachts aufwachen und merken, daß Ihr Haus brennt, ist es natürlich Ihre Pflicht, wenn Sie die Möglichkeit dazu haben, die Schläfer zu wecken, ehe Sie sich selbst in Sicherheit bringen; das ist Ehrenpflicht. Es würde Ihnen schwer verdacht werden, wenn Sie andere deswegen ihrem Schicksal überließen, weil Sie selber ein bedeutender Bürger sind, während die anderen nur Leute sind, auf die es nicht weiter ankommt, obwohl es Situationen gibt, in denen man solche Rechtfertigung in gewissem Sinne gelten lassen würde, wenn Sie z. B. Winston Churchill im Jahre 1940 wären. Zu den Dingen, welche die Ehre verbietet, gehört auch die verächtliche Unterwürfigkeit gegenüber einer unrechtmäßigen Autorität, z. B. das Sich-Einschmeicheln bei dem einrückenden Feind. Als ehrenrührig gelten auch weniger wichtige Dinge: der Verrat von Geheimnissen oder das Lesen fremder Briefe. Wenn der Ehrbegriff von seiner aristokratischen Anmaßung und der Neigung zur Gewalttätigkeit gereinigt würde, dann würde alles übrige dazu beitragen, die persönliche Integrität zu schützen und das gegenseitige Vertrauen im gesellschaftlichen Verkehr zu fördern. Es täte mir leid, wenn dieses Vermächtnis der Ritterzeit der Welt vollkommen verlorenginge.

Bis jetzt haben wir uns mit zwei verschiedenen Anschauungen über das Wesen der Sittlichkeit beschäftigt. Nach der einen besteht sie in der Übereinstimmung mit dem Moralkodex des Gemeinwesens, zu dem wir jeweils gehören; nach der anderen im Gehorsam gegenüber dem Willen Gottes oder gegenüber der Stimme des Gewissens. Ich habe mich auf die Darstellung dieser Anschauungen beschränkt, ohne die Gründe näher zu untersuchen, die sich dafür oder dagegen anführen lassen.

Die Moralkodizes, sahen wir, sind in den einzelnen Gesellschaften verschieden. Die Kopfjäger zum Beispiel halten eine ganz andere Art des Verhaltens für empfehlenswert wie die Quäker. Wir können sagen: der Tugendhafte gehorcht dem Kodex seiner Gemeinschaft. Oder: der Tugendhafte gehorcht dem Kodex meiner eigenen Gemeinschaft. Grob gesprochen vertreten beim Umgang mit Wilden Verwalter die erste und Missionare die zweite Ansicht. In manchen Punkten haben Verwalter und Missionare die gleiche Auffassung; so wird zum Beispiel auch der Toleranteste unter ihnen den Kannibalismus auszurotten versuchen.

In der Praxis sind wir alle der Meinung, daß ein bestimmter Sittenkodex wünschenswerter sein kann als ein anderer. In der gesamten abendländischen Zivilisation würde kaum jemand die alte semitische Sitte, dem Moloch Kinder zu opfern, gutheißen, oder die Gewalt des römischen Pater familias über Leben und Tod seiner Kinder, oder den japanischen Brauch, daß die Ehefrau auf einem hölzernen Kissen zu schlafen habe, während ihr Gatte auf weichem Pfühle ruht. Ich will jetzt nicht zu beweisen versuchen, daß wir recht haben, wenn wir diese Bräuche mißbilligen; man kann sich gut vorstellen, wie beredt sie von denen verteidigt werden würden, denen sie richtig erscheinen. Was ich beweisen möchte, ist etwas, worüber sie und wir einer Meinung sein würden, nämlich daß der eine Sittenkodex schlechter sein kann als der andere. Wird dies zugegeben, so muß also die Ethik etwas enthalten, was über dem Sittenkodex steht, und folglich muß nach diesem Etwas der jeweilige Sittenkodex bewertet werden. Die Moral erschöpft sich also nicht in dem einzigen Gebot: Tue, was deine Gemeinschaft billigt, und vermeide, was sie mißbilligt.

Man könnte aber auch sagen: »Die Tugend besteht immer und überall im Gehorsam gegenüber dem Sittenkodex *meiner* Gemeinschaft.« Auf diesen Standpunkt hat sich die Kirche gestellt. Die Urchristen hielten es für frevelhaft, daß die Heiden Götzendienst trieben, obwohl der heidnische Sittenkodex ihnen das befahl. Moderne Missionare empören sich über die Sitte des Nacktgehens sogar dort, wo sie seit unvordenklichen Zeiten geherrscht hat. Mit Hilfe wissenschaftlicher Kriegswaffen ist dieser Auffassung in ganz Afrika und auf den Südseeinseln Geltung verschafft worden. Nur die Japaner fanden Mittel und Wege, sich diesem Argument zu widersetzen: als ihnen die Spanier im 16. Jahrhundert Missionare und Schußwaffen sandten, nahmen sie zunächst beide hin; als sie aber gelernt hatten, selber Schußwaffen herzustellen, beschlossen sie, keine Missionare mehr zu dulden.

Missionare können einwenden, daß die Überlegenheit des christlichen Kodex durch Offenbarung bekannt sei. Der Philosoph jedoch muß feststellen, daß andere Religionen den gleichen Anspruch geltend machen. Eine Berufung auf die Theologie verstößt gegen die Regeln der Philosophie, die der Übung des Thomas von Aquino zu folgen hat, der in den drei ersten von den vier Büchern seiner »Summa contra Gentiles« geflissentlich jede Berufung auf die Offenbarung vermeidet. Wenn wir also unserem eigenen Sittenkodex den Vorzug geben wollen, dann müssen wir als Philosophen nach Gründen Ausschau halten, die allen plausibel erscheinen, nicht nur denen, die unsere theologische Anschauung teilen.

Eine Sittlichkeit, die auf dem Gewissen des Einzelnen fußt, hat sehr ähnliche Mängel wie eine auf einem Sittenkodex beruhende Moral. Die einzelnen Menschen haben nicht alle das gleiche Gewissen. Kriegsdienstverweigerer halten es für unrecht zu kämpfen; die Thugs [Mitglieder einer geheimen Mord- und Raubbande in Nordindien] finden es unrecht, nicht zu kämpfen; die Manichäer sahen es als Sünde an, Tiere zu verzehren, mit Ausnahme von Fischen – viele Sekten aber haben gerade diese Ausnahme abscheuerregend gefunden. Die Dukhobors verweigerten den Militärdienst, hielten es aber für schicklich, gemeinsame Nackttänze um ein Lagerfeuer aufzuführen; als sie des ersten Prinzips wegen in Rußland verfolgt wurden, wanderten sie nach Kanada aus, wo sie wegen des zweiten Unannehmlichkeiten hatten. Die Mormonen besaßen eine göttliche Offenbarung zugunsten der Polygamie; unter dem Druck der amerikanischen Regierung stellten sie jedoch fest, daß die Offenbarung nicht bindend sei. Manche Moralisten, darunter viele bedeutende Jesuiten, haben den Tyrannenmord als Pflicht betrachtet; andere lehrten, er sei stets Sünde. Offenbar verkündet das Gewissen nicht immer den Willen Gottes, sonst wären solche Unterschiede nicht möglich.

Ebenso wie wir alle davon überzeugt sind, daß manche Moralsysteme besser als andere sind, müssen wir auch annehmen, daß das eine Gewissen besser ist als das andere, oder wir sind so dumm, daß wir gar nicht merken, daß nicht alle das gleiche Gewissen haben. Es muß also ein anderes Kriterium als das Gewissen geben, wonach zu entscheiden ist, was als wünschenswertes Verhalten anzusehen ist; dieses Kriterium läßt sich nicht aus Verhaltensregeln wie »Du sollst nicht töten« oder »Du sollst nicht stehlen« ableiten, weil es, wie wir sahen, an der allgemeinen Übereinstimmung bezüglich solcher Gebote fehlt.

Schon innerhalb der Grenzen unseres Zeitalters und unseres Volkes läßt sich leicht nachweisen, daß Ausnahmen von den gültigen Regeln bei näherer Überlegung gemeinhin als statthaft betrachtet werden würden. Denken wir zunächst an das Verbot des Mordens. Wenn ›Mord‹ als »nichtzurechtfertigende Menschentötung« definiert wird, so folgt daraus tautologisch, daß der Mord unrecht ist. Damit wird aber nur die Beweisführung auf die Frage abgestellt, wann Menschentötung ungerechtfertigt ist. Die meisten Menschen halten Menschentötung im Kriege und auf Grund eines im ordentlichen Strafverfahren ergangenen Urteils für gerechtfertigt. Es ist eine sehr verbreitete Auffassung, daß Sie berechtigt sind, einen Menschen in der Notwehr zu töten, wenn Sie keine andere Möglichkeit haben, Ihr Leben zu retten. Anscheinend wäre daraus zu folgern, daß Sie auch das Recht haben müßten, einen Menschen zu töten, um Ihre Frau oder Ihre Kinder zu verteidigen. Aber wie steht es, wenn Sie Ihre Frau vor einem Schicksal bewahren wollen, das schlimmer ist als der Tod? Und wie mit den Kindern anderer Leute, wenn sie in Gefahr sind? Oder angenommen, Sie hätten Guy Fawkes dabei überrascht, wie er die verhängnisvolle Lunte in Brand setzte, und hätten keine andere Möglichkeit gehabt, ihn daran zu hindern, als ihn auf der Stelle niederzuschießen. Nach Ansicht der meisten Menschen werden Sie dazu berechtigt sein. Doch angenommen, Sie sahen ihn nur Licht machen und waren nicht sicher, ob er den König samt Ober- und Unterhaus in die Luft sprengen oder nur eine Pfeife rauchen wollte – hätten Sie dann das Recht, ihm die schwärzere Absicht zuzutrauen?

Oder denken wir an das Verbot der Blutschande. Angenommen, Atombomben hätten die gesamte Weltbevölkerung auf einen Bruder und seine Schwester reduziert. Sollten sie die menschliche Rasse aussterben lassen? Ich weiß die Antwort nicht, kann mir aber nicht denken, daß sie nur deswegen bejahend ausfallen sollte, weil Blutschande etwas Böses ist.

Es gibt unzählige solche kasuistischen Probleme und die einzige Möglichkeit, sie theoretisch zu lösen, ist natürlich, einen Zweck zu finden, dem das Verhalten dienen muß, und ein Verhalten für ›recht‹ zu erklären, wenn es aller Wahrscheinlichkeit nach diesen Zweck fördert.

Das veranlaßt uns, eher ›gut‹ und ›schlecht‹ als ›recht‹ und ›unrecht‹ als sittliche Grundbegriffe anzusehen. In diesem Sinne ist das ›rechte‹ Verhalten dasjenige, das ein Mittel zum ›Guten‹ ist. Diese Anschauung erinnert an die Utilitaristen, die behaupteten, ›rechtes‹ Verhalten sei ›nützliches‹ Verhalten. Sie erklärten dann weiter, ein Verhalten sei ›nützlich‹, wenn es die allgemeine Glückseligkeit oder Lust fördere; ich möchte aber im Augenblick auf diesen zweiten Satz nicht weiter eingehen, sondern mich nur mit der Behauptung befassen, daß es einen *bestimmten* Zweck gebe, in dessen Terminologie das ›rechte‹ Verhalten zu definieren sei.

Dieser Standpunkt macht sich im Grunde in der Entwicklung moralischer Normen immer geltend, auch wenn er nicht ausdrücklich zugegeben wird. Tabus dürfen nicht verletzt werden, weil sich sonst unliebsame Folgen einstellen würden. In der Bergpredigt werden die Seligpreisungen mit utilitaristischen Argumenten erhärtet; »Selig sind die Sanftmütigen, denn sie werden das Erdreich besitzen« stellt nicht die Sanftmut als Selbstzweck hin. Allgemein gilt es als ausgemacht, daß ein guter Herrscher das Glück seines Volkes erstrebt und so fort.

Selbst wenn die Sittlichkeit als Gehorsam gegenüber geoffenbarten moralischen Geboten verstanden wird, ist es doch üblich, diese Normen mit utilitaristischen Argumenten zu rechtfertigen. Wenn Gottes Gebote die *einzige* Grundlage der Sittlichkeit sind, so folgt daraus, daß sie genausogut das Gegenteil dessen sein könnten, was sie wirklich sind. Nur einer Laune wegen könnte die Weglassung all der ›nicht‹ aus den Zehn Geboten unterblieben sein. Diese Anschauung ist mit Recht von den Theologen verworfen worden. Es ist viel leichter zu glauben, daß Gott den Mord verboten als daß er ihn befohlen habe; Sekten wie die Thugs, die den Mord als religiöse Pflicht ansehen, bleiben zahlenmäßig stets sehr klein. Der wahre (wenn auch unbewußte) Grund dieses Empfindens ist, daß eine dem Mord verschworene Gemeinschaft unbequem ist und nicht die verschiedenen Zwecke zu verwirklichen vermag, welche die meisten von uns für gut halten. Die Theologen haben stets gelehrt, daß Gottes Ratschluß gut sei; das ist keine Tautologie: es folgt daraus, daß Güte logisch von Gottes Ratschluß unabhängig ist. Gott könnte den Mord nicht befohlen haben, da ein solches Gebot schlechte Folgen hätte.

Es ist interessant zu beobachten, daß Thomas von Aquino die anerkannten Gebote der christlichen Moral mit utilitaristischen Erwägungen rechtfertigt. Zum Beispiel: wenn die Ehe nicht auf die Dauer geschlossen würde, dann würden die Väter nicht an der Erziehung teilnehmen; Väter sind aber nützlich, erstens, weil sie vernünftiger sind als Mütter, zweitens, weil sie die zum Strafen erforderliche körperliche Kraft besitzen; darum soll die Ehe Bestand haben. Oder weiter: Brüder und Schwestern sollen nicht miteinander die Ehe eingehen, denn wenn zu der ehelichen Liebe auch noch die geschwisterliche Zuneigung käme, würden beide zusammen so groß werden, daß die Folge ein Übermaß von Leidenschaft wäre. Ich will die Stichhaltigkeit dieser Argumente nicht nachprüfen, sondern nur darauf hinweisen, daß daraus eine Auffassung spricht, die in der Tugend das Mittel zu etwas erblickt, das sich nicht mit ihr deckt und als ›das Gute‹ bezeichnet werden kann.

Die einzigen Moralisten, die ernsthaft den Versuch gemacht haben, in der Auffassung der Tugend als Selbstzweck konsequent zu bleiben, sind die Stoiker und Kant. In verschiedenen Beziehungen aber ließen sie durchblicken, daß es für sie noch eine andere Ethik gab außer der, zu der sie sich ausdrücklich bekannten.

Der Kaiser Marc Aurel war ein überzeugter Stoiker und hielt in seiner Eigenschaft als Philosoph die Tugend für das einzige an sich Gute. Zudem lehrte er, wie auch seine ganze Schule, daß die beste Gelegenheit, sich in der Tugend zu üben, einem das Unglück biete. Obwohl er selbst keine Gelegenheit hatte, vor einem Tyrannen zu zittern, war er ein Anhänger Epiktets, der als Sklave mit ungerechter Gewalt sehr gründlich Bekanntschaft gemacht hatte und sogar durch grausame Bestrafung zum Krüppel geworden war (heißt es!). Epiktet lehrte, der tugendhafte Wille sei das einzige Gut; Tyrannen könnten einen nicht zwingen, schlecht zu sein; es bestehe also kein Grund, sie zu fürchten. Im Gegenteil: man müsse ihnen dankbar sein, daß sie einem Gelegenheit gäben, mutig und tapfer zu sein. Folglich hätte Marc Aurel, da er Gelegenheit dazu hatte, ein Tyrann sein und seinen Untertanen die Wohltat erweisen müssen, die köstlichen Segnungen des Unglücks zu genießen. Stattdessen machte er sich Sorgen um die Getreideversorgung Roms und quälte sich jahrelang damit ab, die Barbaren an den Nordgrenzen zu bekämpfen. Obwohl er als Philosoph das Glück als unwichtig betrachtete, plagte er sich als Kaiser unermüdlich, sein Reich glücklich zu machen. Logisch war ein solches Verhalten nicht zu vertreten, menschlich aber höchst rühmenswert.

Kant hat unermüdlich die Anschauung verächtlich zu machen gesucht, daß das Gute die Lust oder etwas anderes als lediglich die Tugend sein könne. Und Tugend besteht darin, daß man so handelt, wie das moralische Gesetz es befiehlt, *weil* das moralische Gesetz es befiehlt. Rechtes Handeln aus einem anderen Beweggrund kann als tugendhaft nicht zählen. Sind Sie gut zu Ihrem Bruder, weil sie ihn gern haben, so ist das kein Verdienst; wenn Sie ihn aber nicht ausstehen können und trotzdem gut zu ihm sind, weil das moralische Gesetz Ihnen das gebietet, dann sind Sie die Art Mensch, die Sie nach Kants Auffassung sein sollen. Aber trotz der völligen Wertlosigkeit der Lust hält Kant es für ungerecht, daß die Guten leiden sollen; nur aus diesem Grunde glaubt an ein künftiges Leben, in dem sie ewige Seligkeit genießen. Wenn er wirklich glaubte, was er zu glauben meint, dann würde er nicht den Himmel als eine Stätte des Glücks für die Guten betrachten, sondern als einen Ort, wo sie die unerschöpfliche Möglichkeit haben, Leuten Gutes zu tun, die sie nicht leiden können.

Die meisten Fälle, bei denen anscheinend der Glaube herrscht, daß gewisse Handlungen unabhängig von ihren Folgen recht oder unrecht seien, lassen sich mit Nachwirkungen von Tabus erklären, deren Bindungen in Vergessenheit geraten sind oder nicht mehr glaubwürdig erscheinen. Argumente gegen die Geburtenregelung werden bisweilen aus Onans Schicksal abgeleitet. Wenn normalerweise allen denen das Gleiche blühte, die sein Verhalten nachahmen – was zweifellos einst für zutreffend gehalten worden ist –, dann wäre damit ein unwiderlegbares utilitaristisches Argument gegeben. Das Grausen aber, das eine Tabu-Handlung einflößt, von der angenommen wird, sie werde bestraft werden, überlebt oftmals den Glauben an die Bestrafung und führt so zur Entstehung eines Gebotes, das sich nicht mehr mit utilitaristischen Gründen vertreten läßt. Kindern, die in der Nähe einer Starkstromleitung wohnen, prägt man ein, sie nicht zu berühren; wenn die Leitung dann außer Betrieb ist, werden sie immer noch Angst davor haben, sie anzufassen. Das ist ein Analogon zum Fall der Tabus, die einst eine vernünftige Grundlage in Gestalt von abergläubischen Vorstellungen hatten, die nicht mehr bestehen. Im allgemeinen aber haben solche Tabus die Tendenz, allmählich unwirksam zu werden.

Aus alledem ziehe ich den Schluß, daß wir einer Ethik, die Anspruch auf weitgehende Zustimmung erheben kann, eher näher kommen werden, wenn wir ›gut‹ und ›schlecht‹ anstelle von ›recht‹ und ›unrecht‹ als Grundbegriffe annehmen. Das heißt, wir werden annehmen: 1. daß bestimmte Dinge ›gut‹ und gewisse andere ›schlecht‹ sind; 2. daß es bei beiden nur auf den Grad ankommt, so wie ein heftiger Schmerz schlimmer ist als ein leichter; 3. daß ›recht‹ dasjenige Verhalten ist, bei dem allem Anschein nach wohl das Gute am meisten das Schlechte überwiegt oder das Schlechte am wenigsten das Gute übersteigt. Gutes und Schlechtes gelten als gleichwertig, wenn es für einen Menschen belanglos ist, ob er beides oder keins davon erfährt; 4. daß die moralischen Verpflichtungen insgesamt in dem Gebot enthalten sind, daß der Mensch im obigen Sinne recht handeln soll.

Wenn dieser Annahme nicht widersprochen wird, müssen wir als nächstes erforschen, was mit ›gut‹ und ›schlecht‹ gemeint sein kann.

4 Gut und schlecht

›Gut‹ und ›schlecht‹, ›besser‹ und ›schlechter‹ sind Ausdrücke, für die es eine Verbaldefinition geben oder vielleicht auch nicht geben kann, die auf alle Fälle aber am ehesten durch anschauliche Darstellung verstanden werden. Wir wollen also zunächst ihre Bedeutung aufzuzeigen versuchen und die Frage der Verbaldefinition einem späteren Abschnitt vorbehalten. Etwas ist ›gut‹ in dem Sinne, in dem ich diese Bezeichnung gebrauchen möchte, wenn es an sich geschätzt wird und nicht nur seiner Wirkung wegen. Wir nehmen abscheuliche Medizinen ein, weil wir uns wünschenswerte Wirkungen davon versprechen; der Feinschmecker dagegen trinkt alten Wein um seinetwillen, ungeachtet möglicher unangenehmer Folgen. Die Medizin ist nützlich, aber nicht gut, der Wein ist gut, aber nicht nützlich. Wenn wir zu wählen haben, ob ein bestimmter Zustand herrschen soll oder nicht, dann müssen wir natürlich an seine Auswirkungen denken. Aber sowohl der Zustand selbst als auch alle seine Auswirkungen haben eine innere Eigenschaft, die uns bestimmt, uns dafür bzw. dagegen zu erklären. Diese innere Eigenschaft nenne ich ›gut‹, wenn wir geneigt sind, uns für den fraglichen Zustand zu entscheiden, und ›schlecht‹, wenn wir ihn lieber ablehnen möchten.

Nach Ansicht der Utilitaristen ist das einzige Gute die Lust und der

Schmerz das einzige Übel. Wenn sich auch darüber streiten läßt, so sind doch jedenfalls die meisten Lustgefühle ›gut‹ und die meisten Schmerzen ›schlecht‹ in dem Sinne, den ich mit diesen Wörtern verbinden möchte. Eine kurze Betrachtung über Lust und Schmerz wird uns helfen, den Unterschied zwischen Zwecken und Mitteln ausfindig zu machen, der bei dieser Erörterung wichtig ist.

Wir pflegen gewisse Lustgefühle für gut, andere für schlecht zu halten; die Lust, die sich aus einer gütigen Handlung herleitet, erscheint uns gut, die aus der Grausamkeit entspringende Lust dagegen schlecht. Aber wenn wir so urteilen, werfen wir Zwecke und Mittel durcheinander. Die Lust, die der Grausamkeit entstammt, ist schlecht als Mittel, weil sie mit Schmerz für das Opfer verknüpft ist; wenn sie aber ohne dieses Korrelat existieren könnte, wäre sie vielleicht nicht schlecht. Wir verurteilen die Lust des Trinkers im Hinblick auf seine Frau, seine Kinder und das Kopfweh am nächsten Morgen; wenn es sich aber um ein berauschendes Getränk handelte, das billig wäre und keinen Kater verursachte, dann würde die Lust nur zum Guten ausschlagen. Die Moral hat es so sehr mit den Mitteln zu tun, daß es fast unmoralich erscheint, etwas auf seinen inneren Wert hin zu betrachten. Aber es leuchtet ein, daß als Mittel nichts einen Wert hat, wenn nicht das, dem es als Mittel dient, selbst Wert hat. Folglich geht logisch der innere Wert dem Wert als Mittel vor.

Die Frage der Zwecke und Mittel ist von großer moralischer Bedeutung. Der Unterschied zwischen dem zivilisierten Menschen und dem Wilden, zwischen dem Erwachsenen und dem Kind, zwischen Mensch und Tier besteht großenteils in dem unterschiedlichen Gewicht, das den Zwecken und Mitteln beim jeweiligen Verhalten beigelegt wird. Der zivilisierte Mensch versichert im Gegensatz zum Wilden sein Leben; der Erwachsene putzt sich die Zähne, um sie sich zu erhalten, das Kind tut es nur, weil es dazu gezwungen wird; nur die Menschen, nicht die Tiere stellen ihre Ernährung für den Winter sicher, indem sie das Feld bestellen. Die Vorsorge, die die gegenwärtige Verrichtung unangenehmer Dinge um künftiger angenehmer Dinge willen bedingt, ist eins der wesentlichsten Kennzeichen der geistigen Entwicklung. Da die Vorsorge beschwerlich ist und Beherrschung der Triebe erfordert, betonen die Moralisten ihre Notwendigkeit und legen größeren Nachdruck auf die Trefflichkeit des gegenwärtigen Opfers als auf die Annehmlichkeiten der später zu erwartenden Belohnung. Man muß recht handeln, weil es recht ist, und nicht, weil man deswegen in den Himmel kommt. Man muß sparen, weil alle vernünftigen Leute sparen, und nicht, um sich letztlich ein

Einkommen zu sichern, das es einem ermöglicht, sein Leben zu genießen. Und so fort.

Diese Haltung kann aber leicht übertrieben werden. Es ist ein erbarmenswerter Anblick, wenn ein betagter reicher Geschäftsmann, der sich in der Jugend dermaßen plagen und sorgen mußte, daß er sich schließlich ein Darmleiden zugezogen hat, nur trockenen Toast und Wasser zu sich nimmt, während seine Gäste seelenruhig schwelgen; um die Freuden des Reichtums, die er sich in den langen Jahren der Mühsal versprochen hatte, geprellt, hat er nur noch das einzige Vergnügen, seine finanzielle Macht dazu zu benutzen, nun wieder seine Söhne zu einer gleich sinnlosen Schufterei zu zwingen. Die vorwiegende Beschäftigung mit den Mitteln, weniger mit den Zwecken hat das Heiraten schon eher zu einem Geschäft statt zu einer Angelegenheit gegenseitiger Anziehung gemacht. Wo sie übertriebene Formen annimmt, tötet sie jegliche Lebenslust, jede Freude an der Kunst, jede künstlerische Schaffenskraft und jede spontane Zuneigung. Geizhälse, deren völliges Aufgehen in der Beschäftigung mit ihren Mitteln ausgesprochen pathologisch ist, werden gemeinhin als unvernünftig betrachtet, während leichtere Formen der gleichen Krankheit unter Umständen über Gebühr gepriesen werden. Ohne bewußte Ziele wird das Leben öde und eintönig; schließlich sucht sich das Bedürfnis nach Aufregung in Dingen Befriedigung, die weit schlimmer sind als die, bei denen es unter anderen Umständen Genüge gefunden hätte, im Krieg, in der Grausamkeit, in der Intrige oder in einer anderen destruktiven Betätigung.

Wir wollen kurz die Auswirkung dieser vorwiegenden Beschäftigung mit den Mitteln auf dem wirtschaftlichen Sektor überlegen. Der Konkretheit halber wollen wir annehmen, Sie wären an der Traktorenfabrikation beteiligt. Wenn Sie es als Kapitalist sind, haben die Traktoren für Sie nur den einen Zweck, Ihr Bankguthaben zu vergrößern, das Sie, wenn Sie umsichtig sind, nicht ausgeben, sondern so anlegen, daß Ihr Bankkonto weiter anwächst. Ob die Traktoren ordentlich pflügen, spielt keine Rolle, außer insoweit als nötig ist, damit Ihre Firma nicht in schlechten Ruf kommt. Pierpont Morgan der Ältere kaufte während des amerikanischen Bürgerkrieges alte, für unbrauchbar erklärte Gewehre auf und verkaufte sie für neu an die Mississippi-Armee; den Gewinn aus dieser und ähnlichen Transaktionen verwandte er dazu, den Franzosen die Fortsetzung eines nach Sedan hoffnungslos gewordenen Kampfes zu ermöglichen. Dank der damals vorherrschenden Moral konnte er als allseits geachteter Mann sterben. In ähnlicher Weise wird ein Fabrikant, der es versteht, schlechte

Traktoren als Qualitätsware hinzustellen, mehr respektiert werden als einer, der sich auf die Vorzüglichkeit seiner Erzeugnisse verläßt und sich mit kleinem Gewinn begnügt.

Wenn Sie Angestellter sind, wird Ihnen das Schreckgespenst der Arbeitslosigkeit im Nacken sitzen und schließlich werden Sie die Arbeit als Selbstzweck ansehen, nicht als Produktionsmittel. Jeder Plan, nach dem eine bestimmte Anzahl von Traktoren mit weniger Arbeit hergestellt werden kann, wird von Ihnen mit feindlichen Blicken betrachtet werden, weil er die Gefahr heraufbeschwört, daß Sie die Möglichkeit verlieren, sich Ihren Lebensunterhalt zu verdienen. In der Genesis wird die Arbeit als ein Fluch hingestellt, zu der Adams Sünde seine Nachkommenschaft verdammte, in der modernen Welt aber wird sie nunmehr anscheinend als ein Segen betrachtet, von dem unter keinen Umständen etwas verlorengehen darf.

Als Abnehmer von Traktoren sind Sie von den letzten Zwecken etwa gleich weit entfernt. Traktoren dienen zur Nahrungsmittelerzeugung, um damit Menschen die Arbeit der Nahrungsmittelerzeugung zu ermöglichen, womit wiederum weitere Menschen arbeitsfähig gemacht werden, um ... und so fort, in einer Kette ohne Ende, wobei störende Betrachtungen darüber, was an sich gut ist, jedem vernünftigen Wirtschafter oder Verwalter überflüssig und nebensächlich erscheinen werden.

Diese vorwiegende Beschäftigung mit Mitteln beschränkt sich nicht auf den Bereich der industriellen Produktion. Wir brauchen nur an den mathematischen Unterricht zu denken. An den Universitäten wird die Mathematik vornehmlich solchen Menschen gelehrt, die wieder anderen Menschen Mathematik lehren werden ... Manchmal freilich entrinnt einer dieser Tretmühle. Archimedes benutzte die Mathematik, um Römer zu töten, Galilei, um die Artillerie des Großherzogs von Toskana zu verbessern, moderne Physiker (die ehrgeiziger geworden sind), um das Menschengeschlecht auszurotten. Gewöhnlich deswegen wird das mathematische Studium der breiten Öffentlichkeit als staatlicher Unterstützung würdig empfohlen. Diese utilitaristische Einstellung ist anscheinend in Rußland genauso vorherrschend wie überall. Vor etwa 20 Jahren lernte ich einen russischen Mathematiklehrer kennen, der mir erzählte, er habe einmal vor seiner Klasse anzudeuten gewagt, die Mathematik sei nicht *nur* deswegen zu schätzen, weil sie die Verbesserung von Maschinen ermögliche; diese Bemerkung aber, erzählte er, wurde von der gesamten Klasse mit mitleidiger Verachtung als letztes Überbleibsel einer bürgerlichen Ideologie aufgenommen.

Wenn wir uns von der ausschließlichen Betrachtung der Mittel freimachen, dann erhält der Wirtschaftsprozeß, ja überhaupt das ganze menschliche Leben ein vollständig anderes Gesicht. Wir fragen nicht mehr: was haben die Erzeuger produziert, und was haben wiederum die Verbraucher mit Hilfe des Konsums produziert? Statt dessen fragen wir: was hat es im Leben der Verbraucher und Erzeuger für Dinge gegeben, um derentwillen sie gern lebten? Was haben sie gefühlt, gewußt oder getan, das einen gütigen Schöpfer rechtfertigen und die Irrlehre von einem bösen Demiurgen, der die Welt nur aus Bosheit erschuf, widerlegen könnte? Haben sie je das Hochgefühl einer neuen Erkenntnis erlebt? Haben sie Liebe und Freundschaft erfahren? Hat sich ihr Herz am Sonnenschein, am Frühling und am Duft der Blumen gelabt? Haben sie jene Lebensfreude empfunden, die einfache Gemeinschaften in Tanz und Gesang zum Ausdruck bringen? In Los Angeles wurde ich einmal zum Besuch der mexikanischen Kolonie mitgenommen – faule Herumtreiber, hieß es, aber mir schien, als genössen sie mehr von dem, was das Leben zum Segen und nicht zum Fluch macht, als meine strebsamen, hartarbeitenden Gastgeber. Als ich jedoch diesem Gefühl Ausdruck zu geben versuchte, begegnete ich absoluter Verständnislosigkeit und Verblüffung.

Aber nun wollen wir endlich diese der Anschaulichkeit dienenden Bemerkungen beenden und uns etwas näher mit der Sache selbst befassen.

Es ist wohl klar, daß wir nie auf die Gegenüberstellung von ›gut‹ und ›schlecht‹ gekommen wären, wenn wir keine Wünsche hätten. Wir fühlen einen Schmerz und möchten davon befreit werden; wir empfinden ein Wohlgefühl und möchten, daß es anhalte. Es verdrießt uns, wenn man unsere Freiheit beschneidet, und wir freuen uns, wenn wir in unserer Bewegungsfreiheit nicht gehindert werden. Sobald Essen und Trinken und Liebe fehlen, werden sie intensiv und leidenschaftlich begehrt. Wenn es uns gleichgültig wäre, was uns geschieht, würden wir nicht an den Dualismus von gut und schlecht, recht und unrecht, lobens- und tadelnswert glauben; es würde uns nicht schwerfallen, uns in unser Los zu schicken, wie es auch sein möge. In einer unbeseelten Welt gäbe es weder Gutes noch Schlechtes. Folglich muß bei der Definition des Begriffes ›gut‹ das Begehren berücksichtigt werden. Ein Geschehen ist ›gut‹, möchte ich sagen, wenn es einen Wunsch befriedigt oder genauer: wir können ›gut‹ mit ›Wunschbefriedigung‹ definieren. Ein Geschehen ist besser als ein anderes, wenn es mehr Wünsche oder einen stärkeren Wunsch befriedigt. Ich behaupte nicht, daß das die einzig mögliche Definition von ›gut‹

ist, sondern nur, daß ihre Konsequenzen mit den sittlichen Gefühlen der meisten Menschen mehr übereinstimmen werden als die jeder anderen, theoretisch vertretbaren Definition.

Wenn ich ›gut‹ mit ›Wunschbefriedigung‹ definiere, dann schließt diese Definition ein, daß die Wunschbefriedigung der einen Person genauso gut ist wie die einer anderen, vorausgesetzt, daß beide Wünsche gleich stark sind. Folglich ist das Gute nicht identisch mit dem, was Menschen mit einer Handlung erstreben, denn jeder trachtet, wenn er handelt, nach der Befriedigung der eigenen Wünsche, die gewöhnlich von denen anderer Menschen verschieden sind. Wenn ich sage, jeder Mensch erstrebe die Befriedigung der eigenen Wünsche, dann spreche ich eine Binsenwahrheit aus: alle unsere Handlungen, mit Ausnahme der rein reflektorischen, werden zwangsläufig von unseren eigenen Wünschen inspiriert. Das heißt nicht, daß wir bei unseren Handlungen ausschließlich egozentrisch sind, da wir es ja auch nicht in unseren Wünschen sind. Die meisten Menschen wünschen sich das Glück ihrer Kinder, manche das ihrer Freunde, andere das ihres Landes und einige wenige das der ganzen Menschheit. Die Lebensversicherung ist ein Beweis dafür, wie weit die Wünsche der Durchschnittsmenschen über den Bereich ihres eigenen Lebens hinausgehen. Doch wenn meine Wünsche auch selbstlos sein können, so müssen es doch *meine* Wünsche sein, wenn sie meine Handlungen beeinflussen sollen.

Wenn ›das Gute‹ mit ›Wunschbefriedigung‹ definiert wird, dann können wir ›das für mich Gute‹ mit der ›Befriedigung meiner Wünsche‹ definieren. Logisch folgt daraus, daß ich beim Handeln stets das für mich Gute erstrebe. Das für mich Gute ist ein Teil, aber nicht unbedingt das Höchstmaß des Guten, das von einer Person in meiner Lage verwirklicht werden könnte. Angenommen, ich wäre ein Kerlchen, dem man zwölf Pralinen zugesteckt hätte, und besäße elf Gefährten, die keine bekommen hätten. Meine Wünsche könnten so begrenzt sein, daß ich alle zwölf verstohlen selber aufäße; in diesem Falle bereitet mir jede weitere Praline weniger Befriedigung als die davor verzehrte und die letzte vielleicht so gut wie gar keine. Es kann aber auch soviel Güte in mir stecken, daß ich jedem meiner Kameraden eine abgebe und selbst nur eine esse. Dann verschafft mir jede einzelne Praline die gleiche Befriedigung wie die erste in dem vorhergehenden Fall, wie auch die Gesamtbefriedigung größer ist als im ersten Fall. Folglich verwirklicht der gutherzige Junge mehr Gutes als der selbstsüchtige. Das ist ein anschauliches Beispiel dafür, daß manche Wünsche dem Gemeinwohl dienlicher sind als andere.

Man könnte vielleicht sagen, wir *sollten* das Gemeinwohl erstreben und nicht nur unser eigenes Bestes. Das bestreite ich nicht, behaupte aber, daß allerlei Erklärungen erforderlich sind, wenn dieser Satz eine ganz bestimmte Bedeutung haben soll. Das Wort ›sollen‹ können wir durch das Wort ›recht‹ ersetzen und den Satz »Rechtes Verhalten ist dasjenige Verhalten, das das Gemeinwohl fördert« näher untersuchen. Ich will diese Definition gelten lassen, aber wenn sie praktische Bedeutung haben soll, bedarf sie noch der Ergänzung durch Methoden, die mich dazu bewegen, das Rechte zu tun. Die rechte Handlung werde ich unter allen Umständen nur dann ausführen, wenn ich es will; folglich dreht sich das Problem darum, wie meine Wünsche zu beeinflussen sind. Hier gibt es verschiedene Möglichkeiten. Das Strafrecht kann eine teilweise Übereinstimmung zwischen meinem und dem allgemeinen Interesse herbeiführen. Ich kann auf Lob erpicht sein und Angst vor Tadel haben, und das kann für mich die Veranlassung sein, in einer Weise zu handeln, die Billigung findet. Infolge vernünftiger Erziehung oder glücklicher Veranlagung kann ich einen edlen Charakter haben, der mich spontan das Wohlergehen anderer wünschen läßt. Oder ich kann wie Kant das Verlangen nach charakterlicher Rechtschaffenheit um ihrer selbst willen haben. Das sind alles Dinge, die mich veranlassen, das Rechte zu tun, aber sie wirken sich alle so aus, daß sie meine Wünsche beeinflussen.

Wenn die Menschheit sich darüber einig wäre, was ›recht‹ ist, dann könnten wir ›recht‹ zum Grundbegriff erklären und ›das Gute‹ als das definieren, was durch das rechte Verhalten erreicht wird. Aber wie wir gesehen haben, gehen die Ansichten der einzelnen Gemeinwesen über das, was als ›recht‹ oder ›unrecht‹ anzusehen ist, sehr weit auseinander. Im allgemeinen, namentlich im Falle der Tabu-Moral, lassen sich diese Meinungsverschiedenheiten auf unterschiedliche Ansichten über die Auswirkungen von Handlungen zurückführen, und bezüglich dessen, was für Ergebnisse von Handlungen für wünschenswert gehalten werden, sind die Ansichten bei weitem nicht so verschieden. Deswegen definiert man besser ›recht‹ im Sinne von ›gut‹ als umgekehrt.

Trotzdem bedeutet die Behauptung, es sei recht, das Gemeinwohl anzustreben, wenn sie auch als Verbaldefinition des Wortes ›recht‹ aufgestellt werden kann, noch etwas mehr, jedenfalls in ihren Folgebeziehungen. Sie bedeutet oder impliziert, daß diejenigen Handlungen, die das Gemeinwohl fördern, solche Akte sind, die von dem Gemeinwesen gelobt werden, oder zumindest, daß das Gemeinwohl gefördert wird, wenn sie gelobt werden. Sie bedeutet oder impliziert, daß es im Interesse eines jeden liegt, daß die Handlungen jedes einzelnen so geartet sein sollen. Sie impliziert, daß es in einem Gemeinwesen mehr Gutes, d. h. mehr Wunschbefriedigung gibt, wenn der soziale Zwang – durch das Gesetz oder durch Lob und Tadel – auf die Herbeiführung des Rechthandelns im obigen Sinne abgestellt, als wenn er zu etwas anderem angewandt wird. Aus all diesen Gründen hat der Satz »Recht ist dasjenige Verhalten, das die allgemeine Wunschbefriedigung fördert« mehr als nur wörtliche Bedeutung.

Gegen unsere Definition von ›gut‹ mit ›Wunschbefriedigung‹ läßt sich ein Einwand erheben, und zwar mit folgender Begründung: manch ein Wunsch ist schlecht und seine Befriedigung noch schlechter. Angenommen, A wünscht, B solle leiden, und die Befriedigung seines Wunsches wird ihm zuteil; ist das gut? Natürlich ist die ganze Sachlage nicht gut, und unsere Definition impliziert auch nicht, daß sie gut ist. B's Wünsche werden nicht befriedigt und diejenigen normaler Leute, die nicht auf B schlecht zu sprechen sind, ebenfalls nicht. A's Befriedigung ist eine Quelle der Unzufriedenheit für andere, und A's Wunsch, daß B leiden solle, ist so geartet, daß die meisten Leute ihn verurteilen, falls B nicht eine Person ist, die sich den Haß der Allgemeinheit zugezogen hat. Wenn man sich aber vorstellen könnte, daß B's Befriedigung in völliger Abgeschlossenheit erfolgte, wäre sie dann auch noch schlecht? Angenommen zum Beispiel, A wäre geisteskrank und von einem irrsinnigen Haß auf B erfüllt. Man hätte ihn in einer Anstalt untergebracht. Dann könnte man es wünschenswert finden, in ihm den Glauben zu erwecken, daß B leide, und die ganze Sachlage für besser halten, wenn er diesen Glauben hätte, als wenn er beim Gedanken an B's Wohlergehen Tobsuchtsanfälle bekäme. Nur unter so außergewöhnlichen Umständen kann ein Wunsch, der dem allgemeinen Interesse zuwiderläuft, allenfalls in völliger Abgeschlossenheit befriedigt werden; wenn sich das aber tatsächlich durchführen läßt, dann trägt diese Befriedigung ihr bescheidenes Teil zur Gesamtsumme des Guten bei. Ich glaube also nicht, daß es einen Grund gibt, gewisse Arten der Wunschbefriedigung für schlecht zu halten, wenn sie vollkommen isoliert erwogen werden, ohne Rücksicht auf ihre Begleiterscheinungen und Konsequenzen.

Wenn Wünsche aber als Mittel betrachtet werden, dann liegt die Sache ganz anders. Zuweilen sind zwei miteinander gepaarte Wünsche vereinbar, andere wiederum sind es nicht. Wenn ein Mann und eine Frau miteinander die Ehe eingehen wollen, können beide befriedigt werden; wenn aber zwei Männer dieselbe Frau heiraten wollen, muß mindestens einer von ihnen enttäuscht werden. Wünschen zwei

Geschäftspartner sich beide das Gedeihen ihrer Firma, dann können beide dieses Ziel erreichen; wenn aber von zwei Konkurrenten jeder reicher sein möchte als der andere, dann wird einer von beiden den kürzeren ziehen. Was für zwei Wünsche gilt, das gilt auch für Gruppen von Wünschen. Unter Entlehnung eines Leibnizschen Ausdrucks bezeichne ich eine Anzahl von Wünschen als ›miteinander verträglich‹ *(compossible)*, wenn sie sämtlich durch denselben Zustand befriedigt werden können; wenn sie sich nicht miteinander vertragen, so bezeichne ich sie als unvereinbar. Wenn sich ein Land im Kriegszustand befindet, sind die Siegeswünsche aller Bürger miteinander verträglich, jedoch unvereinbar mit den entgegengesetzten Wünschen des Feindes. Die Wünsche derer, die einander wohlwollen, sind miteinander verträglich; diejenigen aber, die sich gegenseitig übelwollen, sind miteinander unvereinbar.

Es versteht sich, daß ein größeres Gesamtmaß an Wunschbefriedigung dort erreicht wird, wo Wünsche miteinander verträglich als wo sie unvereinbar sind. Deshalb sind gemäß unserer Definition des Guten miteinander verträgliche Wünsche als Mittel vorzuziehen. Folglich ist Liebe und nicht Haß, Zusammenarbeit und nicht Konkurrenz, Friede und nicht Krieg das Erstrebenswertere. (Natürlich gibt es Ausnahmen; ich nenne nur, was wahrscheinlich in den meisten Fällen zutrifft.) Das führt zu einer Ethik, durch die sich die Wünsche als recht oder unrecht oder, nicht ganz so korrekt, als gut und schlecht kennzeichnen lassen. Rechte Wünsche werden dann solche sein, die mit möglichst vielen anderen Wünschen vereinbar sind, unrechte Wünsche solche, die sich nur durch Vereitelung anderer Wünsche befriedigen lassen. Aber das ist ein umfangreiches Thema, dessen Entwicklung ich mir für ein späteres Kapitel vorbehalten möchte.

5   Partielle und allgemeine Wohlfahrt

Im letzten Kapitel haben wir ›das Gute‹ mit Wunschbefriedigung definiert. Das für die Allgemeinheit Gute wird dann die totale Wunschbefriedigung sein, ganz gleich, wer der Nutznießer ist. Das für einen Teil der Menschheit Gute wird die Befriedigung der Wünsche dieses Teils und das für den Einzelnen Gute die Befriedigung der Wünsche des Einzelnen sein. Es liegt auf der Hand, daß die verschiedenen Bruchteile des Guten zu Konflikten führen können: wenn zwei Männer als Wettbewerber bei der Präsidentenwahl auftreten, werden die Wünsche des einen nicht befriedigt werden; das gleiche gilt in geringerem Maße für denjenigen Teil der Wählerschaft, der für ihn gestimmt hat. Wie dieses Beispiel zeigt, können die Wünsche des Einzelnen oder von Gruppen ohne beiderseitiges Verschulden in Konflikt geraten. Wunschkonflikte sind eine wesentliche und unvermeidliche Tatsache im menschlichen Leben. Sie zu mildern, gehört zu den Hauptzwecken von Gesetz und Moral, aber ganz sind sie nie zu beseitigen.

Es gibt verschiedene Moralsysteme, die bezüglich der Klasse, deren Wohl der Einzelne anstreben soll, unterschiedlicher Ansicht sind. Alle diese Systeme behaupten sich nebeneinander, und viele Menschen halten sich bald an dieses, bald an jenes. Ein jedes hat sich in wohlbekannten Grundsätzen ausgeprägt.

Christus lehrte, der Mensch solle das allgemeine Wohl fördern. Das ist der Sinn des Gebotes »Liebe deinen Nächsten wie dich selbst«, ergänzt und erläutert durch das Gleichnis vom Barmherzigen Samariter, welches besagt, daß wir in dem Angehörigen einer gewöhnlich als feindlich betrachteten Gruppe unseren Nächsten zu erblicken haben. Die gleiche Anschauung wurde von den Buddhisten und den Stoikern *(humani nihil a me alienum puto)* vertreten.

Seit dem Aufkommen des Nationalismus ist es üblich geworden, das Wohl der eigenen Nation statt der Wohlfahrt der ganzen Menschheit als erstrebenswertes Ziel des rechtschaffenen Menschen zu betrachten. Diese Ansicht hat sich in verschiedenen Lebensregeln ausgeprägt, z. B. »Für König und Vaterland«, »Recht oder Unrecht, es geht um mein Land«, »Deutschland über alles«*, usw. Während des Russisch-Japanischen Krieges lernte ich einige russische Revolutionäre kennen, die einen Trinkspruch »auf die Niederlage der russischen Waffen« ausbrachten; ich zuckte zusammen, obwohl ich ihnen bei vernünftiger Überlegung beipflichten mußte. Während des letzten Krieges fiel es vielen englischen Patrioten schwer, die Einstellung antinazistischer Deutscher, die Hitlers Niederlage herbeisehnten, anzuerkennen. Bis zur Gründung des Völkerbundes war es ein allgemein anerkannter Grundsatz, daß die Außenpolitik eines Landes nur den eigenen Interessen Rechnung zu tragen habe. Seither ist die Theorie etwas abgewandelt worden, wenn auch in der Praxis alles beim alten geblieben ist. Beim Absingen der Nationalhymne verkneifen wir es

* Die erste Maxime drückt den edlen Idealismus der Briten aus; die dritte zeugt von der moralischen Entartung der Deutschen; das ist der einzige Unterschied.

uns jetzt, mit Wonne die Verse herauszuschmettern, die Fremdstaaten Böses wünschen:

> »Ende ihr Ränkespiel,
> Wende ihr böses Ziel,
> bring sie zu Fall!«

Viele von uns aber sind innerlich noch genauso eingestellt.

Manche Menschen fühlen sich mehr ihrer Hautfarbe als ihrem Vaterlande gegenüber verpflichtet: weiß, schwarz, braun, gelb, wie sie auch sei. Wie ich hörte, gibt es in Port au Prince auf Haiti Statuen von Christus und Satan: Christus ist schwarz, Satan weiß. Viele Menschen berührt das seltsam, obwohl sie sonst überall von der christlichen Kunst abweichende Kunstformen ganz natürlich finden. Kipling verkündete mit seiner Lehre von den »niederen, außerhalb des Gesetzes stehenden Rassen« die Überlegenheit der Weißen. Die Chinesen glaubten bis 1840, die Japaner bis 1945 an den Vorrang der gelben Rasse. Alle diese Anschauungen bargen den Glauben in sich, daß es nur auf das Wohl der einen Rasse ankomme.

Ein anderer Teil der Menschheit, auf den sich nach Ansicht mancher Menschen die Loyalität zu beschränken habe, ist die Gesellschaftsklasse, zu der man gehört. In der Glanzzeit des Königtums erklärte der König »Gott und mein Recht« zu seinem Wahlspruch; Untertanen hatten damals keine Rechte. Als die Aristokratie am Ruder war, faßte Lord John Manners ihre Ansprüche in den unsterblichen Zeilen zusammen:

> »Mögen auch Recht und Bildung, Kunst und Sitte sterben,
> Nur unsern alten Adel, Herr, laß nicht verderben.«

Als Vorkämpfer der Lohnarbeiter prägte Marx die scharfe Gegenparole »Proletarier aller Länder, vereinigt euch!«

Bisweilen werden die Grenzen der Loyalität noch enger gezogen. Konfuzius beschränkte sie fast ausschließlich auf die Familie; einige Theoretiker und eine große Zahl von Praktikern haben sie auf das eigene Ich begrenzt und ihre Philosophie in das Sprichwort gekleidet: »Jeder ist sich selbst der Nächste.«

In jeder dieser Lehren kommt etwas von den vorherrschenden Wünschen großer Menschengruppen zum Ausdruck, sonst wären sie nicht so ungeheuer populär geworden. Ich möchte nun überlegen, ob sich theoretisch etwas für oder gegen eine dieser Lehren sagen läßt.

Beginnen wir mit dem Egoismus. Darunter verstehe ich die Lehre, daß jedermann ausschließlich sein eigenes Interesse verfolgt oder verfolgen sollte. Zur genauen Kennzeichnung dieser Lehre müssen wir zunächst definieren, was wir unter dem ›Interesse‹ eines Menschen verstehen. Die präziseste Definition finden wir in der Lehre des soge-nannten ›psychologischen Hedonismus‹, wonach jeder Mensch nur das eigene Glück nicht nur anstrebt, sondern zwangsläufig anstreben muß. Diese Lehre wurde von den ersten Utilitaristen ausnahmslos an-genommen. Folglich gibt es, wenn ›Tugend‹ das Streben nach all-gemeiner Wohlfahrt ist, nur eine einzige Möglichkeit, den Menschen tugendhaft zu machen, nämlich die allgemeinen und die privaten In-teressen in Einklang zu bringen durch die Gewährleistung, daß die-jenige Handlung, welche das größtmögliche Glück für mich selbst zur Folge hat, zugleich auch das größtmögliche Glück für die Ge-meinschaft herbeiführt. Wenn es kein Strafrecht gäbe, würde ich stehlen; so aber bleibe ich aus Angst vor dem Gefängnis ehrlich. Wenn ich gern gelobt werde und mich ungern tadeln lasse, dann üben die sittlichen Gefühle meiner Mitmenschen eine ähnliche Wir-kung auf mich aus wie das Strafgesetz. Der Glaube an Belohnungen und Strafen ohne Ende im künftigen Leben wäre bei vernünftiger Überlegung eine noch sicherere Gewähr für die Tugend.

Es stimmt aber nicht, daß die Menschen nur das eigene Glück er-streben. Es handelt sich hier um eine Verwechselung auf Grund der Tatsache, daß man sich immer freut, wenn man sein Ziel erreicht, ganz gleich, was man sich wünscht; in den meisten Fällen aber ist das Begehren der Ursprung der Lust, während der psychologische Hedo-nismus die vorgestellte Lust für die Ursache des Begehrens hält. Dies gilt namentlich für die primitivsten Wünsche, z. B. den Hunger. Der hungrige Mensch wünscht sich etwas zu essen, während der wohlge-nährte Feinschmecker den aus den Speisen stammenden Genuß be-gehrt. Den Wunsch nach Nahrung teilen wir mit den Tieren, wäh-rend das Verlangen nach dem Genuß guten Essens ein Zivilisations-produkt aus Kochkunst, Gedächtnis und Einbildungskraft darstellt.

Weiter: das Vergnügen, das sich bei der Erreichung eines begehr-ten Ziels einstellt, ist ein doppeltes: es entspringt zum einen aus der Erreichung des Gewünschten und zum andern aus dem gewünschten Gegenstand selbst. Wenn man die ganze Stadt nach Apfelsinen abjagt und endlich welche auftreibt, wird einem nicht nur der Genuß zuteil, den man gehabt hätte, wenn man die Apfelsinen ohne Schwierigkeiten bekommen hätte, sondern außerdem die Freude darüber, daß es einem tatsächlich gelungen ist. Nur dieses zweite Lustgefühl stellt sich immer ein, während das erste gelegentlich fehlen kann.

Der psychologische Hedonist befindet sich also im Irrtum, wenn er annimmt, daß wir immer nach Glück strebten; er irrt aber auch in einer anderen Hinsicht, die für uns sogar noch wichtiger ist.

Was ein Mensch sich wünscht, braucht nicht etwas aus seiner eignen Erfahrung oder aus einer Reihe solcher Erfahrungen zu sein oder etwas, was in seinem eigenen Leben Wirklichkeit werden soll. Es ist nicht nur möglich, sondern die Regel, daß wir Dinge wünschen, die ganz außerhalb unseres eigenen Lebens liegen. Das allgemeinste Beispiel dieser Art ist das Elterngefühl. Ein großer Teil, wahrscheinlich die Mehrzahl der Menschen, hat den Wunsch, daß es ihren Kindern nach ihrem Tode gut gehen möge. Das gleiche gilt in bezug auf Ehefrauen und auch für manche unverheiratete Frauen; Karl II. hoffte, als er im Sterben lag, daß Nell Gwyn nicht werde zu verhungern brauchen. Der Mensch, dessen Wünsche sich nur auf die eigene Erfahrung beschränken, merkt, wenn er älter wird und seine Zukunftsaussichten begrenzter werden, daß das Leben allmählich enger und weniger interessant wird, bis schließlich das warme Plätzchen am Ofen das letzte ist, was ihm bleibt. Wessen Wünsche dagegen weit über das eigene Leben hinausgehen, kann sich bis an sein Ende seine ursprüngliche Lebensfreude bewahren; noch im Sterben ist der platonische Sokrates genau wie immer darauf bedacht, die von ihm als wahr erkannte Philosophie zu verbreiten. Manche Menschen wünschen sich nicht nur das Wohlergehen ihrer Familie und ihrer Freunde, sondern die Wohlfahrt ihres Volkes, ja der ganzen Menschheit. Bis zu einem gewissen Grad ist das etwas Normales; nur wenige Menschen würden in ihren letzten Lebensstunden nicht noch unglücklicher werden, wenn sie wüßten, daß binnen hundert Jahren Atombomben das menschliche Leben auslöschten.

Richtig sieht der psychologische Hedonismus, daß es *meine* Wünsche sind, die mein Verhalten bestimmen. Falsch ist seine Auffassung, daß 1. meine Wünsche stets auf mein Glück gerichtet seien und 2. daß sie sich auf das beschränkten, was mir geschehen wird. Nicht alle Wünsche sind egoistisch, und der gegenteilige Glaube hat einer ganzen Schule von Moralphilosophen unnötige Schwierigkeiten bereitet. Kein Wunsch ist so ausgefallen, daß ihn ein Mensch nicht zu hegen vermöchte, wenn auch der Wunsch nur insoweit das Handeln beeinflußt, als anzunehmen ist, daß es Mittel und Wege zu seiner Befriedigung gibt. Man kann wünschen, daß Hannibal den Zweiten Punischen Krieg gewonnen hätte oder daß es auf einigen fernen Nebelsternen Leben gäbe, aber man kann gar nichts dazu tun; infolgedessen sind solche Wünsche praktisch ohne Bedeutung.

Wünsche, die nicht ichbezogen sind, werden ziemlich sicher genauso wie selbstische Wünsche mit denen anderer in Konflikt geraten. Angenommen – um ein Beispiel zu nennen, das durchaus nicht an den

Haaren herbeigezogen ist –, eine bestimmte Gruppe der Menschheit erstrebe den Weltkommunismus, eine andere den Weltkatholizismus. Sobald das nicht auf eine reine Kraftprobe hinauslaufen soll, bleibt nur der Ausweg, etwas anderes ausfindig zu machen, was beide Teile gleich erstrebenswert finden – die Vermeidung des Krieges zum Beispiel. Ohne ein solches gemeinsames Bestreben ist jede Zusammenarbeit ausgeschlossen, vermag sich keine der beiden Gruppen über das eigene Wohl hinaus zu einer Konzeption der allgemeinen Wohlfahrt, die beide Teile anerkennen, aufzuschwingen. Dieses Problem ist nicht nur reine Theorie; von seiner Lösung hängt es ab, ob sich der Krieg abschaffen und eine zwischenstaatliche Regierung einführen läßt. Wenn wir es aber sine ira et studio prüfen wollen, dann empfiehlt es sich, es so abstrakt und theoretisch wie möglich darzustellen; nach besten Kräften werde ich das jetzt versuchen.

Beschränken sich die Wünsche eines Menschen vornehmlich, wenn auch nicht ausnahmslos, auf die Interessen einer bestimmten Gruppe: seines Volkes, seiner Rasse, seiner Gesellschaftsklasse oder seines Geschlechts, dann kann er moralisch drei verschiedene Haltungen annehmen: 1. er kann behaupten, die Interessen der Menschheit deckten sich letztlich mit denen seiner Gruppe; 2. er kann sagen, nur seine Gruppe komme als Zweck in Betracht; 3. er kann die Ansicht vertreten, daß *er* zwar nur den Interessen der Gruppe A, zu der er gehöre, Rechnung trage, daß aber in gleicher Weise ein anderer, der zur Gruppe B gehöre, nur die Interessen der Gruppe B im Auge haben werde. Jede dieser Anschauungen hat bedeutende Anhänger, und jede ist der Überlegung wert.

Die erste Anschauung – man kann sie als Standpunkt des aufgeklärten Imperialismus bezeichnen – geht von dem Grundsatz aus, daß gewisse soziale Zustände besser seien als andere, selbst dann, wenn große Gruppen der Menschheit anders darüber dächten. Anhänger dieser Ansicht werden sagen, es sei besser, ein zivilisierter Mensch zu sein als ein Wilder, besser Christ als Heide, besser monogam als polygam, besser fleißig als faul und dergleichen mehr. Die Griechen hielten ihre Lebensführung für besser als die barbarische; nach Alexander nahm diese Anschauung imperialistische Formen an. Antiochus versuchte vergebens, die Juden zum Genuß von Schweinefleisch und zur Gymnastik zu bekehren; im allgemeinen aber setzte sich im ganzen Orient bei der besiegten Bevölkerung die griechische Lebensgestaltung von selbst durch, jedenfalls in den Städten. Die Römer übernahmen das Erbe dieser hellenistischen Lebensanschauung, als sie erfolgreich das Abendland zivilisierten. Christen und Mohammedaner vertraten später hinsichtlich der Bedeutung ihrer jeweiligen Religion ähnliche Ansichten. In Indien schrieben sich die Engländer zweifellos zivilisatorischen Einfluß zu; für Macaulay stand es fest, daß es unsere segensreiche Mission sei, unsere Literatur, unser Recht und unsere Philosophie in den Dienst der rückständigen Nation zu stellen, für die uns die Vorsehung verantwortlich gemacht habe.

Die sorgfältigst durchdachte theoretische Rechtfertigung solcher Theorien findet man bei Hegel und Marx. Bei Hegel ist es ein Weltgeist oder Weltenlenker, der die Entwicklung der Zivilisation beaufsichtigt und der Reihe nach die verschiedenen Nationen zu seinem Werkzeug macht. Zu einem gewissen Zeitpunkt verteilte er seine Aufmerksamkeit zwischen Mesopotamien und den Nilufern; dann wandte er sich Griechenland und Rom und während der letzten vierzehn Jahrhunderte Deutschland zu. Zu einem nicht näher bestimmten, doch fernen Zeitpunkt wird er über den Atlantik wandern und sich in den Vereinigten Staaten niederlassen. In jedem Stadium wird die Nation, die gerade das Vehikel des Weltgeistes ist, als zum Imperialismus berechtigt bezeichnet; sie wird so lange bei ihren Unternehmungen Erfolg haben, bis ihre Ära zu Ende ist; widersetzliche Nationen, wie zum Beispiel Karthago gegenüber Rom, sind blind in bezug auf ihren untergeordneten Platz im kosmischen Plan und zur unvermeidlichen Niederlage verurteilt.

Marx übernahm diese Geschichtsphilosophie und änderte sie nur in zwei Punkten ab. Statt vom Weltenlenker sprach er von ›dialektischem Materialismus‹ und setzte Klassen an die Stelle der Nationen.

Zu einem bestimmten Zeitpunkt war die Feudalaristokratie das Vehikel des Fortschritts; während der Französischen Revolution ging diese Rolle auf das Bürgertum über; bei der Kommunistischen Revolution (es erwies sich, daß es nicht die von 1848 war) fiel sie dem Proletariat zu. Nachdem die Kommunistische Revolution nunmehr in Rußland stattgefunden hat, ist der russische Imperialismus auf Grund der marxistischen und hegelschen Prinzipien ebenfalls gerechtfertigt.

Gemäß dem zweiten Typus der Theorie, dem ich mich nun zuwende, bedeutet ›Das Gute‹ etwas, das sich auf eine einzelne Gruppe beschränkt, während die übrigen Menschen entweder Hindernisse darstellen, die beiseite zu fegen sind, oder Mittel für die größtmöglichen Vorteile derer, die allein als Zwecke in Betracht kommen. Die meisten Menschen nehmen ganz gedankenlos diese Haltung gegenüber den Tieren ein: Löwen und Tiger sind Hindernisse, Schafe und Rinder sind nützliche Mittel; aber weder in dem einen noch in dem anderen Falle betrachten wir ihr Wohlergehen als zur allgemeinen Wohlfahrt gehörig, die ein weiser Staatsmann anstreben soll. Zwar haben in der Neuzeit Menschen mit humanitärer Gesinnung mit einem gewissen Erfolg gegen die Tierquälerei protestiert; trotzdem gibt es die Fuchsjagd immer noch. Überdies hat die Kirche immer gelehrt und tut das auch heute noch, der Mensch habe niederen Tieren gegenüber keine Pflichten; aus diesem Grunde hielt Papst Pius IX. die ›Gesellschaft zur Verhütung von Grausamkeit gegen Tiere‹ für moralisch ketzerisch und verbot eine Zweigniederlassung in Rom. Trotz der humanitär denkenden Menschen können wir doch sagen, daß die meisten Leute in den meisten Ländern die Tiere nur als Mittel oder Hindernisse betrachten.

Wenn es um menschliche Wesen geht, lehnt die Religion, namentlich die christliche, diese Ansicht völlig ab. In der christlichen Theorie hat der Mensch nicht das Recht, einen seiner Sklaven zu töten oder eine Sklavin zum Konkubinat zu zwingen oder die Ehe von Sklaven zu lösen; in religiösen Dingen sind alle Menschen gleich. Aber obwohl dies die offizielle Lehre ist, wurde sie in den meisten Ländern und zu den meisten Zeiten bei weitem nicht verwirklicht. Überall, wo die Sklaverei vorherrschte, wurden die oben erwähnten Sklavenrechte weder von Privatpersonen noch von den Gerichten anerkannt. Die meisten Weißen in Nordamerika betrachteten früher die Neger als nützlich und die Indianer als ein Ärgernis. In beiden Fällen gehörte das Wohlergehen des Indianers oder Negers nicht zu den Pflichten des weißen Mannes. Diese Einstellung ist in den letzten hundert Jahren sehr viel milder geworden, aber es lebt noch mehr davon fort, als man gewöhnlich zugibt.

Das gleiche ließe sich über die Kinderarbeit in der Frühzeit des englischen Industrialismus, über die Zwangsarbeit und die Konzentrationslager in Deutschland und Rußland sowie über die Judenbehandlung durch die Nazis sagen.

Der beste theoretische Exponent dieser Ethik ist in der Neuzeit Nietzsche gewesen. Er vertrat die Auffassung, es gebe gewisse große Menschen oder Heroen, deren Gedanken und Gefühle wichtig seien; die breite Masse dagegen sei nur als Mittel oder Hindernis für die Entfaltung der wenigen Überlegenen anzusehen. Die Französische Revolution bezeichnet er als gerechtfertigt, weil sie Napoleon hervorgebracht hat. Diese Lehre ist schwer zu präzisieren, da es an einer genauen Definition des ›Heros‹ fehlt; in der Praxis ist das eben jemand, den Nietzsche bewundert. In ihrer populären Form ist die Lehre viel leichter zu präzisieren, also: Mann contra Frau, Weiße contra

Farbige, Kapitalisten contra Lohnempfänger, Heiden contra Juden usw. Theoretisch ließe sich Nietzsches Doktrin präzis ausdrücken, indem man zum Beispiel sagte: die einzigen Menschen, die zählen, sind die mit einem Intelligenzquotienten von 180 aufwärts. Es steht zu erwarten, daß Menschen mit einem Intelligenzquotienten von 179 die Lehre gerne leicht abgeändert sähen, aber vielleicht findet doch die aus den Überklugen gebildete Regierung Mittel und Wege, mit ihnen auszukommen.

Nach der dritten der oben erwähnten Theorien beschränkt sich jedes Menschen Pflicht auf seine eigene Gruppe, so daß, wenn A lediglich einen bestimmten Ausschnitt der Menschheit zu berücksichtigen hat, der nicht dazugehörige B auch nur einen anderen Sektor in Betracht zu ziehen hat. Diese Ansicht hat unter den theoretischen Moralschriftstellern nur wenige Fürsprecher gefunden; in der Praxis dagegen wird sie weitgehend befolgt. Sehr viele Menschen sind der Ansicht, daß die Pflicht gegenüber dem Vaterland vor der Pflicht gegen die Menschheit den Vorrang habe. Wenn ein deutscher U-Boot-Kommandant sein Boot aus Abneigung gegen die Nazis hätte in die Hände der Engländer geraten lassen, dann hätten nur wenige britische Marineoffiziere seine Handlungsweise gebilligt, wenn sie sich auch noch so sehr über dieses Ereignis gefreut hätten. Bis vor kurzem herrschte in China eine ähnliche Einstellung bezüglich der Pflichten gegen die Familie; sie hatten zwingenderen Charakter als die Pflichten gegen den Staat und rechtfertigten Handlungen, die unzweideutig dem öffentlichen Interesse zuwiderliefen. Bis zu einem gewissen Grad werden die meisten Menschen diesen Standpunkt nachempfinden und verstehen: sie würden milde über einen Menschen urteilen, der den Befehlen der Nazis gehorchte, weil er fürchtete, diese würden sonst seine Kinder quälen.

Als Theorie bedingt dieser Standpunkt eine Unterscheidung zwischen ›recht‹ und ›gut‹. Ohne Rücksicht darauf, wie man ›gut‹ definiert, wird das ›rechte‹ Verhalten nunmehr dasjenige sein, das wahrscheinlich nicht das größtmögliche Gemeinwohl, sondern das größtmögliche Wohl einer bestimmten Gruppe erzielt, zu der der Handelnde gehört. Die sittlichen Auswirkungen werden entsprechend der jeweils gewählten Gruppe: Familie, Nation, Klasse, Konfession, verschieden sein. Die Bevorzugung eines bestimmten Prinzips zur Gruppeneinteilung der Menschheit ist mit guten Gründen nicht zu rechtfertigen. Und es wird sich auch kaum ein plausibler Grund dafür finden lassen, das Wohl der nicht zur eigenen Gruppe gehörenden Menschen nicht zu berücksichtigen und ihnen dafür die gleiche Freiheit einzuräumen. Denn diese Theorie behauptet nicht wie die beiden ersten die Überlegenheit unserer eigenen Gruppe über andere; es ist eine höfliche Theorie, obwohl ihre Auswirkungen genau die gleichen sind, wie wenn sie es nicht wäre. Alles in allem ist sie weniger plausibel als die beiden ersten, und ich bezweifle, daß sie auch außerhalb der Offizierkorps zivilisierter Länder mit gleicher Aufrichtigkeit vertreten wird.

Die besprochenen Theorien gehören zu denen, die leugnen oder zu leugnen scheinen, daß das rechte Verhalten dasjenige ist, das am wahrscheinlichsten die allgemeine Wohlfahrt fördert. Die erste, von uns als Theorie des aufgeklärten Imperialismus bezeichnet, stellt das nicht wirklich in Abrede; sie besagt, daß wenn es auf die Zukunft ankomme, die Wunschbefriedigung einer bestimmten Gruppe (zu der der Verkünder dieser Theorie zum Glück gehört) künftigen Generationen mehr Zufriedenheit bescheren werde als die jeder anderen Gruppe. Wenn diese Lehre tatsächlich richtig ist, dann rechtfertigt sie die Überlegung ihrer Anhänger, daß sie mit der Verfolgung der eigenen Ziele die allgemeine Wohlfahrt anstreben. Mit diesen Gründen lassen sich Alexanders und Cäsars Eroberung des Orients bzw. Galliens, vielleicht auch die durch die Weißen erfolgte Vertreibung der Indianer aus den meisten Gebietsteilen der Vereinigten Staaten rechtfertigen. In diesem Falle ist das Ganze eine faktische, keine theoretische Frage, und da es uns um die Theorie zu tun ist, brauchen wir zu diesem Thema nichts mehr zu sagen.

Die zweite Theorie, die wir als Theorie des Übermenschen bezeichnen können, läßt sich ähnlich erklären. Die Wünsche, Freuden und Leiden des Übermenschen, so könnte man sagen, sind so unvergleichlich viel intensiver als die der Durchschnittsmenschen, daß sie mehr zum Ganzen beitragen als die von Millionen »Mißratener«, wie Nietzsche sie bezeichnet. Aber das ist kein sehr überzeugendes Argument. Shakespeare sagt:

> » . . . der von uns zertretene arme Käfer
> erduldet körperlich so große Qual,
> als wenn ein Riese stirbt.«

Auch ohne ganz so weit zu gehen, können wir nicht gut behaupten, daß Napoleons Freuden und Sorgen die Summe aller Freuden und Sorgen der Millionen überstiegen hätten, die zur Zeit der Französischen Revolution lebten oder in ihrem Verlauf umkamen. Damit stehen wir aber vor der logischen Unmöglichkeit, die Gattung der Übermenschen zu definieren. In Wirklichkeit liefern Eitelkeit und Überheblichkeit die Definition: *ich* bin selbstverständlich ein Übermensch und muß genügend Menschen von annähernd gleichem Verdienst gelten lassen, damit die Gruppe eine Chance hat, den Spott und die Entrüstung der übrigen zu überleben. Das ist aber keine Theorie, sondern nur ein aus Größenwahn entsprungener Mythos.

In der dritten Theorie, nach der sich jeder ausschließlich mit seiner eigenen Gruppe befassen sollte, steckt ein gewisses Maß praktischer Klugheit. Ich kann wahrscheinlich mehr für meine eigene Familie tun als für eine Familie in Innerafrika, deshalb befand sich Mrs. Jellaby im Irrtum. Aber da die einzelnen Teile der Welt in immer engere Verbindung miteinander treten, unterliegen solche Überlegungen wachsenden Einschränkungen. Wenn ich bei unzureichender Lebensmittelversorgung der Welt zu dem Teil der Öffentlichkeit zähle, der es ablehnt, auch an die Bedürfnisse anderer Leute zu denken, so trage ich dazu bei, Millionen einem langsamen, qualvollen Tode auszuliefern. Die Lehre ist nicht logisch respektabel, ausgenommen in der extremen Form des Egoismus, und in dieser Form entspricht sie, wie wir zu Beginn dieses Kapitels sahen, nicht der menschlichen Natur.

Ich komme also zur Schlußfolgerung, daß wir bis jetzt kein definierbares partielles Wohl gefunden haben, das vernünftigerweise als rechter Zweck an die Stelle der allgemeinen Wohlfahrt treten könnte. Damit aber erhebt sich das Problem der moralischen Verpflichtung, von der im nächsten Kapitel die Rede sein soll.

6 Die moralische Verpflichtung

In diesem Kapitel möchte ich den Begriff untersuchen, der in dem Satz steckt »Ich sollte das und das tun« oder »Ich habe die *moralische Verpflichtung*, das und das zu tun« oder »Die und die Handlung ist *moralisch recht*«. Bis jetzt habe ich mich damit begnügt, diejenige Handlung als ›recht‹ zu bezeichnen, die am wahrscheinlichsten die allgemeine Wohlfahrt fördert; wenn ich das auch für wahr halte, so kann es doch keine Definition sein, sondern nur eine sehr anfechtbare Behauptung. Wenn Sie mich fragen: »Was soll ich tun?«, und ich antworte: »Sie sollten das tun, was vermutlich dem allgemeinen Besten dient«, dann kläre ich Sie nicht über die *Bedeutung* Ihrer Frage auf, von der Sie das Gefühl haben, sie schon zu wissen. Es geht Ihnen dabei wie einem Kinde, das fragt: »Woraus wird Brot gemacht?« und zur Antwort bekommt: »Brot wird aus Mehl gemacht.« Das Kind weiß schon genau, was Brot ist, und verlangt nicht nach einer Verbaldefinition des Wortes ›Brot‹; die Antwort bereichert also weniger seine sprachlichen als vielmehr seine kulinarischen Kenntnisse. Genauso ist es, wenn ich zu Ihnen sage, Sie sollten die allgemeine Wohlfahrt anstreben: dieser Satz, ob falsch oder richtig, ist eine sittliche Angabe, keine verbale, wie wir sie zum Beispiel vom Wörterbuch erwarten dürfen.

Es gibt in der Tat eine Reihe von Moralsystemen, die verschiedener Ansicht über das sind, was ich tun soll. Jemand kann z. B. sagen: Sie sollen dem Willen Gottes gehorchen, ein anderer: Sie sollen die größtmögliche Lust für die Menschheit erstreben, und wieder ein anderer: Sie sollen nach Selbstverwirklichung streben oder nach Ruhm oder nach dem Siege Ihres Vaterlandes. Aber obwohl alle diese Menschen die Frage, was ich tun soll, verschieden beantworten, legen sie doch alle dem Wort ›sollen‹ die gleiche Bedeutung bei; sonst würde sich nämlich die Meinungsverschiedenheit nur auf Wörter erstrecken und praktisch kaum Bedeutung haben. Diesen gemeinsamen Sinn, der sittlichen Meinungsverschiedenheiten zugrunde liegt, möchte ich jetzt näher untersuchen.

Viele Moralschriftsteller behaupten, ›sollen‹ sei ein letzter, nicht zu analysierender Begriff, für den eine Verbaldefinition nicht möglich sei. Das heißt, daß es – oder etwas Gleichwertiges – zum Grundstock des sittlichen Vokabulars gehören muß: vielleicht ist es sogar der einzige undefinierbare sittliche Terminus. Andere Autoren haben verschiedene Definitionen dafür vorgeschlagen. Schließlich könnte man noch die Behauptung aufstellen, es gebe gar keinen solchen Begriff; der Satz »Du sollst dies tun« sei zu interpretieren als: ich billige, daß du dies tust (wobei Billigung eine besondere Empfindung ist), und die vermeintliche Objektivität meiner Aussage sei ein Täuschungsmanöver, um meinen eigenen Wünschen gesetzliche Autorität zu verleihen. Gibt es eine Möglichkeit, unter diesen verschiedenen Ansichten eine Entscheidung zu treffen?

Vielleicht werden manche Menschen behaupten, der *Gehorsam* sei ein wesentlicher Bestandteil des Begriffs ›moralische Verpflichtung‹. Diese Anschauung findet heute nicht mehr soviel Anklang wie ehedem, als es außer Frage stand, daß Kinder ihren Eltern, Ehefrauen ihren Gatten, Untertanen dem König und der König dem Willen Gottes zu gehorchen hätten. Aber es gilt als ganz besonders ketzerisch, wie wir schon sahen, zu glauben, recht und unrecht seien durch Gottes Ratschluß *bestimmt* worden, da sie in diesem Falle genausogut das Gegenteil dessen hätten sein können, was sie sind. Gottes Geboten zu gehorchen, ist immer recht, weil Gott immer das Rechte will, nicht weil das Gegenteil recht wäre, wenn Er es so wollte; wenn wir Gottes Gebote recht nennen, sprechen wir nicht eine bloße Tautologie aus. Wir können deshalb ›recht‹ nicht mit ›Gottes Willen gehorsam‹ definieren, auch dann nicht, wenn wir den Gehorsam gegenüber dem Willen Gottes für stets recht halten. Gehorsam gegenüber einem menschlichen Willen wird wahrscheinlich nicht immer recht sein; Könige, Ehemänner und Väter können gelegentlich auch etwas gebieten, was schlecht ist. Aus diesen Gründen erscheint es nicht möglich, die moralische Verpflichtung in Ausdrücken des Gehorsams zu definieren, auch wenn man die ganze überkommene Theologie als gültig anerkennt.

Ähnliches läßt sich gegen eine Definition des ›Sollens‹ in Ausdrücken der Billigung einwenden. Wir haben die Empfindung der Billigung oder der Mißbilligung; bisweilen sind diese Empfindungen sehr stark; im Falle der Mißbilligung sagen wir: »Das hätte er nicht tun sollen.« Wenn alle Menschen sich darüber einig wären, was zu billigen und was zu mißbilligen sei, dann könnten wir unter Umständen diese Empfindungen zur Definition der moralischen Verpflichtung benutzen. Aber wie wir sahen, herrschen in den verschiedenen Epochen und Teilen der Welt sehr unterschiedliche Ansichten über zu Billigendes und zu Mißbilligendes; ja selbst innerhalb eines Landes können zur gleichen Zeit die Ansichten hierüber auseinandergehen, zum Beispiel bei den Verfechtern und den Gegnern der Vivisektion oder zwischen Kriegsdienstverweigerern und der übrigen Bevölkerung. Wenn also die Billigung zur Definition der moralischen Verpflichtung verwendet werden soll, werden wir zu entscheiden haben: *wessen* Billigung. Da liegen nun drei mögliche Antworten sehr nahe: 1. die der Obrigkeit, 2. die meines Gewissens, 3. die des Gewissens des Handelnden. Die Obrigkeit reicht nicht aus, da sie unter Umständen etwas Unrechtes befehlen kann, und auch mein Gewissen genügt nicht, da ich selbstverständlich nicht das Recht habe, mich zum moralischen Diktator zu erklären. Es bleibt also nur die dritte Ansicht zu untersuchen: jeder Mensch soll das tun, was sein eigenes Gewissen gutheißt.

Nach dieser Theorie sind zwei gegensätzliche Empfindungen miteinander gepaart, die man als ›moralische Billigung‹ resp. ›moralische Mißbilligung‹ bezeichnen kann: hat jemand die erste Empfindung bei der Erwägung einer Handlung, dann hat er recht, wenn er sie ausführt; hat er die zweite, dann hat er unrecht, wenn er sie vornimmt. Wir können auch an die eindrucksvollere Vorstellung denken, daß eine innere Stimme sagt: »Tue dies« oder »Tue das nicht«, wenn der Handelnde gewillt ist, auf sie zu hören. Der Dämon, auf den sich Sokrates verließ, hatte diesen Charakter, nur gab er ausschließlich negative Befehle: er verbot zu tun, was unrecht war, gebot aber nicht, was recht war. Der Unterschied zwischen den beiden Formen der Theorie, die in der Billigung entweder eine Empfindung oder eine ›innere Stimme‹ sehen, ist nicht sehr groß. Ich werde über die erste sprechen; die gleichen Überlegungen sind aber auch hinsichtlich der zweiten möglich.

Zunächst wäre zu beachten, daß die Unterschiede zwischen dem Gewissen der einzelnen Menschen kein Argument gegen diese Theorie darstellen. Der Quäker und der Kopfjäger handeln einer so recht wie der andere, wenn sie ihrem Gewissen folgen, der Quäker, wenn er nicht tötet, obwohl die Regierung ihm das gebietet, und der Kopfjäger, wenn er tötet, obwohl die Regierung es ihm verbietet. Ein objektiv ›Gutes‹, das das rechte Handeln zu verwirklichen streben sollte, benötigt die Theorie nicht, da das ›rechte‹ Handeln nicht durch seine Auswirkungen, sondern durch seine Ursache bestimmt wird, hier also durch die Stimme des Gewissens.

Obwohl ein Mensch nach dieser Theorie stets recht handelt, wenn er seinem Gewissen gehorcht, so ist damit durchaus nicht gesagt, daß ein anderer Mensch nicht den Wunsch haben sollte, daß sein Gewissen ihm etwas anderes diktieren müßte. A's Gewissen könnte ihn zwingen, den Versuch zu machen, die Gebote von B's Gewissen abzuändern, zum Beispiel wenn A der europäische Verwalter eines Kannibalengebietes und B ein Kannibale ist.

Unter solchen Umständen sind die Gewissen leicht umzustimmen, wie aus der Tatsache erhellt, daß der Kannibalismus nahezu ausgerottet ist. Wenn unsere gegenwärtige Theorie richtig ist, dann müssen jedoch solche Wandlungen ausschließlich mit nichtrationalen Mitteln herbeigeführt werden, da sich kein stichhaltiges Argument dafür finden läßt, daß ein Gewissen einem anderen sittlich überlegen ist. Es hat keinen Zweck, einem Menschen zu beweisen, daß eine Handlung, die er für recht hält, keine vergnüglichen Folgen haben würde, denn er wird womöglich darauf entgegnen: »Das macht nichts! Sittlichkeit hat nichts mit Vergnügen zu tun!« Wenn er mit Argumenten kommt, dann kann man natürlich ein Gegenargument anführen; beruft er sich z. B. auf die Bibel, dann kann man ihm vielleicht beweisen, daß die betreffende Stelle falsch übersetzt ist. Solange er aber darauf verzichtet, Gründe anzuführen, und sich nur an sein Gewissen hält, ist ihm logisch nicht beizukommen.

Diese Theorie läßt sich, glaube ich, kaum widerlegen, jedenfalls nicht durch den Nachweis, daß sie etwas logisch Widersinniges enthält; wohl aber kann man beweisen, daß sie Konsequenzen hat, mit denen wohl kaum jemand einverstanden wäre. Der krasseste Widerspruch ist, daß es keinen moralischen Grund dafür geben kann, daß das Gewissen des einen Menschen dem des anderen vorzuziehen sein sollte. Nichtmoralische Gründe kann es natürlich geben: als Bettler werde ich ein Gewissen, das Barmherzigkeit gebietet, einem anderen vorziehen, das es für sündhaft hält, die Faulheit zu unterstützen, und als Staatsmann werde ich lieber jemand zum Gegner haben, dessen Gewissen mit Kompromissen einverstanden ist, als jemand, der alles zu einer Prinzipienfrage macht. Ich kann aber nicht sagen, daß der von mir bevorzugte Typus ein besserer Mensch ist, denn jeder, der seinem Gewissen folgt, ist moralisch einwandfrei. Ich kann nicht sagen, das Gewissen eines zivilisierten und human denkenden Menschen sei besser als das eines Wilden, dessen Horizont sich auf Jagd und Krieg beschränkt. Ich kann nicht zugeben, daß eines Menschen Gewissen schlechter wird, wenn es durch dauernde Übeltaten so abstumpft, daß es schließlich gegen die gewohnheitsmäßigen Sünden des Betreffenden nicht mehr protestiert. Das hat die schreckliche Folge, daß anhaltendes Sündigen die Tugend erleichtert, da es die Anzahl der Dinge, die das Gewissen verbietet, herabsetzt. Alle diese Widersprüche ergeben sich, wenn jedermanns Gewissen die letzte Instanz dafür ist, was für ihn recht ist.

Wir wollen einen Augenblick überlegen, welche Gründe psychologisch die Ansichten eines Menschen bezüglich dessen, was recht ist, bestimmen. In der großen Mehrzahl der Fälle ist der wichtigste Grund die in der Kindheit genossene sittliche Erziehung, die in der Hauptsache in Äußerungen des Mißfallens, unter Umständen auch gelegentlicher Billigung besteht. Die Mißbilligung kann sich auf Worte beschränken oder eine bestimmte Strafe einschließen; in beiden Fällen folgert das Kind, daß ein bestimmtes Verhalten getadelt wird, und zwar sicher von den Eltern, wahrscheinlich von den Mitmenschen und, wenn es fromm erzogen wird, von Gott. Die Assoziation mit dem Tadel kann sich im Leben des Erwachsenen allmählich verlieren; es bleibt dann nur noch ein mit Handlungen der fraglichen Art verknüpftes peinliches Gefühl zurück. Dieses peinliche Gefühl kann sich als Empfindung der Mißbilligung einstellen. Natürlich beschränkt sich eine sittliche Erziehung dieser Art nicht auf die Kindheit; Knaben und junge Leute nehmen leicht die sittliche Gesinnung ihres jeweiligen sozialen Milieus an, wie sie auch sein mag. Einem Jungen, der zu Hause gelernt hat, Fluchen sei Sünde, kann dieser Glaube leicht verlorengehen, wenn er merkt, daß die am meisten von ihm bewunderten Schulkameraden mit Hingabe fluchen.

Ich glaube indessen nicht, daß das Gewissen *restlos* als bewußte oder unbewußte Wirkung von Lob und Tadel, die ein Mensch erfahren hat, zu erklären ist. Manche Menschen, denen es sehr um die Sittlichkeit zu tun ist, lehnen es ab, etwas zu tadeln, was gewöhnlich beanstandet wird, oder etwas zu loben, was gepriesen zu werden pflegt. Lob und Tadel selbst sind nicht aus dem Nichts entsprungen, sondern aus sittlichen Gefühlen oder jedenfalls aus Empfindungen, von denen einige sittlich sind.

Denken wir an die am schärfsten ausgeprägte Form des Lobes, den Ruhm. Menschen werden auf alle möglichen Arten berühmt, am häufigsten durch ein ungewöhnliches Können. Shakespeare, Napoleon, Filmstars und große Sportsleute können Dinge tun, die andere Leute auch gern täten, aber nicht fertigbringen. Für Rivalen ist das ein Anlaß zum Neid; für diejenigen aber, die zu bescheiden sind, um andere ausstechen zu wollen, ist es ein Grund der Bewunderung. Huyghens und Leibniz waren hocherfreut, als sich das Gerücht verbreitete, Newton habe den Verstand verloren, während Pope, der keine Ambitionen hatte, sich wissenschaftlich auszuzeichnen, ihn so bedenkenlos zu rühmen vermochte, wie er es verdiente. Lob um eines besonderen Könnens willen ist jedoch kein moralisches Lob. Obwohl Sokrates anderer Meinung war, sind moderne Moralisten der Ansicht, daß es zum tugendhaften Handeln gar keines Könnens oder Wissens bedürfe, eine Anschauung, die auf das Neue Testament zurückgeht. Es gibt jedoch Männer und Frauen, die offiziell wegen ihrer Tugend berühmt sind: die Heiligen. Ein Heiliger muß freilich neben seinen moralischen auch noch andere Verdienste haben, zum Beispiel muß er nach seinem Tode Wunder tun. Für unsere Zwecke aber können wir von solchen Verdiensten absehen; aus den übrigen werden wir entnehmen, worin das Abendland übereinstimmend den größten Beweis hervorragender Tugendhaftigkeit erblickte.

Wenn wir unser Augenmerk nur auf die berühmteren Heiligen richten (denn manche wie der prächtige Sankt Gubby sind nur eine Lokalberühmtheit), dann stellen wir fest, daß sie ihre Stellung zu einem sehr großen Teil ihrer Mitwirkung bei der Ausbreitung des Glaubens verdanken. Manche haben durch ihre Schriften dazu beigetragen: die Evangelisten, Augustinus und Thomas von Aquino, andere durch ihre Missionstätigkeit: der Apostel Paulus, Bonifatius und Franz Xaver, eine dritte Gruppe, darunter König Ludwig IX., zeichnete sich im Kriege gegen die Ungläubigen aus, eine vierte waren meisterliche Verfolger wie z. B. Kyrillus und Dominikus. Sie alle werden überragt von dem erlauchten Heere der Märtyrer – Menschen, die lieber starben als den Glauben abschworen; denn für irgendeine andere, nicht-religiöse Überzeugung zu sterben, wird dem Opfer nicht als Verdienst angerechnet. Heiligkeit kann man auch durch besondere Güte erwerben, z. B. durch Almosenspenden, aber das allein hat in der Regel keine besondere Berühmtheit zur Folge.

Die am lebhaftesten bewunderten sittlichen Eigenschaften dürften wohl Mut und Selbstaufopferung im Dienste der eigenen Gruppe sein. Manche Menschen bewundern diese Eigenschaften unabhängig davon, wo sie ihnen begegnen, andere nur dann, wenn Angehörige der eigenen Gruppe sie beweisen. Die Inquisition bewunderte nicht den Mut der ketzerischen Märtyrer, die sie verurteilte, sondern sah in ihrer Halsstarrigkeit eine Eingebung des Teufels. Im Kriege bewundern manche Menschen Tapferkeit auf Seiten des Feindes, andere wiederum nicht. Lob gebührt einem weitverbreiteten Grundsatz zufolge denen, die ihre eigenen Interessen (oder was dafür gilt) den Interessen anderer zum Opfer gebracht haben. Das Erpichtsein auf Lob und die Furcht vor Tadel können so groß sein, daß alle anderen Überlegungen davor zurücktreten: »Lieber das Leben als die Ehre verlieren« gilt als wünschenswerte Gesinnung, die jedoch streng genommen nicht selbstlos ist. Genau das gleiche würde sich in weniger dramatischen Formen abspielen, wenn ich in die Versuchung käme, die Eisenbahngesellschaft dadurch zu betrügen, daß ich ohne Fahrkarte führe; dann wäre die Furcht vor Schande im Falle des Entdecktwerdens ein weit wirkungsvolleres Abschreckungsmittel als die gesetzliche Strafe. So ergänzen Lob und Tadel das Strafrecht, indem sie die individuellen Interessen mit denen der Gemeinschaft in Einklang bringen.

Aber wenn Lob und Tadel auch nützlich sind, so wären sie doch weniger nützlich, wenn man sie bewußt vom Nützlichkeitsstandpunkt aus erteilte. Gewisse Arten von Handlungen, die wirklich nützlich sein können, bewundert man unabhängig von ihrer Nützlichkeit und gerade dann am meisten, wenn sie nicht deswegen getan werden, um damit Lob zu ernten; andere wiederum werden unabhängig von ihrer Schädlichkeit getadelt. Neben dem Verlangen nach Lob und der Furcht vor Tadel gibt es noch andere Gefühle, die zur Veranlassung lobenswerter Handlungen werden: ein Mensch kann aus Zuneigung oder Güte oder Wahrheitsliebe oder auch aus reiner Kampfeslust auf seinen Vorteil verzichten. Generäle, die wie Epaminondas oder Wolfe im Augenblick des Sieges sterben, sind dabei wahrscheinlich glücklich, weil in ihnen der Wunsch zu siegen stärker ist als der Wunsch zu leben.

Das ›Gewissen‹, dem wir uns nun wieder zuwenden müssen, kann man wohl definieren als Lob und Tadel, die man sich bei Erwägung einer Handlung selbst erteilt. Bei den meisten Leuten sind es nur Reflexe des Lobes und Tadels ihrer jeweiligen Gemeinschaft. Bei manchen aber haben sie infolge emotionaler oder geistiger Besonderheiten eine persönlichere Färbung. Wer eine ungewöhnlich starke Abneigung gegen das Zufügen von Schmerzen hat, wird schließlich zum Gegner der Vivisektion oder der Todesstrafe; wer besonders tiefe Ehrfurcht vor den Evangelien empfindet, kann die Eidesleistung verweigern. Die Mormonen halten das Rauchen für sündhaft, weil ihr heiliges Buch den Tabakgenuß verbietet; Tolstoi und Gandhi hielten in ihrem späteren Leben das Geschlechtliche sogar in der Ehe für Sünde; ich weiß nicht genau, warum, vermute aber, daß sie es aus ähnlichen Gründen taten, wie sie Augustin in einer etwas abweichenden These im »Gottesstaat« darlegt. In dieser Weise kann der Maßstab eines Menschen für Lob und Tadel von dem seiner Mitmenschen abweichen, und wenn er ein ›gewissenhafter‹ Mensch ist, wird er sich eher nach seinen als nach ihren Maßstäben richten.

Vielleicht können wir das ›subjektiv‹ Rechte und das ›objektiv‹ Rechte dadurch kennzeichnen, daß wir sagen, das Verhalten eines Menschen sei ›subjektiv‹ recht, wenn es so beschaffen ist, daß sein Gewissen es billigt; das bietet aber keine Gewähr für das ›objektiv‹ Rechte. In diesem Falle ist die Frage »Was soll ich tun?« doppeldeutig. Wird ›soll‹ im Sinne von subjektiv recht aufgefaßt, dann sollte ich meinem Gewissen folgen; im Sinne von objektiv recht aber (das noch zu definieren bleibt) wird meine Handlung einem weniger persönlichen Maßstab zu genügen haben, bevor sie Billigung findet. Wenn wir zugeben, und es wird uns wohl nichts anderes übrig bleiben, daß nicht jedes Gewissen vollkommen ist, dann werden wir uns nach einem Begriff des ›objektiv Rechten‹ umsehen müssen, nach dem ein Gewissen beurteilt werden kann.

Ich persönlich halte das ›objektiv Rechte‹ für einen Begriff, der zwar nicht präzisierbar ist, der sich aber, soweit er sich überhaupt definieren läßt, nur in der Terminologie der Wünsche anderer Personen, nicht der des Handelnden definieren läßt, oder besser: in der Terminologie der Wünsche vieler Menschen, von denen der Handelnde nur ein einzelner ist. Hauptzweck der Moral ist es, ein den Interessen der Gruppe, nicht des Einzelnen, dienliches Verhalten zu fördern. Für ›objektiv recht‹ halte ich diejenige Handlung, die am besten den Interessen der Gruppe dient, die als moralisch maßgebend gilt. Die Schwierigkeit ist nur die, daß diese Gruppe von den verschiedenen Völkern und unter verschiedenen Umständen unterschiedlich definiert werden wird. Es kann die Familie, die Firma, die Nation, die Kirche oder auch die ganze Menschheit sein, ja sogar noch umfassender als die Menschheit: alle fühlenden Wesen. Welche dieser Gruppen zur Definition des ›objektiv Rechten‹ ausersehen wird, wird von der Art des Menschenverbandes abhängen, der diese Definition vornimmt. Bei einem französischen *conseil de famille* wird es die Familie sein, bei einer Versammlung der Aktionäre die Firma, bei einem Kriegsgericht die Nation, bei einem Disziplinarstrafverfahren gegen einen Priester die Kirche. Bei den Kriegsverbrecherprozessen sind nominell die Menschheitsinteressen ausschlaggebend. Bei Gesetzen betreffs der Vivisektion geht man vermutlich von der Fiktion aus, daß die Tiere in eigener Sache auftreten können.

Gibt es irgendeinen Grund, eine von diesen Gruppen als Grundlage für die Definition des ›objektiv Rechten‹ den übrigen vorzuziehen? Ich wüßte keinen. In einem der vorhergehenden Kapitel habe ich ›recht‹ unter Bezugnahme auf die Wunschbefriedigung im allgemeinen, das heißt unter Einbeziehung aller fühlenden Wesen, definiert. Ich wüßte aber nicht, wie ich mit einem rein logischen Argument jemand widerlegen sollte, der behauptete, nur die Wünsche der Deutschen kämen in Betracht. Diese Anschauung ist auf dem Schlachtfeld widerlegt worden; läßt sie sich aber im Studierzimmer ad absurdum führen? Wenn ich sage, sie sei auf dem Schlachtfeld widerlegt worden, gebe ich dann damit zu, daß diese Ansicht zutreffend gewesen wäre, wenn die Deutschen gesiegt hätten? Es widerstrebt mir natürlich, das zu sagen, und ich glaube es auch nicht; wir wollen also sehen, was die Gegenseite dazu zu sagen hat.

Wenn mit dem Begriff ›objektiv recht‹ etwas anzufangen sein soll, dann muß er zwei Bedingungen erfüllen, eine theoretische und eine praktische. Die theoretische Bedingung ist die, daß es eine Möglichkeit gibt, zu wissen, welche Arten von Handlungen ›objektiv recht‹ sind; die praktische, daß die Tatsache, daß eine Handlung als objektiv recht anerkannt wird, zumindest für manche Menschen ein Beweggrund sein muß, sie auszuführen.

Bleiben wir zunächst bei der Anschauung, das ›objektiv Rechte‹ sei undefinierbar. Dann muß es, wenn überhaupt etwas darüber gewußt werden soll, zumindest *eine* unbeweisbare Aussage darüber geben, die durch moralische Intuition als wahr erkannt werden muß. Ich kann sagen, ich wüßte auf Grund einer moralischen Intuition, daß die objektiv rechte Handlung diejenige sei, die wahrscheinlich das Gemeinwohl fördere. Wenn jeder mir zustimmt, dann ist diese Theorie wohl annehmbar. Logisch widerlegbar ist sie jedenfalls nicht. Sie können mir nicht beweisen, daß es einen solchen Begriff nicht gibt oder daß ich nicht wüßte, was ich darüber zu wissen behaupte. Ebensowenig aber kann ich beweisen, daß Sie im Irrtum sind, wenn Sie sagen, der objektiv rechte Akt sei derjenige, der Ihr Wohl fördere oder das der Deutschen oder der Weißen. Wenn ich Sie überzeugen will, wird mir nichts anderes übrig bleiben, als Sie recht gewöhnlich zu beschimpfen. »Mein Lieber«, kann ich sagen, »Sie haben ganz falsche Vorstellungen. Die moralische Intuition ist eine herrliche Gabe, die Ihnen anscheinend abgeht. Sie ist eine seelische Kraft, die einen Uneigennützigkeit lehrt und verlangt, daß man sich über sein Ich erhebt und die Welt mit göttlicher Unparteilichkeit betrachtet. Sie bedeutet im Bereich des Handelns das gleiche wie die wissenschaftliche Anschauungsweise im Bereich des Denkens. Sie aber kleben an der Erde, sind verstrickt in die Fesseln Ihrer zufälligen Geburt, ein armseliger Erdenwurm, unfähig, den Zwang des Hic et nunc abzuschütteln.«

Solche Rede könnte ich halten und sie so schön ausschmücken, wie meine rednerische Begabung es mir gestattet; wird sie aber meinen Partner überzeugen? Vielleicht, wenn er bereits besonderen Respekt vor mir hat oder wenn er ein Schuljunge ist und jahrelang meine scharfsinnige Propaganda über sich ergehen lassen muß. Wenn er aber ein Nazi ist und ich sein Gefangener bin, dann wird er mich einfach foltern und mich halb verhungern lassen, bis ich zugebe, daß er recht hat. Ich kann ihn deswegen hassen und verachten, aber widerlegen kann ich ihn nicht. Es sieht also fast so aus, als beschränke sich die ganze Unstimmigkeit auf den Bereich des Gefühls und der Leidenschaft und erstrecke sich nicht auf die Spähre theoretischer Wahrheit und Falschheit.

Vielleicht wird man mir vorhalten, ich ginge weiter als nötig. Eine Gabe wie die moralische Intuition mag es geben und vielleicht besitze auch ich sie, aber viele Menschen werden sie womöglich nicht haben. H. G. Wells schildert in seiner Erzählung »The Country of the Blind«, welche Anstrengungen ein Mensch mit normalem Sehvermögen macht, um ein blindes Volk davon zu überzeugen, daß er einen Sinn besitzt, der ihm fehlt; es gelingt ihm nicht, und schließlich kommt es so weit, daß die Blinden ihm die Augen ausreißen, um ihn von seiner Täuschung zu heilen. So verhält es sich vielleicht auch mit der moralischen Intuition; aber wenn die meisten Leute moralisch blind sind, so werden wahrscheinlich die Menschen mit moralischem

Sehvermögen das Schicksal des Wellsschen Sehenden teilen. Die Geschichte der Moralreformer ist die beste Bestätigung für diese Auffassung.

Wir wollen uns einmal fragen: was bestimmt einen Menschen psychologisch, etwas für objektiv recht zu halten? In erster Linie die sittlichen Gebote, die er in der Jugend gelernt hat, so wie sie z. B. im Dekalog stehen. Aber wenn er ein Mensch ist, der sich seine Gedanken macht und sich mit Moralphilosophie und politischer Philosophie beschäftigt, dann wird er nach einem einheitlichen Prinzip suchen, von dem sich sittliche Gebote ableiten lassen. Dann wird er merken, daß, wenn sein Prinzip allgemein Anklang finden soll, er nicht ein solches wählen darf, das ihm selbst oder einer bestimmten Gruppe, der er angehört, eine Sonderstellung einräumt, es sei denn, er hielte sich oder seine Gruppe für stark genug, die Weltherrschaft an sich zu reißen. Wir alle halten diese Herrschaft im Verhältnis des Menschen zum Tier für möglich. Wir wissen, daß wir im großen und ganzen die Tiere dahin bringen können, sich in einer Weise zu verhalten, die unsere Interessen fördert: Schafe und Rindvieh beliefern uns mit Wolle, Milch und Fleisch, Tiger brüllen hinter Gittern zur Belustigung der Kinder anstatt uns aufzufressen, wenn sie gerade dazu Lust haben. Einer ähnlichen Einstellung begegneten die Schwarzen, solange der Sklavenhandel bestand. Das objektiv Rechte wird gewöhnlich, wie diese Beispiele zeigen, nur mit Rücksicht auf eine herrschende Gruppe definiert, solange ihre Herrschaft außer Frage steht. Ist das aber nicht der Fall, dann muß unser Moralphilosoph seine Anschauung erweitern, wenn er hoffen will, daß seine Lehre allgemeine Zustimmung findet.

Wie wir sahen, gibt es zwei Möglichkeiten, sittlichen Normen Allgemeingültigkeit zu verleihen: 1. man definiert das allgemeine Wohl und sagt, alle Menschen sollten es anstreben; 2. man definiert das Wohl eines Einzelnen oder einer Gruppe und sagt, jeder Einzelne solle das eigne Wohl oder das seiner Gruppe im Auge haben. Die Auffassung, daß jeder die Wohlfahrt seiner Gruppe (im Gegensatz zum eigenen Wohl) zu verfolgen habe, müssen alle diejenigen vertreten, die den Patriotismus oder die Familientreue zur vornehmsten Pflicht erklären. Gegen diese Ansicht lassen sich, wie wir sahen, Einwände daraus ableiten, daß sich kein Grund finden läßt, eine besondere Gruppe, zu der ein Mensch gehört, anderen gegenüber zu bevorzugen: Familie, Nation, Gesellschaftsklasse, Glaubensbekenntnis, sie alle machen ihre Ansprüche geltend, und mit keinem Argument läßt sich beweisen, daß einer unter ihnen ein moralisches Übergewicht zugesprochen werden müßte.

So verbleiben uns also nur zwei Anschauungen über das ›objektiv Rechte‹. Wir können sagen: »Für jeden Menschen ist die Verfolgung des eignen Wohls objektiv recht«, oder: »Objektiv recht ist die Verfolgung des Gemeinwohls.« Hier behandeln wir das ›objektiv recht‹ noch als etwas Undefinierbares und halten an der Möglichkeit fest, zwischen den beiden obigen Sätzen nicht mit einer Definition, sondern mit einem Argument oder durch eine moralische Intuition zu entscheiden.

Wir wollen uns zunächst mit der egoistischen Alternative befassen und dabei nicht vergessen, daß wir ›das Gute‹ mit ›Wunschbefriedigung‹ definiert haben. Ich kann ein so guter Mensch sein, daß ich die allgemeine Wohlfahrt mehr als alles übrige wünsche; in diesem Falle decken sich mein Wohl und das Gemeinwohl, haben unsere Gebote identische Ergebnisse. Andererseits kann es so sein, daß obwohl sich meine lebhaftesten Wünsche auf mich selbst beziehen, sie doch so geartet sind, daß sie mir nur Handlungen suggerieren, die dem Gemeinwohl dienlich sind, wenn es zum Beispiel mein sehnlichster Wunsch ist, ein guter Mensch oder ein ›unsterblicher Dichter‹ zu werden. Moralsysteme, die in diesem Sinne egoistisch sind, brauchen nicht selbstisch in der üblichen Bedeutung zu sein. Die Stoiker z. B. vertraten die Ansicht, jeder Mensch solle die eigne Tugendhaftigkeit erstreben, faßten das aber so auf, daß er dadurch das Gemeinwohl fördere. Sie definierten jedoch ›das Gute‹ nicht mit ›Wunschbefriedigung‹; nur bestimmte Wünsche waren auf Dinge gerichtet, die gut waren. Wenn man sich Reichtum oder Macht oder irgendein anderes weltliches Glück wünschte, würde man etwas Wertloses begehren; nur die Tugendhaftigkeit war wahrhaft gut, und der Tugendhafte pflegte sich nur Vortrefflichkeit zu wünschen. Und Tugendhaftigkeit bestand in der Übereinstimmung mit dem Willen Gottes.

Wir müssen nun also prüfen, ob sich die Wünsche in gute, schlechte und solche, die weder das eine noch das andere sind, klassifizieren lassen. Wir sahen bereits, daß eine solche Klassifizierung möglich ist, wenn man ›das Gute‹ als ›Wunschbefriedigung‹ definiert, da manche Arten von Wünschen miteinander verträglich sind, andere dagegen nicht. Aber eine solche Einteilung ist derivativ und betrachtet die Wünsche nur als Mittel. Die stoische Ethik verlangt, wir sollten gewisse Wünsche als an sich schlecht und andere als an sich gut betrachten oder besser: wir sollten Handlungen, die von gewissen Wünschen inspiriert sind, für an sich unrecht und andere Handlungen, die auf andere Wünsche zurückgehen, für an sich recht halten. Wir können beispielsweise sagen: vom Haß eingegebene Handlungen sind unrecht und von Liebe inspirierte sind recht. Wir halten diese Ansicht für vertretbar, nicht wegen der Folgen solcher Handlungen, sondern um ihres inneren Wertes willen, und wir halten sie für vertretbar auf Grund einer moralischen Intuition.

Ich persönlich hätte gegen diese Anschauung einzuwenden, daß wir in Wirklichkeit die Liebe über den Haß stellen, weil sie eine größere Totalbefriedigung von Wünschen zur Folge hat, und daß das, was nach Ausschaltung von Tabu und Aberglauben in Gestalt von Normen übrigbleibt, die augenscheinlich aus einer moralischen Intuition abgeleitet sind, restlos von dem einen Prinzip deduzierbar ist, daß es objektiv recht ist, das Gemeinwohl anzustreben, und daß folglich dieses eine Prinzip als Ersatz für viele unwichtigere Intuitionen gelten kann.

Damit ist jedoch noch nicht die Ansicht erledigt, daß für die Entscheidung, was objektiv recht ist, gewisse Wünsche eine größere Bedeutung haben als andere. Psychologisch bin ich gezwungen, mein eigenes Wohl zu verfolgen, das heißt: ich werde immer auf Grund eines Wunsches handeln, und dieser Wunsch ist zwangsläufig mein Wunsch. Wenn wir die beiden Sätze miteinander vergleichen: 1. ich soll mein eigenes Wohl verfolgen, und 2. ich soll das Gemeinwohl anstreben, dann leuchtet es ein, daß der zweite Satz praktisch keine Bedeutung hat, wenn es nicht Mittel und Wege gibt, mich zu veranlassen, das Gemeinwohl zu wünschen oder zumindest so zu handeln, daß es gefördert wird. Das letzte ist eine Frage der Harmonie öffentlicher und privater Interessen: sie wird gefördert (oder sollte gefördert werden) durch das Strafrecht, das Wirtschaftssystem und die Erteilung von Lob und Tadel. Aber wenn ich das Gemeinwohl um seinetwillen wünsche, dann wird damit Übereinstimmung zwischen meinem Wohl und dem Gemeinwohl hergestellt, unabhängig von dem Sozialsystem; es kann also als ›guter‹ Wunsch bezeichnet werden. Und in der Regel wird man diejenigen Wünsche, die wegen ihres inneren Charakters und nicht nur infolge des Sozialsystems mich veranlassen, zum allgemeinen Wohle zu handeln, als ›gute‹ oder vielleicht besser als ›rechte‹ Wünsche bezeichnen können. Folglich verdienen solche Wünsche größere moralische Achtung als die, welche den allgemeinen Interessen der Gemeinschaft zuwiderlaufen.

Wenn wir uns bei dem Versuch, eine Moralphilosophie zu formulieren, fragen, welche Arten von Handlungen objektiv recht sind, dann werden wir bewußt oder unbewußt von unseren Wünschen beeinflußt, doch wahrscheinlich nicht von allen oder jedenfalls nicht von allen gleich stark. Wir werden gewahr, daß es *allgemeine* Normen sind, die wir suchen, und daß die Ziele sittlichen Handelns im allgemeinen keinen besonderen Bezug auf uns selbst haben dürfen. Daß jeder seine eigenen Interessen im Auge haben sollte, ist eine logisch mögliche Anschauung; daß aber jeder Herrn A's Interessen verfolgen sollte, wäre eine absurde Theorie, es sei denn, Herr A wäre ein absoluter Monarch oder ein inkarnierter Buddha oder etwas dergleichen; dann ließe sich das allgemeine Gebot ohne namentliche Erwähnung des Herrn A aussprechen. »Wir sollen alle dem König dienen« ist ein Grundsatz, der beim Militär Geltung haben könnte; wenn aber A der König ist, wäre es irreführend zu sagen: »Wir sollen A dienen«, denn A könnte abdanken, und dann bezöge sich unsere Pflicht auf seinen Nachfolger. Damit haben wir ein erstes Prinzip bezüglich objektiv rechter Gebote: sie müssen ausgesprochen werden können, ohne daß ein Einzelner darin erwähnt wird.

Ohne gegen diese Regel zu verstoßen, könnten wir bei verschiedenen Gattungen von Einzelmenschen Unterschiede machen. Der häufigste Fall in der Moralphilosophie ist die Scheidung in tugendhafte Menschen und Sünder. Viele Theologen sind der Ansicht gewesen, die Gerechtigkeit sei *per se* ein Gut; deswegen würden die Guten die ewige Seligkeit erben, die Schlechten aber ewige Pein leiden. In diesem Erdenleben – so glaubten diese Theologen – ist es unsere Pflicht, den göttlichen Ratschlüssen nachzueifern, soweit es in unserer Macht steht, indem wir die Guten mit Belohnungen und die Schlechten mit Strafen bedenken, die nicht nur abschrecken oder bessern sollen, sondern zum Teil reine Vergeltungsmaßnahmen sind. Diese Anschauung ist heute weit weniger verbreitet als in früheren Zeiten: heute sehen die meisten Menschen in der Verhütung von Verbrechen den Zweck des Strafrechts, und der Glaube an die Hölle ist aufgegeben worden oder in den Hintergrund getreten. Es bleibt aber auch noch die logisch mögliche Ansicht, daß wir manche Arten von Menschen lieben und andere hassen sollen in dem absoluten Sinne, daß die Wunschbefriedigung der von uns Gehaßten als Übel und die Vereitelung ihrer Wünsche als etwas Gutes bewertet wird. Was läßt sich gegen diese Auffassung sagen?

Zunächst gibt es ein Argument, das in der Vorsicht wurzelt, aber unzureichend und abergläubisch ist. Man kann nämlich darauf verweisen, daß Haß Gegenhaß zeitigt und daß eine Welt, worin dem Haß Vorschub geleistet wird, so kampferfüllt sein wird, daß niemand sich seines Lebens zu freuen vermag. Dieses Argument genügt nicht, wenn die haßerregende Menschengattung klein und unbedeutend ist, wenn sie z. B. aus Menschen besteht, die ein seltenes Verbrechen, etwa

Vatermord, begangen haben. Außerdem ist es abergläubisch, denn der gute Mensch wird vor trefflichen Handlungen nicht deswegen zurückschrecken, weil sie zu Unzuträglichkeiten führen, es sei denn, er wäre bereits davon überzeugt, daß das Gegenteil Ziel des tugendhaften Handelns sein sollte.

Wenn wir nach einer überzeugenderen Widerlegung suchen, dann finden wir vielleicht ein auf der Vernunft oder auf unseren Empfindungen beruhendes Argument. Verstandesmäßig können wir argumentieren, ›Sünde‹ sei eine irrtümliche Konzeption, da jedes Menschen Handlungen durch seine jeweiligen Verhältnisse bestimmt würden, auf die er nur sehr begrenzten Einfluß habe (auf diesen Einwand werde ich im nächsten Kapitel näher eingehen). Gefühlsmäßig können wir in unserem Innern entweder das negative Gefühl der Unparteilichkeit oder das positive allgemeinen Wohlwollens haben; beide werden uns, wenn sie stark genug empfunden werden, davor bewahren, uns für eine Moral zu entscheiden, welche die Menschen in Schafe und Ziegen klassifiziert. Aber beide lassen sich nicht überzeugend *beweisen*, wenn man mit jemand streitet, der andere Empfindungen hat.

Und nun sind wir soweit, daß wir die Schlußfolgerungen, auf welche die obigen, etwas diskursiven Ausführungen zustrebten, zusammenfassen müssen.

Es gibt einen Begriff ›subjektiv recht‹, der klar und eindeutig ist: eine Handlung ist ›subjektiv recht‹, wenn der Handelnde mit ihr ein Gefühl der Billigung verbindet, und ›subjektiv unrecht‹, wenn er ein Gefühl der Mißbilligung verspürt. Wenn wir aber sagen: »Der Mensch soll tun, was für ihn subjektiv recht ist«, dann sehen wir uns in unerträgliche Widersprüche verstrickt. Wir sind also gezwungen, einen Begriff ›objektiv recht‹ zu suchen, der für alle Menschen gilt und uns ermöglicht, zu allgemeinen sittlichen Normen zu kommen. Wir *können* sagen, es gebe einen solchen Begriff, er sei undefinierbar und wir besäßen die Gabe moralischer Intuition, kraft derer wir sagen könnten, Handlungen der und der Art seien objektiv recht, Handlungen der entgegengesetzten Art objektiv unrecht. Wenn wir das sagen, sind wir nicht zu widerlegen; wir können aber nicht beweisen, daß wir recht haben, wenn wir mit jemand debattieren, der von der moralischen Intuition nichts wissen will oder andere moralische Intuitionen hat als wir. Wenn wir die Ursache solcher sogenannter moralischer Intuitionen untersuchen, dann merken wir, daß sie vornehmlich in den Gefühlen des Lobes oder Tadels, die unsere soziale Umwelt empfindet, zu finden sind, zum Teil aber auch in unseren eigenen Gefühlen wie Liebe, Haß, Überlegenheit, Unterwürfigkeit usw. Unterschiede bezüglich sittlicher Normen beruhen zum Teil auf unterschiedlichen Tatsachen (z. B. in bezug auf die Möglichkeit des Hexenzaubers), zum Teil aber auch auf emotionalen Unterschieden bei den einzelnen Individuen oder Gemeinschaften. Anscheinend liegt also kein Grund vor, etwas derartiges als ›moralische Intuition‹ anzusehen, und wenn ich sage, ein Akt sei ›objektiv recht‹, dann drücke ich offenbar in Wirklichkeit eine Empfindung aus, wenn ich auch grammatisch eine Aussage mache.

Folglich enthält der als gegeben angenommene Begriff ›objektiv recht‹ nichts wirklich Objektives, außer insoweit als die Wünsche verschiedener Menschen sich decken.

Wenn ich sage: »Eine Handlung ist recht, wenn sie auf die größtmögliche Wunschbefriedigung fühlender Wesen abzielt«, so kann ich damit eine reine Verbaldefinition für ›recht‹ geben; doch sicherlich verbinde ich damit noch etwas mehr. Ich verbinde damit, 1. daß ich solchen Handlungen gegenüber ein Gefühl der Billigung empfinde; 2. daß ich eine Empfindung der Unparteilichkeit oder des Wohlwollens oder beider habe, die mich davon abhält, das Wohl eines einzigen Menschen höher zu bewerten als das, dessen andere sich erfreuen; 3. daß meine Anschauung so geartet ist, daß alle Menschen sie teilen können, was nicht der Fall wäre, wenn ich zum Beispiel mein eignes Wohl zum *summum bonum* erklärte, und 4. schließlich, daß ich wünschte, alle Menschen sollten meine Ansicht teilen.

Folglich unterscheidet sich das sittliche Argument, wenn es sich nicht auf das beste Mittel zu einem bestimmten Zweck bezieht, vom wissenschaftlichen dadurch, daß es an die Gefühle appelliert, mag es sich auch hinter dem Gebrauch des Indikativs verbergen. Deshalb braucht man aber noch nicht sittliche Argumente für unmöglich zu halten; es ist ebenso leicht, wenn nicht sogar leichter, Gefühle durch Argumente zu beeinflussen als geistige Anschauungen. Die Schwierigkeit ist die, daß bei einem verstandesmäßigen Argument ein Maßstab unpersönlicher Wahrheit vorausgesetzt wird, auf den wir uns beziehen, während es für die Sittlichkeit nach der obigen Ansicht einen solchen Maßstab anscheinend nicht gibt. Das ist eine wirklich ernste Schwierigkeit. Im nächsten Kapitel werde ich ihre Tragweite untersuchen.

Das Sündenbewußtsein ist in der Geschichte eine der wichtigsten psychologischen Erscheinungen gewesen und spielt auch heute noch im Seelenleben eines Großteils der Menschheit eine bedeutende Rolle. Aber wenn auch das Sünden*bewußtsein* nicht schwer zu verstehen und zu definieren ist, so bleibt doch der Begriff ›Sünde‹ dunkel, namentlich wenn wir ihn in nichttheologischer Terminologie zu erklären versuchen. In diesem Kapitel möchte ich das Sündenbewußtsein psychologisch und historisch beleuchten und untersuchen, ob sich eine nichttheologische Auffassung findet, in deren Sprache sich dieses Gefühl vernünftig erklären läßt.

Hier und da glauben besonders ›helle‹ Köpfe, der ›Sünde‹ auf den Grund gekommen zu sein und mit dem ganzen Komplex der mit ihr verknüpften Anschauungen und Gefühle aufgeräumt zu haben. Bei Licht besehen aber stellt sich heraus, daß die meisten nur einen besonders wichtigen Teil des anerkannten Sittenkodex, zum Beispiel das Verbot des Ehebruchs, verworfen haben, trotzdem aber an einem eigenen Sittenkanon festhalten, der für sie ausschließlich maßgebend ist. Ein Mann kann zum Beispiel in einem faschistischen Lande an einer linksgerichteten Verschwörerbewegung beteiligt sein; bei der Verfolgung seiner politischen Ziele kann er sich für berechtigt halten, zaghafte ›Mitläufer‹ durch falsche Vorspiegelungen zu ermutigen, Gelder aus der Kasse der Reaktionäre zu entwenden, Frauen Liebe vorzutäuschen, um Geheimnissen auf die Spur zu kommen, und notfalls sogar einen Mord zu begehen. Aus all seinen Äußerungen kann ein verheerender Zynismus sprechen. Wenn er aber gefaßt und gefoltert wird, damit er seine Mitverschworenen namhaft macht, dann kann derselbe Mensch eine so heroische Standhaftigkeit bezeigen, daß es manch einer von denen, die ihn für moralisch schlecht hielten, einfach nicht zu begreifen vermag. Wenn er dann schließlich weich wird und seine Kameraden verrät, wird er wahrscheinlich ein brennendes Schamgefühl verspüren, das ihn unter Umständen zum Selbstmord treibt. Oder ein ganz anderes Beispiel: wie der Held in Shaws »Arzt am Scheidewege« kann ein Mensch in jeder Hinsicht moralisch verachtenswert sein, solange sein künstlerisches Gewissen aus dem Spiel bleibt; in diesem Punkt aber kann er der schmerzlichsten Opfer fähig sein. Ich will nicht behaupten, daß alle Menschen gewisse Handlungen als ›Sünde‹ empfinden; ich glaube schon, daß es Menschen von äußerster Schamlosigkeit gibt. Aber ich bin überzeugt, daß sie nicht zahlreich und nicht unter denen zu finden sind, die mit größter Lautstärke verkünden, sich von moralischen Gewissensbissen freigemacht zu haben.

Die meisten Psychoanalytiker machen viel Wesens vom Schuld- oder Sündenbewußtsein, das viele für angeboren halten. Ich kann ihnen darin nicht beipflichten. Ich glaube, psychologisch ist der Ursprung des Schuldbewußtseins junger Menschen in der Furcht vor Strafe oder vor Mißbilligung seitens der Eltern oder einer sonstigen Respektsperson zu suchen. Wenn aber ein Schuldgefühl aus Bestrafung oder Tadel erwachsen soll, dann ist notwendige Voraussetzung, daß die betreffende Autorität wirklich respektiert und nicht lediglich gefürchtet wird; wo nur Furcht herrscht, ist die natürliche Reaktion das impulsive Bedürfnis, zu hintergehen oder zu rebellieren. Bei kleinen Kindern ist es etwas Natürliches, daß sie vor ihren Eltern Respekt haben; Schulbuben aber sind weniger geneigt, ihre Lehrer zu respektieren; die Folge ist, daß nur Furcht vor Strafe, nicht das Sündenbewußtsein sie von vielen Ungehorsamkeitsakten abhält. Wenn Ungehorsam als sündhaft *empfunden* werden soll, dann muß er sich auf eine Autorität beziehen, die innerlich respektiert und anerkannt wird. Ein Hund, der beim Stehlen einer Hammelkeule ertappt wird, kann dieses Gefühl haben, wenn sein Herr ihn erwischt, nicht aber, wenn es ein Fremder tut.

Darin haben die Psychoanalytiker jedoch sicher recht, wenn sie die Ursprünge des Sündenbewußtseins eines Menschen in den allerersten Kindheitsjahren suchen. In jenen Jahren werden elterliche Gebote stillschweigend hingenommen; die Impulse aber sind zu stark, so daß diese Gebote nicht immer befolgt werden; die schmerzliche Erfahrung der Mißbilligung kehrt also häufig wieder und ebenso die Versuchung, der vielleicht mit Erfolg widerstanden wird. Im späteren Leben kann die elterliche Mißbilligung dann fast in Vergessenheit geraten, doch kann ein mit gewissen Handlungen verknüpftes peinliches Gefühl zurückbleiben, und dieses Gefühl kann sich in die Überzeugung umsetzen, daß solche Handlungen sündhaft seien. Für diejenigen, für die Sünde Ungehorsam gegenüber Gottvater bedeutet, ist der sich hier vollziehende Wandel des emotional Bedeutsamen ganz geringfügig.

Viele Menschen, die nicht an Gott glauben, haben aber trotzdem ein Sündenbewußtsein. Unter Umständen ist es nur eine unterbewußte Assoziation mit der elterlichen Mißbilligung, oder der Betreffende fürchtet die schlechte Meinung seiner Gruppe, falls er sich nicht gegen ihre Maßstäbe auflehnt. Bisweilen mißbilligt der Sünder selbst sein Tun, ganz unabhängig davon, was andere über ihn denken, und hat dann schließlich selbst das Gefühl, schlecht zu sein. Das wird aber wahrscheinlich nur bei Menschen mit ungewöhnlichem Selbstvertrauen oder seltenen Gaben vorkommen. Wenn Columbus den Versuch, Indien zu finden, aufgegeben hätte, hätte ihm das niemand zum Vorwurf gemacht, aber man kann sich vorstellen, daß sein Selbstgefühl darunter gelitten hätte. Sir Thomas More wurde in seiner Jugend von Oxford relegiert, weil er trotz der Mißbilligung seines Vaters und der Universitätsbehörde sich entschlossen hatte, Griechisch zu lernen. Hätte er auf den Rat dieser Respektspersonen gehört, dann hätte er zweifellos das Gefühl gehabt, gefehlt zu haben, wenn auch jede ihn gelobt hätte.

Das Sündenbewußtsein hat in der Religion, namentlich in der christlichen, eine sehr bedeutende Rolle gespielt. In der katholischen Kirche ist es eine der Hauptquellen der Macht des Priestertums gewesen und hat den Päpsten bei ihrem langen Kampf mit den Kaisern den Sieg sehr viel leichter gemacht. Psychologisch und dogmatisch erreichte das Sündenbewußtsein seinen Höhepunkt in Augustin. Entstanden ist es jedoch weit früher, in vorgeschichtlichen Zeiten; bei allen zivilisierten Völkern der Antike war es bereits sehr ausgeprägt. In seinen ursprünglichen Formen hing es mit der Entweihung von Riten und der Verletzung von Tabus zusammen. Bei den Griechen wurde es besonders stark von den Orphikern und den von ihnen beeinflußten Philosophen betont. Bei den Orphikern war wie in Indien die Sünde mit der Seelenwanderung verknüpft; nach dem Tode ging die sündige Seele in den Leib eines Tieres ein, erwarb sich aber schließlich nach einer unendlich langen Zeit der Reinigung die Befreiung von der Fesselung an das »Rad des Lebens«. So heißt es bei Empedokles: »Wenn jemals einer der Dämonen, dem langes Leben zuteil geworden ist, seine Hände sündig mit Blut befleckt oder Streit geführt oder falsch geschworen hat, muß er dreimal zehntausend Jahre fern von den Gefilden der Seligen wandern, und in all dieser Zeit wird er in allen möglichen Gestalten wiedergeboren. Ein solcher bin ich nun, ein Verbannter und Wanderer fern von den Göttern, weil ich auf sinnlosen Streit vertraute.« In einem anderen Fragment sagt er: »Weh mir, daß mich der erbarmungslose Todestag nicht vernichtet hat, ehe mein gieriger Mund böse frevelte.« Wahrscheinlich bestand der Frevel im Kauen von Bohnen und Lorbeerblättern, denn er sagt: »Enthalte dich völlig der Lorbeerblätter«, und weiter: »Ihr jämmerlichen

Wichte, Hände weg von den Bohnen!« Diese Stellen veranschaulichen die Tatsache, daß die Sünde in der ursprünglichen Konzeption nicht notwendig etwas war, was einen anderen verletzte, sondern einfach etwas Verbotenes. Diese Einstellung hat sich bis in die Gegenwart in vielen Punkten der orthodoxen Lehre von der Geschlechtsmoral erhalten.

Die christliche Sündenkonzeption verdankt den Juden mehr als den Griechen. Die Propheten führten die babylonische Gefangenschaft darauf zurück, daß Gottes Zorn durch die heidnischen Bräuche erregt wurde, die noch vorherrschten, als Juda unabhängig war. Anfangs war die Sünde Kollektivsünde und die Strafe Kollektivstrafe; als sich aber die Juden an den Verlust der politischen Unabhängigkeit gewöhnten, setzte sich allmählich eine individualistischere Auffassung durch: nun war es der Einzelne, der sündigte und der bestraft wurde. Lange Zeit wurde die Strafe in diesem Leben erwartet; die Folge war, daß Wohlstand als Beweis von Rechtschaffenheit galt. Aber während der Verfolgung zur Zeit der Makkabäer wurde es zur Gewißheit, daß die Tugendhaftesten in diesem Leben die Unglücklichsten waren. Das verstärkte den Glauben an ein künftiges Leben mit Lohn und Strafe, wo Antiochus leiden und seine Opfer triumphieren würden – eine Auffassung, die mit entsprechenden Modifizierungen auf die Urkirche überging und sie während der Verfolgungen standhaft machte.

Psychologisch besteht jedoch ein großer Unterschied zwischen der Sünde, die wir unseren Feinden zur Last legen, und der, die wir für unsere eigene Unvollkommenheit halten, denn die eine birgt Hochmut in sich, die andere Demut. Ihren höchsten Grad erreicht die Demut in der Lehre von der Erbsünde, deren beste Darstellung sich bei Augustin findet. Nach dieser Lehre wurden Adam und Eva mit freiem Willen erschaffen und konnten zwischen Gut und Böse wählen. Als sie den Apfel aßen, wählten sie das Böse, und in diesem Augenblick drang Verderbtheit in ihre Seele. Sie und ihre Nachkommen waren hinfort außerstande, mit der Kraft ihres eigenen, auf sich selbst gestellten Willens das Gute zu wählen; nur die göttliche Gnade befähigte die Auserwählten, tugendhaft zu leben. Die göttliche Gnade wird ohne leitendes Prinzip einigen von denen zuteil, die die Taufe empfangen haben, sonst aber niemand, mit Ausnahme gewisser Patriarchen und Propheten. Aber obwohl die übrige Menschheit schicksalhaft zur Sünde prädestiniert ist, da ihr die Gnade versagt ist, ist sie dennoch, um ihrer Sünde willen, mit Recht Gegenstand von Gottes Zorn und wird deshalb ewige Verdammnis erleiden. Augustin zählt die Sünden einzeln auf, die Säuglinge an der Mutterbrust begehen, und schreckt nicht vor der Schlußfolgerung zurück, daß Säuglinge, die ungetauft sterben, in die Hölle kommen. Die Auserwählten kommen in den Himmel, weil Gott sie zum Gefäß seiner Gnade erkoren hat: sie sind tugendhaft, weil sie auserwählt sind, nicht auserwählt, weil sie tugendhaft sind.

Obwohl diese grausame Lehre von Luther und Calvin übernommen wurde, ist sie seitdem nicht die orthodoxe Lehre der katholischen Kirche gewesen; heute halten nur ganz wenige Christen gewisser Sekten an ihr fest. Nichtsdestoweniger gehört die Hölle noch zum katholischen Dogma, wenn auch weniger Menschen die Verdammnis erleiden, als früher angenommen wurde. Die Hölle erhält ihre Rechtfertigung mit der angemessenen Bestrafung der Sünde.

Die Lehre von der Erbsünde, nach der wir alle um Adams Verfehlung willen Strafe verdienen, befremdet heute die meisten Menschen durch ihre Ungerechtigkeit, obwohl viele keine Ungerechtigkeit darin erblicken, wenn ähnliche Lehren in der Politik verkündet werden, wenn es zum Beispiel als recht gilt, daß die nach 1939 geborenen deutschen Kinder verhungern sollten, weil sich ihre Eltern nicht gegen die Nazis aufgelehnt hätten. Diese Maßnahme betrachten allerdings selbst diejenigen, die sie befürworten, als unvollkommene, menschliche Gerechtigkeit, nicht von der Art, wie sie Gott zugeschrieben werden könnte. Den Standpunkt moderner liberaler Theologen hat Dr. Tennant ausgezeichnet in seinem Buch »The Concept of Sin« dargestellt. Danach besteht die Sünde in Willensakten, die in bewußtem Widerspruch zu einem bekannten sittlichen Gebot stehen; daß dieses Gebot Gottes Wille ist, wissen wir durch Offenbarung. Folglich kann ein Mensch ohne Religion nicht sündigen:

»Wenn wir die Unentbehrlichkeit des religiösen Elements beim Sündenbegriff betonen und die psychische Definition der Religion anerkennen, so folgt daraus, daß wenn religionslose Menschen – falls es solche überhaupt gibt – erklären, keinerlei Vorstellung vom Göttlichen oder Übernatürlichen und keinerlei religiöse Gefühle zu haben, sie gar nicht als Sünder in dem Sinne in Betracht kommen, in dem wir übereinstimmungsgemäß diesen Ausdruck gebrauchen, mag ihr Leben, selbst in ihren eigenen Augen, moralisch noch so schlecht sein« (ebenda Seite 216).

Wegen der vorausgeschickten Modifizierungen ist schwer zu verstehen, was mit dieser Behauptung gemeint ist. Mit der ›psychischen‹ Definition der Religion meint der Verfasser, wie er im Vorhergehenden schon erklärt hatte, alles, was ein Mensch überhaupt als

Religion annehmen kann, nicht nur, was nach christlicher Auffassung die wahre Religion ist. Aber nicht klar ist, was mit »keinerlei religiöses Gefühl« gemeint ist. Ich persönlich habe ›Gefühle‹ – Empfindungen und moralische Ansichten, die mit christlichen Anschauungen vereinbar sind; ich habe aber keine »Vorstellungen vom Göttlichen oder Übernatürlichen«. Ich bin also nicht ganz sicher, ob ich nach Ansicht Dr. Tennants zu sündigen vermag oder nicht. Für mich persönlich steht es auch durchaus nicht fest, daß es einen unbestreitbaren Begriff gibt, der die Bezeichnung ›Sünde‹ verdient. Ich weiß, daß mich die Vornahme bestimmter Handlungen mit Scham erfüllt. Ich weiß, daß ich Grausamkeit verabscheuungswürdig finde und wünschte, es gäbe sie nicht; ich weiß, daß es mir wie Verrat an einem Ideal vorkommen würde, wenn ich Talente, die ich vielleicht besitze, brach liegen ließe. Ich weiß aber keineswegs genau, wie diese Gefühle vernünftig zu erklären sind, noch ob das Ergebnis, wenn es mir tatsächlich doch gelänge, eine Definition der ›Sünde‹ erbrächte.

Wenn ›Sünde‹ ›Ungehorsam gegenüber dem bekannten Willen Gottes‹ bedeutet, dann können natürlich alle die, welche nicht an Gott glauben oder seinen Willen nicht zu kennen meinen, nicht sündigen. Bedeutet ›Sünde‹ aber ›Ungehorsam gegenüber der Stimme des Gewissens‹, dann kann sie unabhängig von theologischen Anschauungen existieren. Wenn sie aber nur das bedeutet, dann ermangelt sie gewisser Eigenschaften, die gemeinhin mit dem Wort ›Sünde‹ verknüpft werden. Sünde verdient nach der üblichen Auffassung Strafe, und zwar nicht nur als Abschreckungs- und Besserungsmittel, sondern aus Gründen abstrakter Gerechtigkeit. Die Höllenqualen, so versichern uns die Theologen, machen die gepeinigten Seelen nicht besser, im Gegenteil: sie verharren in alle Ewigkeit in der Sünde; es steht nicht in ihrer Macht, etwas dagegen zu tun. Der Glaube, daß die Sünde etwas ist, was die rein vergeltungsmäßige Zufügung von Schmerz verdient, ist mit keiner einzigen Ethik vereinbar, die der von mir vertreten entspricht, obwohl er, unabhängig von der Theologie, zum Beispiel in G. E. Moores »Principia Ethica« verfochten wird. Wenn die Vergeltung an sich nicht als etwas Wertvolles aufgefaßt wird, dann bedürfen die Begriffe ›Gerechtigkeit‹ und ›Strafe‹ einer neuen Auslegung.

›Gerechtigkeit‹, im rechtsgesetzlichen Sinne interpretiert, kann heißen: ›Wie die Tat, so der Lohn‹. Wenn aber die Strafe als reine Vergeltungsmaßnahme nicht mehr befürwortet wird, dann kann sie nur ›Belohnung und Bestrafung nach dem Prinzip größtmöglicher Förderung des sozial wünschenswerten Verhaltens‹ bedeuten. Der

Fall wäre denkbar, daß ein Mensch, der mit Bestrafung zu rechnen hat, eine seelische Wandlung durchmachte, wenn ihm die Strafe erlassen würde; in diesem Falle wäre es richtig, ihm zu verzeihen. Möglich wäre auch, daß jemand in sozial wünschenswerter Weise gehandelt, aber damit ein Beispiel gegeben hätte, das in scheinbar ähnlich gelagerten Fällen nicht nachgeahmt werden dürfte; dann wäre es richtig, ihn zu bestrafen (Nelsons blindes Auge)! Kurz, Lohn und Strafen sollten entsprechend der Erwünschtheit ihrer sozialen Auswirkungen zuerkannt werden und nicht nach einem angeblich absoluten Wertmaßstab für Verdienste und Verfehlungen. Zweifellos wird es in der Regel die Klugheit gebieten, Menschen mit sozial wünschenswertem Verhalten zu belohnen und solche mit schädlichem zu bestrafen; doch Ausnahmen sind denkbar und werden auch wirklich hier und da vorkommen. Eine Konzeption der ›Gerechtigkeit‹, wie sie dem Glauben an Himmel und Hölle zugrunde liegt, ist nicht vertretbar, wenn das ›rechte‹ Verhalten dasjenige ist, das die Wunschbefriedigung fördert.

Der Begriff der ›Sünde‹ ist eng mit dem Glauben an die Willensfreiheit verknüpft, denn wenn unsere Handlungen auf Ursachen beruhen, auf die wir keinen Einfluß haben, dann ist die Strafe als Vergeltungsmaßnahme nicht zu rechtfertigen. Die moralische Bedeutung der Willensfreiheit wird, glaube ich, etwas übertrieben, aber es läßt sich nicht leugnen, daß die Frage im Zusammenhang mit der ›Sünde‹ wichtig ist; folglich muß hier etwas darüber gesagt werden.

›Willensfreiheit‹ ist so zu verstehen, daß ein Willensentschluß nicht immer oder nicht zwangsläufig das Ergebnis vorhergehender Ursachen ist. Die Bedeutung des Wortes ›Ursache‹ ist aber nicht so klar, wie es wünschenswert wäre. Wir kommen der Sache schon etwas näher, wenn wir statt ›Ursache‹ ›Kausalgesetz‹ sagen. Ein Geschehen, werden wir sagen, ist durch vorhergehende Geschehen ›determiniert‹, wenn es ein Gesetz gibt, auf Grund dessen es gefolgert werden kann, sobald eine ausreichende Anzahl vorausgegangener Geschehen bekannt ist. Wir können die Planetenbewegungen voraussagen, weil sie sich aus dem Gravitationsgesetz ergeben. Zuweilen lassen sich menschliche Handlungen ebenso voraussagen: etwa daß Mr. Soundso, sobald er jemand kennenlernt, nie versäumen wird, seine Bekanntschaft mit Lord Soundso zu erwähnen. Aber in der Regel sind wir nicht imstande, genau vorauszusagen, was die Leute tun werden, entweder weil wir nur eine unzureichende Kenntnis der einschlägigen Gesetze haben oder weil es keine Gesetze gibt, die unabänderlich die Handlungen eines Menschen mit seinen einstigen und gegenwärtigen Lebensumständen verknüpfen. Die zweite Möglichkeit, die der Willensfreiheit, wird stets ohne Bedenken abgelehnt, falls sich die Menschen nicht über das Problem der Willensfreiheit besondere Gedanken machen. Kein Mensch sagt: es hat keinen Zweck, den Diebstahl zu bestrafen, weil sich die Leute in Zukunft vielleicht gern bestrafen lassen, oder: es ist zwecklos, einen Brief mit der Anschrift zu versehen, weil der Briefträger ihn vielleicht jemand anders aushändigt, denn er besitzt ja Willensfreiheit, oder: es ist zwecklos, für eine Arbeit, die man verrichtet sehen möchte, ein Entgelt anzubieten, weil die Leute vielleicht lieber verhungern wollen. Wenn überall Willensfreiheit herrschte, wäre jegliche soziale Ordnung ausgeschlossen, da es keine Möglichkeit gäbe, die Handlungen von Menschen zu beeinflussen.

Während ich also als Philosoph das Prinzip der universalen Ursächlichkeit für fragwürdig halte, betrachte ich es als Individuum mit gesundem Menschenverstand als unentbehrliches Postulat für das Verhalten im praktischen Leben. Praktisch müssen wir annehmen, daß unsere Willensentschlüsse Ursachen haben, und mit dieser Annahme muß unsere Ethik vereinbar sein.

Lob und Tadel, Lohn und Strafe und der ganze Apparat des Strafrechts sind vernünftig auf Grund der deterministischen Hypothese, nicht aber auf Grund der Willensfreiheit, denn alle diese Mechanismen sollen Willensentschlüsse herbeiführen, die mit den Interessen des Gemeinwesens oder was dafür angesehen wird, übereinstimmen. Die Konzeption der ›Sünde‹ ist aber nur bei Annahme der Willensfreiheit vernünftig; denn wenn nach der deterministischen Hypothese ein Mensch etwas tut, was er auf Wunsch der Gemeinschaft unterlassen sollte, so geschieht es, weil die Gemeinschaft für die entsprechenden Motive, die ihn zur Unterlassung der unerwünschten Handlung bestimmen sollen, nicht gesorgt hat oder vielleicht nicht hat sorgen können. Diese zweite Möglichkeit lassen wir alle gelten, wenn es sich um Fälle von Geisteskrankheit handelt: ein geisteskranker Mörder würde sich nicht vom Mord abschrecken lassen, selbst wenn er sich darüber klar wäre, dafür gehängt zu werden; folglich hat es keinen Zweck, ihn aufzuhängen. Wenn aber geistig Gesunde einen Mord begehen, dann tun sie es gewöhnlich in der Hoffnung, nicht entdeckt zu werden; deshalb lohnt es sich, sie zu bestrafen, wenn sie entdeckt werden. Mord wird bestraft, nicht weil er Sünde ist und weil es gut ist, daß Sünder leiden sollen, sondern weil der Staat ihn verhüten will, und Furcht vor Strafe hält die meisten Menschen davon ab. Das ist vollkommen vereinbar mit der deterministischen Hypothese und gänzlich unvereinbar mit der Hypothese der Willensfreiheit.

Ich folgere daraus, daß für eine rationale Ethik die Willensfreiheit nicht erforderlich ist, sondern nur für eine ahndende Moral, welche die Hölle rechtfertigt und die Sünde für strafbar hält, ohne Rücksicht darauf, ob die Strafe zum Guten dient. Ich folgere weiter, daß ›Sünde‹ – ausgenommen im Sinne eines Verhaltens, bei dem der Handelnde selbst oder die Gemeinschaft ein Gefühl der Mißbilligung empfindet – ein verfehlter Begriff und dazu angetan ist, unnötige Grausamkeit und Rachsucht zu wecken, sobald andere als Sünder in Betracht kommen, und krankhafte Selbsterniedrigung, wenn wir selbst es sind, die wir verurteilen.

Aber auch wenn wir den Begriff ›Sünde‹ ablehnen, so darf doch daraus nicht geschlossen werden, daß wir einen Unterschied zwischen rechten und unrechten Handlungen leugneten. ›Rechte‹ Handlungen sind solche, die zu loben, ›unrechte‹ solche, die zu tadeln nützlich ist. Aber bezüglich der Strafe bedeutet es einen Unterschied, der eine gewisse praktische Bedeutung hat, wenn man die Sünde ablehnt, denn nach meiner Ansicht ist die Strafe an sich stets ein Übel und nur durch abschreckende oder bessernde Wirkung zu rechtfertigen. Wenn man die Öffentlichkeit in dem Glauben erhalten könnte, daß Einbrecher ins Gefängnis wanderten, während man sie in Wirklichkeit auf einer fernen Südseeinsel glücklich werden ließe, so wäre das besser als Bestrafung; der einzige Nachteil dieser Methode wäre, daß sie sich über kurz oder lang herumsprechen würde, und dann würde bald überall eingebrochen werden.

Was für die Strafe gilt, das gilt auch für den Tadel. Die Furcht vor Tadel ist ein sehr wirksames Abschreckungsmittel; aber Getadeltwerden, wenn die tadelnswerte Handlung bereits geschehen ist, ist in der Regel zwar schmerzlich, doch nicht moralisch nützlich. Der Getadelte wird wahrscheinlich trotzig und widerspenstig werden, an dem Wohlwollen der Gemeinschaft verzweifeln und sich wie ein Paria vorkommen. Dieses Ergebnis ist namentlich dann zu erwarten, wenn nicht ein Einzelner, sondern eine Gruppe getadelt wird. Nach dem Ersten Weltkrieg erzählten die Sieger den Deutschen, die Schuld trage ganz Deutschland; sie zwangen sie sogar zur Unterschrift eines Dokuments, worin sie sich als die angeblich allein Schuldigen bekannten. Nach dem Zweiten Weltkrieg erließ Montgomery eine Proklamation, die deutschen Eltern hätten ihren Kindern zu erklären, daß britische Soldaten sie nicht anlächeln könnten, weil ihre Väter und Mütter schlecht seien. Das war in beiden Fällen schlechte Psychologie und schlechte Politik, erwachsen aus einer Geisteshaltung, die durch den Glauben an die ›Sünden‹-Lehre bestärkt wird. Wir alle sind das, was die Umstände unseres Lebens aus uns gemacht haben, und wenn unsere Mitmenschen damit nicht zufrieden sind, ist es an ihnen, Mittel und Wege zu finden, uns besser zu machen. Daß moralische Mißbilligung am besten zu diesem Ziele führt, ist eine große Seltenheit.

8 Die moralische Streitfrage

Die Frage, die ich in diesem Kapitel erörtern möchte, lautet: Gibt es bei Meinungsverschiedenheiten zweier Menschen oder zweier Gruppen über das, was als wünschenswert zu betrachten ist, irgendwelche Möglichkeiten und, wenn ja, welche, zu beweisen, daß eine der beiden Parteien recht hat? Um jede aktive Parteinahme auszuschalten, wollen wir ein Problem wählen, das nicht mehr aktuell ist, sagen wir: die Sklaverei. Lange Zeit wurde die Sklaverei als eine feststehende Einrichtung hingenommen. Dann wurde sie Gegenstand einer über ein Jahrhundert während Auseinandersetzung, und schließlich galt es als ausgemacht, daß die Welt ohne Sklaverei besser wäre. Wir wollen uns im Geist in die Zeit zurückversetzen, da diese Frage diskutiert wurde: was hat die Ethik dazu zu sagen, wie wir uns entscheiden sollen?

Ein praktisches politisches Problem kann auf drei verschiedene Arten diskutiert werden: 1. die Erörterung kann sich ausschließlich auf die Mittel erstrecken, über die Zwecke braucht keine Meinungsverschiedenheit zu herrschen. 2. die eine Partei kann die Auffassung vertreten, bestimmt geartete Handlungen seien, ganz unabhängig von ihren Auswirkungen, an sich schlecht, während die Gegenpartei eine solche innere Schlechtigkeit bestreitet. 3. es kann sich um wirkliche Unstimmigkeit bezüglich der Zwecke handeln, die menschliche Handlungen anstreben sollen. Bei den meisten aktuellen politischen Streitigkeiten sind alle drei Punkte zugleich Anlaß der Meinungsverschiedenheit; in einer theoretischen Erörterung ist es jedoch wichtig, sie auseinanderzuhalten.

Bei politischen Unstimmigkeiten handelt es sich häufig um echte Meinungsverschiedenheiten bezüglich der Mittel und noch häufiger um scheinbare. Die Stellungnahme für oder gegen den Goldstandard gründet sich in der Regel auf die sachliche Bewertung der Vor- und

Nachteile einzelner Währungssysteme unter dem Gesichtspunkt des Mittels. Bei anderen Fragen indessen, etwa bei der 40-Stunden-Woche, stellen wir fest, daß die Ansichten der Menschen über die Mittel davon abhängig sind, auf welche Zwecke es ihnen ankommt. Die Arbeitgeber werden sagen, bei einer Herabsetzung der Arbeitsstunden würde die Produktion katastrophal zurückgehen, während die Statistiker, die arbeiterfreundlich sind, geltend machen werden, daß sich der Produktionsrückgang durch Leistungssteigerung verhüten lasse. Es ist klar, daß zur Erzielung der Höchstproduktion eine bestimmte Anzahl von täglichen Arbeitsstunden erforderlich ist, und daß diese Zahl größer als Null und kleiner als 24 sein muß (da der Mensch ja schlafen und essen muß). In der Blütezeit des Kapitalismus hielten die Arbeitgeber den 16-Stunden-Tag für vernünftig, was aber natürlich zu hoch gegriffen war. Wenn die Arbeiterschaft jemals so mächtig werden sollte wie das Kapital zu Beginn des 19. Jahrhunderts, dann würde wahrscheinlich mit ebenso kühner Stirn eine zu niedrige Ziffer befürwortet werden. Das ist ein anschauliches Beispiel für die Regel, daß Streitigkeiten über Tatsachen sehr oft auf der mangelnden Uneigennützigkeit derer beruhen, die diese Tatsachen angeblich ermitteln. In solchen Fällen werden nämlich, von der einen oder auch von beiden Seiten Zwecke angestrebt, die nicht offen zugegeben werden dürfen, da die breite Öffentlichkeit einen anderen Zweck im Auge hat, den zu verfolgen beide Parteien behaupten müssen. Die Öffentlichkeit, die mit Bestürzung mitanhört, wie die Experten sich den Rang streitig zu machen suchen, ist aber der Meinung, die Auseinandersetzung gehe wirklich um die Mittel, nicht um die Zwecke.

Ein Streit um Mittel wirft kein moralisches Problem auf; er wird, wenn überhaupt, mit rein wissenschaftlichen Argumenten entschieden. Als damals die Sklaverei das umstrittene Problem war, beriefen sich ihre Gegner darauf, daß sie eine kostspielige Produktionsmethode wäre, was ihre Anhänger bestritten. In Wirklichkeit hätten sich aber ihre überzeugtesten Gegner doch nicht umstimmen lassen, wenn sich herausgestellt hätte, daß sie nicht kostspielig wäre, und ebenso hätten sich ihre eifrigsten Verteidiger nicht von ihrem Standpunkt abbringen lassen, wenn sie sich tatsächlich als teuer herausgestellt hätte. Jede Seite wandte sich mit ihrem Argument an das unschlüssige Publikum, das billige Baumwollwaren wollte, sich aber weiter keine Gedanken über die Sklavenarbeit in südlichen Ländern oder über die Beschäftigung von Kindern in den Fabriken von Lancashire machte. Wem es nur auf den Erfolg ankam, für den waren Sklaverei und Kinderarbeit keine moralischen Probleme.

Mit der Erkenntnis, daß Diskussionen über Mittel keine moralischen Auseinandersetzungen sind, scheidet aus dem Bereich der Ethik ein sehr großer Teil der praktischen Probleme aus, über die Meinungsverschiedenheit herrscht.

Ich komme nun zu dem zweiten Anlaß, aus dem Streitigkeiten entstehen, daß nämlich eine der beiden Parteien gewisse Arten von Handlungen für an sich schlecht hält, ganz abgesehen von ihren Auswirkungen. So kann jemand die Sklaverei verurteilen, weil er an die Menschenrechte glaubt oder weil er mit Kant der Auffassung ist, daß jeder einzelne Mensch Selbstzweck sein sollte. Aber man sieht deutlicher, worum es hier geht, wenn ein bestimmtes Tabu mitspielt. Die Hindus halten es für schlecht, eine Kuh zu töten, selbst wenn sie große Qualen leidet. Humane Engländer sehen es als Grausamkeit an, eine Kuh unter solchen Umständen leben zu lassen. Antiochus IV. hielt es für wünschenswert, daß alle seine Untertanen hellenisiert und ihnen ihre angestammten Sitten abgewöhnt würden; die Juden aber oder zumindest die heroischeren unter ihnen waren entschlossen, lieber zu sterben als Schweinefleisch zu essen oder die Beschneidung aufzugeben. Die Amischen Mennoniten in Pennsylvania haben eine moralische Abneigung gegen Knöpfe und setzen sich lieber der Verfolgung aus, als daß sie ihre Kinder in staatliche Schulen schicken.

Was läßt sich in solchen Fällen mit Argumenten erreichen? *Unmittelbar* wohl gar nichts; *beweisen* läßt es sich nicht, daß Knöpfe nicht unmoralisch sind. Wenn man aber unvoreingenommen und mit der nötigen Ruhe der Sache auf den Grund geht, dann findet man ein Argument, das wenn auch nicht logisch zwingend, so doch für jeden, den die Sache wirklich interessiert, ins Gewicht fällt. Ich denke dabei an jene Art des Argumentierens, mit der ich in den vorhergehenden Kapiteln zu zeigen versucht habe, daß eher ›gut‹ und ›schlecht‹ als ›recht‹ und ›unrecht‹ als moralische Grundbegriffe der Ethik zu betrachten seien, wobei Handlungen mit guten Wirkungen als ›recht‹, solche mit schlechten als ›unrecht‹ gelten. Wenn man durch eine eingehende anthropologische und geschichtliche Belehrung einen Amischen Mennoniten schließlich so weit gebracht hat, das anzuerkennen, dann kann man ihn fragen: »Was für einen Schaden richten Knöpfe an?« Wenn er einem nachweisen kann, daß sie tatsächlich schädlich sind, wird man seiner Anschauung beipflichten müssen, andernfalls wird er sich zur gegenteiligen Meinung bekehren müssen.

Bezüglich unmittelbarer Urteile über ›recht‹ und ›unrecht‹ ist jedoch ein Vorbehalt zu machen. Wenn eine Handlung, mag sie an sich auch harmlos sein, einen Menschen mit echten Gefühlen des Abscheus erfüllt, dann kann er nicht glücklich sein, wenn er mitansehen muß, daß sie ausgeführt wird. Wenn man einen Gast hätte, der das Kartenspiel am Sonntag für sündhaft hielte, würde man sich der Unfreundlichkeit schuldig machen, wenn man seine Gefühle nicht respektierte. So kann etwas, was als ›recht‹ oder ›unrecht‹ *angesehen wird*, wirklich recht bzw. unrecht werden, solange diese Ansicht herrscht. Das beweist nicht, daß die Ansicht der Wahrheit entspricht, sondern nur, daß sie Wünsche oder Abneigungen zu erregen vermag, die bei der Entscheidung darüber, was im Sinne von Wunschbefriedigung gut ist, mitspielen. Die Gefühle der Bewunderung oder des Abscheus, die Menschen gegenüber einer bestimmten Art von Handlungen empfinden, gehören tatsächlich zu den wichtigsten Faktoren der Entscheidung darüber, ob die betreffende Handlung recht oder unrecht ist.

Am schwierigsten ist eine moralische Streitfrage mit Vernunftsgründen zu entscheiden, wenn es sich um Fälle echter Meinungsverschiedenheit über Zwecke handelt. Solche Fälle sind weniger zahlreich, als es auf den ersten Blick scheint. Bis zur Mitte des 19. Jahrhunderts beachteten die russischen Aristokraten ihre Leibeigenen meist gar nicht, nicht weil sie eine andere Auffassung vom Guten hatten als die Gegner der Leibeigenschaft, sondern vielmehr weil sie glaubten, Leibeigene besäßen nicht die gleiche Empfindungsfähigkeit wie ihre Herren. Turgenjew vermittelte in den »Aufzeichnungen eines Jägers« mit der ganzen Kunst des großen Romanciers ein mitleiderregendes Bild von den Freuden und Leiden der Leibeigenen und weckte damit eine rousseauhafte Empfindsamkeit in liberal denkenden Grundbesitzern. Den gleichen Dienst erwies den Sklaven in den Vereinigten Staaten »Onkel Toms Hütte«. Als sich nicht mehr bestreiten ließ, daß die Unterdrückten Freuden und Leiden genauso zu empfinden vermochten wie ihre Unterdrücker, wurde in beiden Ländern diese grausame Einrichtung abgeschafft. Der Streit ging also bei ihren Gegnern wie bei ihren Anhängern in Wahrheit nicht um die Zwecke, sondern um die Tatsache der menschlichen Gefühle.

Wenn man von den Argumenten, die sich auf die Empfindungen von Sklaven beziehen, absieht, dann läßt sich die Sklaverei aus zwei Gründen vertreten: 1. sie ist wesentlich für die Zivilisation, 2. Sklaven zählen nicht, das heißt: sie sind bloße Mittel und ihre Erfahrungen sind weder gut noch schlecht. Nur der zweite Grund begreift ein die Zwecke betreffendes Argument ein. Der erste ist in einem gewissen Ausmaß wahr, in noch größerem freilich in bezug auf die Vergangenheit. Die ägyptischen und babylonischen Priester, die die Kunst des Schreibens und die Anfänge der Mathematik und der Astronomie entwickelten, besaßen die nötige Muße dazu, weil sie Sklaven hielten, und damals, als der einzelne Mensch kaum mehr mit seiner Arbeit zustande brachte, als was er zu seiner und seiner Kinder Erhaltung brauchte, wäre keine Rede von Muße gewesen, wenn es nicht bevorzugte Klassen gegeben hätte und zugleich andere, die zu schwerer Sklavenarbeit verurteilt waren. Die jungen Leute in Platons Dialogen treiben mit einer Hingabe Philosophie, die nur auf Grund finanzieller Sicherheit und eines reibungslos funktionierenden Sklavenhaushaltes möglich war. Lord Melbourne, dessen von Greville aufgezeichnete Gespräche in Holland-House noch heute durch ihre große Kultiviertheit entzücken, der mit so kultivierter Haltung die verschwenderischen Allüren duldete, die seine Gattin im Umgang mit Byron entwickelte, bezog sein Einkommen, das ihm solche Verdienste ermöglichte, aus elender Kinderarbeit in Kohlenbergwerken. Wir müssen also wohl zugeben, daß Sklaverei und soziale Ungerechtigkeit in der Vergangenheit, indem sie die Entwicklung der Zivilisation förderten, einem nützlichen Zwecke dienten. Ich werde nicht untersuchen, wieweit das heute noch der Fall ist, da ich mich nicht auf eine politische Debatte einlassen möchte.

Mit dem zweiten der oben erwähnten Gründe, die sich für die Sklaverei geltend machen lassen könnten, daß nämlich Sklaven bloße Mittel seien, werden Fragen angeschnitten, denen moralisch eine viel grundlegendere Bedeutung zukommt als den bisher besprochenen. Es sind im wesentlichen die gleichen Fragen, die wir im 5. Kapitel, Partielle und allgemeine Wohlfahrt, behandelt haben. Was für Erwägungen können einen Menschen veranlassen, zu verkünden, er wolle sich nur mit der Wohlfahrt einer bestimmten Gruppe oder gar nur mit seinem eigenen Wohl befassen? Der Egoist, der Nationalist, der Mensch, der sich nur um seine Gesellschaftsklasse oder um seine Glaubensgenossen kümmert, sie alle haben nur begrenzte Sympathien. Läßt sich irgend etwas geltend machen, was sie veranlassen könnte, diese Parteilichkeit in der Praxis, wenn nicht in der Theorie, aufzugeben?

Es ist klar, daß wir damit an die uralte Frage des Ausgleichs privater und öffentlicher Interessen rühren. Jeder Mensch, so stellten wir übereinstimmend fest, erstrebt zwangsläufig die Befriedigung der eigenen Wünsche; folglich wird er nur dann so handeln, daß die allgemeine Wohlfahrt damit gefördert wird, wenn seine eigenen Wünsche ihn zu Handlungen veranlassen, die zu diesem Ergebnis führen; sie können dieses Resultat haben, entweder weil er die allgemeine Wohlfahrt wünscht, oder weil das Sozialgefüge so beschaffen ist, daß seinen selbstischen Interessen am besten durch solche Handlungen gedient wird, die für die Allgemeinheit nützlich sind. Eine vollkommene Ausgewogenheit privater und öffentlicher Interessen halte ich kaum für möglich, und wo sie nicht möglich ist, versagen moralische Argumente, fürchte ich. Ich glaube aber, daß viel weniger Disharmonie herrscht, als man gewöhnlich glaubt.

Kehren wir noch einmal zum Beispiel der Sklaverei zurück. In einem Staat mit zahlreichen Sklaven sind dauernd Sklavenaufstände zu befürchten, die in der Tat ganz furchtbar sein können. Vor Angst werden die Sklavenhalter grausam, obwohl vielen von ihnen Grausamkeit sicherlich schrecklich ist. Mitgefühl mit dem Leiden, namentlich mit physischem Leiden, ist bis zu einem gewissen Grad eine natürliche Regung: Kinder fangen manchmal zu weinen an, wenn sie ihre Geschwister weinen hören. Diese natürliche Regung muß natürlich von den Sklavenhaltern unterdrückt werden, und damit schlägt sie leicht ins Gegenteil um und hat grundlose Grausamkeiten zur Folge. Solche Regungen sind aber keine ungemischten Triebe, und ihre Befriedigung führt nicht zur Zufriedenheit. Und je mehr man ihnen nachgibt, um so mächtiger wird die Angst. In einem solchen Leben kann es keinen inneren Frieden geben. Menschen, die sich an gemeinhin konzessionierten Formen sozialer Ungerechtigkeit nicht stoßen oder sie verwirklichen, werden vielleicht die heitere Gelassenheit der Weisen und Heiligen verachten, aber nur, weil sie es nicht besser wissen. Ich bin überzeugt, daß die vielen christlichen Heiligen, die der Welt entsagten und die Armut auf sich nahmen, ein größeres persönliches Glück gefunden haben, als wenn sie ihre Habe behalten hätten. Und sicherlich ist Sokrates bis zum letzten Atemzuge ein glücklicher Mensch gewesen.

Nehmen wir ein anderes Beispiel, das unseren heutigen Verhältnissen angemessener ist – den Nationalismus. Im gegenwärtigen Zeitpunkt (1946) gibt es überall in der Welt gereizte und mißtrauische Gruppen: Juden und Araber, Hindus und Moslems, Russen und Anglo-Amerikaner, von den unterdrückten Deutschen und Japanern ganz zu schweigen. Jede dieser Gruppen hält ihre Interessen für unvereinbar mit denen der jeweiligen Feindgruppe und verfolgt ohne moralische Bedenken, was sie für ihre Interessen ansieht, ganz gleich, was der Feind dabei einbüßt. Alle Staatsmänner sind sich darüber klar, daß, wenn es bei dieser Einstellung bleibt, das Ende ein neuer Weltkrieg ist, der mit Atombomben geführt wird und alle Beteiligten ins gemeinsame Verderben stürzt. Die Zionisten werden ausgerottet und ihre Errungenschaften im Gelobten Lande zerstört werden; die Araber werden nur in kleinen Häuflein in der Wüste weiterexistieren. Auch den Hindus werden ihre heiligen Städte zerstört, ihre Bevölkerung durch Krieg und Hunger auf einen kleinen Bruchteil ihres Bestandes reduziert und ihre fruchtbaren Gebiete in Wildnis verwandelt werden. Wenn keine Verständigung über Triest erzielt wird, wird es wie andere Städte zu existieren aufhören. Wenn Rußland und die westlichen Demokratien ihre Differenzen nicht auf friedlichem Wege bereinigen, wird es in Zukunft weder einen Kommunismus noch einen demokratischen Kapitalismus geben, sondern nur vagabundierende anarchische Räuberhorden. Keine der streitenden Gruppen wünscht das, aber es wird unweigerlich dazu kommen, wenn sie nicht einzusehen vermögen, wie weitgehend die wahren Interessen jeder Gruppe von der allgemeinen Wohlfahrt und nicht von der illusorischen Hoffnung auf ihren alleinigen Sieg abhängig sind.

Diese Gedankengänge veranschaulichen die Tatsache, daß es bei politischen Argumenten selten erforderlich ist, an moralische Gesichtspunkte zu appellieren, da das aufgeklärte Eigeninteresse gewöhnlich schon als Beweggrund ausreicht, um in Übereinstimmung mit dem allgemeinen Wohl zu handeln. Doch wenn auch im allgemeinen (nicht immer) der Appell an das eigene Interesse seine Wirkung nicht verfehlt, so ist er doch oftmals bei weitem nicht so wirkungsvoll wie ein Appell an altruistische Motive. Haß, Neid und Verachtung machen die Menschen blind für ihr eigenes Interesse; Mitleid und Erbarmen aber bewegen sie zu Handlungen, die für andere nützlich sind, selbst wenn dabei für das eigene Ich keine Vorteile zu erwarten sind. Edelmütige Gefühle werden wahrscheinlich eher als berechnende Selbstsucht zu den rechten Handlungen führen, zu denen auch der berechnende Egoismus raten würde, wenn die Rechnung stimmte; aber solange die Herzen der Menschen kalt bleiben, werden sie wahrscheinlich mit Blindheit geschlagen sein gegenüber der Tatsache, daß Zusammenarbeit gewöhnlich für beide Teile vorteilhafter ist als Konkurrenzkampf.

Wenn es sich tatsächlich um einen echten Konflikt zwischen den beiderseitigen Gesamtwünschen zweier Menschen handelt – wenn zum Beispiel zwei Zustände möglich sind, von denen der eine mehr A, der andere mehr B zusagt –, dann lassen sich Gründe weder zugunsten des einen noch Argumente gegen den anderen anführen, solange wir uns auf diese beiden Personen beschränken. Aber das besagt nicht ganz das, was es vielleicht zu besagen scheint, denn A und B haben die Wünsche anderer zu berücksichtigen. Wenn A B's Geld stehlen möchte, dann würde dieses Verlangen wahrscheinlich vereitelt werden durch den Wunsch, Tadel und Strafe zu vermeiden. Jedes Individuum könnte vom Stehlen profitieren, wenn es der einzige Dieb wäre; aber jedem kommt es zugute, daß andere sich des Diebstahls enthalten. In solchen Fällen besteht ein allgemeines Interesse, das dem widerspricht, was das Interesse von Einzelnen wäre, wenn sich dieses Gemeininteresse nicht geltend machen könnte. Gesetz und Regierung sind Einrichtungen, durch die das allgemeine Interesse dem Einzelnen zu Bewußtsein gebracht werden soll; die öffentliche Meinung besorgt das in Form von Lob und Tadel. Folglich hält die große Mehrheit der Bevölkerung dort, wo die Polizei tüchtig ist, es für vorteilhafter, keine Delikte zu begehen. Doch sobald es sich um die Beziehungen souveräner Staaten handelt, wo es kein Gesetz und keine Regierung gibt, da sind die Argumente gegen den nationalen Egoismus auf Kosten der übrigen Welt zwar stichhaltig, aber nicht handgreiflich genug, um von Staatsmännern oder von großen Teilen der Völker verstanden zu werden.

Worin ein Mensch sein Glück sieht, das hängt von seinen Leidenschaften ab, und diese wiederum sind durch seine Erziehung, seine sozialen Verhältnisse und seine angeborene Veranlagung bedingt. Es ist klar, daß man die Aufmerksamkeit junger Menschen entweder auf solche Dinge lenken kann, bei denen ihre Interessen mit denen anderer harmonieren, oder aber auf solche, bei denen sich Konflikte ergeben. Zur Zeit werden in den Schulen fast in aller Welt die Kinder zur Zusammenarbeit nur innerhalb des eigenen Volkes, sonst aber zum Wettbewerb allerorten erzogen. Diese Methode führt unser Zeitalter einem katastrophalen Ende entgegen, und der Erfolg wird vermutlich der sein, daß keiner von denen, die jetzt zur Schule gehen, das mittlere Lebensalter erreicht. Genausogut könnte Loyalität gegenüber der Menschheit gelehrt und auf dieser Empfindung ein internationales Staatswesen gegründet werden, womit das Glück und das Wohlergehen der Menschheit eine bisher noch nicht annähernd erreichte Höhe erlangen würden. Aber keiner Großmacht würde es auch nur im Traume einfallen, sich zu einer solchen Maßnahme geistiger Abrüstung zu entschließen, obwohl sich alle darüber klar sind, daß die Fortsetzung der jetzigen Politik mit der allgemeinen Vernichtung bezahlt werden wird.

Zum Abschluß dieses Kapitels möchte ich die Gesamtheit der im vorhergehenden Kapitel besprochenen Argumente einer Auffassung gegenüberstellen, die man als Anschauung Nietzsches bezeichnen kann, daß nämlich nur ein Ausschnitt der Menschheit als Zweck in

Betracht komme, während der Rest nur Mittel sei. Vor allem wird diese Theorie, wenn diese Abgrenzung vorgenommen wird, für alle unannehmbar, die nicht zu diesem Ausschnitt gehören; man kann zum Beispiel nicht erwarten, daß Menschen, die keine Weißen sind, sich damit einverstanden erklären, daß die Welt nur für das Wohlergehen der Weißen dasein soll. Solange die Weißen den Vorrang beanspruchen, werden Menschen mit anderer Hautfarbe die Menschenrechte predigen und alle Menschen als gleich erklären. Wenn aber andersfarbige Menschen gewisse Erfolgsaussichten haben, wie es sich zum Beispiel die Japaner nach Pearl Harbor einbildeten, dann werden sie sich zu Nietzsches Theorie bekennen und einfach ›gelb‹ anstelle von ›weiß‹ setzen – ein Austausch, der logisch keine Rolle spielt. Dann werden wiederum sie besiegt und die gleichen Ansprüche von braunen oder schwarzen Menschen geltend gemacht werden. Ich habe sogar einmal einen mexikanischen Marxisten kennengelernt, der auf dem Standpunkt stand, die eigentliche Botschaft von Marx sei der Vorrang der Indianer, weil von den Indianern in Mexiko keiner Kapitalist sei. Es ist klar, daß diese Theorie vom Vorrang eines Ausschnitts der Menschheit endlose Debatten zur Folge haben kann, wobei von Zeit zu Zeit die Ansichten darüber wechseln, welcher Gruppe der Vorrang gebührt. In jedem Stadium wird es an Unterdrückung und Grausamkeit nicht fehlen, um den Vorrang der jeweiligen Herren der Welt zu sichern. Stets wird die Angst vor Aufruhr, wird Tyrannenpolitik und unwilliges Dulden das Los großer Teile der Menschheit sein. Die Machthaber werden nicht restlos glücklich sein, da sie Ermordung oder Umsturz zu befürchten haben. Die herrschende Rasse wird ihr Herz vor dem Mitleid und ihre Vernunft vor den Tatsachen verriegeln müssen. Schließlich wird blutiger Aufstand ihnen ein Ende machen. Sehenden Blicks würde sich niemand ein solches Leben wünschen. Nietzsches Theorie ist ein Traum, aber ein entsetzlicher Angsttraum.

9 Gibt es ein sittliches Wissen?

Nun kommen wir endlich zu dem Problem, zu dem alle unsere vorhergehenden Erörterungen hinleiten sollten. Die Frage läßt sich technisch-nüchtern formulieren oder in einer Sprache, worin zum Ausdruck kommt, daß es sich hier um Dinge von großer emotionaler Bedeutung handelt. Wir wollen mit dem zweiten beginnen.

Wenn wir sagen: »Grausamkeit ist unrecht« oder: »Du sollst deinen Nächsten lieben wie dich selbst«, sprechen wir dann etwas aus, was etwas unpersönlich Wahres oder Falsches enthält oder drücken wir damit nur aus, was wir selbst für besser halten? Stellen wir eine Behauptung auf, wenn wir sagen: »Die Lust ist gut und der Schmerz ist schlecht«, oder geben wir nur einer Empfindung Ausdruck, die sich in einer anderen grammatischen Form genauer ausdrücken ließe, etwa »Hoch die Lust und fort mit den öden Sorgen«? Wenn Menschen einer politischen Angelegenheit wegen streiten oder in den Krieg ziehen, liegt dem ein Sinn zugrunde, in dem die eine Seite mehr im Recht ist als die andere, oder handelt es sich um eine bloße Kraftprobe? Ist etwas Besonderes damit gemeint und, wenn ja, was, wenn man sagt, eine Welt, in der die Menschen glücklich seien, sei besser als eine, in der sie unglücklich seien? Ich für meinen Teil finde die Vorstellung unerträglich, daß, wenn ich sage: »Grausamkeit ist schlecht«, ich damit nur ausdrücken sollte: »Ich mißbillige Grausamkeit« oder etwas ähnlich Subjektives. Ich möchte im folgenden erörtern, ob es in der Sittlichkeit etwas gibt, was sich bei letzter Zergliederung als nicht subjektiv erweist.

Und das gleiche Problem in einer mehr technischen Sprache ausgedrückt: wenn wir untersuchen, welchen Charakter sittliche Behauptungen haben, so finden wir, daß sie im Unterschied zu Aussagen, die Tatsachen feststellen, den Ausdruck ›sollen‹ oder ›gut‹ oder beide Synonyma dieser Ausdrücke enthalten. Gehören diese Bezeichnungen zum Grundstock des sittlichen Vokabulars oder lassen sie sich in Ausdrücken des Wünschens, Empfindens und Fühlens definieren? Und wenn ja, beziehen sie sich vornehmlich auf die Wünsche, Empfindungen und Gefühle der Person, die diese Wörter gebraucht, oder auf die allgemeinen Wünsche, Empfindungen und Gefühle der Menschheit? Wörter wie zum Beispiel ›Ich‹, ›hier‹, ›jetzt‹ haben für jede Person, die sie gebraucht, eine andere Bedeutung, sogar bei den verschiedenen Gelegenheiten, bei denen sie gebraucht werden. Solche Wörter bezeichne ich als ›egozentrisch‹. Unsere Frage lautet: sind sittliche Termini egozentrisch?

Bei der Erörterung der obigen Fragen werde ich kurz einige Argumente wiederholen, von denen schon in früheren Kapiteln ausführlicher die Rede war; jetzt aber müssen wir uns entscheiden und dürfen nicht wie zuvor viele Fragen offen lassen.

Es ließe sich die Theorie aufstellen, daß ›sollen‹ undefinierbar sei und wir dank moralischer Intuition einen oder mehrere Vorschläge zu den Arten von Handlungen wüßten, die wir ausführen sollen oder nicht sollen. *Logisch* ist gegen diese Theorie nichts einzuwenden, und ich will sie auch nicht gänzlich ablehnen. Sie hat jedoch einen großen Nachteil: es besteht nämlich keine allgemeine Übereinstimmung darüber, welche Arten von Handlungen getan werden sollen, und die Theorie gibt uns kein Mittel an die Hand, zu entscheiden, wer bei Meinungsverschiedenheiten im Recht ist. Damit wird sie praktisch, wenn auch nicht theoretisch, zu einer egozentrischen Lehre. Wenn A sagt: »Sie sollten dies tun« und B sagt: »Nein, Sie sollten jenes tun«, so wissen Sie nur, daß das ihre Ansichten sind, und haben keine Möglichkeit, sich zu vergewissern, ob eine davon richtig ist und wenn ja, welche. Es bleibt Ihnen dann nichts weiter übrig als kurz und bündig zu erklären: »Im Zweifelsfalle habe ich recht und wer anders denkt, irrt sich.« Aber da diejenigen, die anderer Meinung sind, einen ähnlichen Anspruch erheben, entpuppt sich die moralische Kontroverse als bloße Kollision sich den Rang streitig machender Dogmen. Diese Erwägungen veranlassen uns, das ›Sollen‹ als sittlichen Grundbegriff fallen zu lassen. Wir wollen sehen, ob wir mit dem Begriff ›gut‹ weiterkommen.

Wir nennen etwas ›gut‹, wenn es, unabhängig von seinen Auswirkungen, an sich Wert hat. Vielleicht ersetzen wir besser den Ausdruck ›gut‹, da er zweideutig ist, durch den Ausdruck ›innerer Wert‹. Dann besagt also die Theorie, die wir nun zu untersuchen haben, daß es etwas Undefinierbares gibt, was wir als ›inneren Wert‹ bezeichnen, und daß wir infolge einer moralischen Intuition von anderer Art als die für das ›Sollen‹ maßgebliche wissen, daß bestimmte Arten von Dingen inneren Wert haben. Der Terminus hat ein Negativum, dem wir die Bezeichnung ›Unwert‹ geben wollen. Eine moralische Intuition dieser Art, die der von uns erörterten Theorie entspricht, wäre etwa ›Die Lust hat inneren Wert, der Schmerz hat inneren Unwert«. Nun werden wir ›sollen‹ in Ausdrücken des inneren Wertes definieren: ein Akt ›soll‹ vollzogen werden, wenn er von allen möglichen Akten derjenige ist, der den größten inneren Wert hat. Diese Definition müssen wir durch folgendes Prinzip ergänzen: »Der Akt mit dem größten inneren Wert ist wahrscheinlich derjenige, durch den der innere Wert den inneren Unwert am stärksten überwiegt oder der innere Unwert am wenigsten den inneren Wert übersteigt.« Innerer Wert und Unwert werden als gleich definiert, wenn beide zusammen den inneren Wert Null ergeben.

Wie die vorhergehenden Theorien ist auch diese logisch nicht zu widerlegen. Gegenüber der Theorie, die das ›Sollen‹ zum Grundbegriff macht, hat sie den Vorzug, daß viel weniger Unstimmigkeit darüber herrscht, was inneren Wert hat, als über das, was getan werden soll. Und wenn wir den Meinungsverschiedenheiten bezüglich dessen, was getan werden soll, auf den Grund gehen, dann werden wir gewöhnlich, wenn auch vielleicht nicht immer, finden, daß sie auf Unstimmigkeiten über die Auswirkungen von Handlungen beruhen. Ein Wilder kann glauben, daß die Verletzung eines Tabus den Tod herbeiführe; gewisse Sabbatisten glaubten, daß Sonntagsarbeit zur Niederlage im Kriege führe. Solche Gedankengänge lassen vermuten, daß sittliche Normen tatsächlich auf einer Bewertung der Folgen fußen, auch wenn sie absolut zu sein scheinen. Und wenn wir die Sittlichkeit einer Handlung nach ihren Auswirkungen beurteilen, sind wir anscheinend gezwungen, eine Definition des ›Sollens‹ gelten zu lassen, wie sie am Ende des letzten Abschnitts vorgeschlagen wurde. Unsere gegenwärtige Theorie bedeutet also eine entschiedene Verbesserung gegenüber derjenigen, nach der ›sollen‹ undefinierbar ist.

Trotzdem lassen sich dagegen gewisse Einwände erheben, von denen einige den früheren analog, andere dagegen neuartig sind. Obwohl über den inneren Wert größere Übereinstimmung herrscht als über Verhaltungsregeln, gibt es doch einige wirklich ernste Meinungsverschiedenheiten. Eine davon betrifft die Bestrafung als Vergeltungsmaßnahme. Hat es inneren Wert, denjenigen Schmerz zuzufügen, deren Handlungen inneren Unwert haben? Wer an die Hölle glaubt, muß die Frage bejahen, und das müssen auch alle diejenigen, die der Überzeugung sind, das Strafrecht solle nicht nur der Abschreckung und Besserung dienen. Einige strenge Moralisten haben behauptet, die Lust habe keinen inneren Wert, aber in diesem Punkt halte ich sie für nicht ganz aufrichtig, denn sie behaupten gleichzeitig, der Tugendhafte werde im Himmel glücklich sein. Das Problem der Strafe als Vergeltungsmaßnahme ist ernster, da es auch hier, wie im Falle der Meinungsverschiedenheit über sittliche Normen, keine Möglichkeit der Entscheidung gibt: wenn Sie sie für gut halten und ich für schlecht, dann können wir beide keinerlei Gründe zur Rechtfertigung unserer Überzeugung anführen.

Nun gibt es eine ganz andere Art der Überlegung, die zwar nicht restlos überzeugt, die aber doch die Auffassung, der innere Wert sei undefinierbar, zweifelhaft erscheinen läßt. Wenn wir den Dingen auf den Grund gehen, denen wir einen inneren Wert beizumessen geneigt sind, dann sehen wir, daß es sich stets um Dinge handelt, die begehrt oder genossen werden. Wir können uns schwerlich vorstellen, daß in einem fühllosen Universum etwas Wert haben könnte. Das deutet darauf hin, daß der ›innere Wert‹ sich in Ausdrücken des Wünschens oder der Lust oder beider definieren läßt.

Wenn wir sagen: »Die Lust ist gut und der Schmerz ist schlecht«, meinen wir dann noch etwas mehr als nur »Die Lust lieben wir, aber den Schmerz lieben wir nicht«? Anscheinend meinen wir etwas mehr als das, aber auch das gehört sicherlich zu dem, was wir meinen. Wir können nicht allem, was begehrt wird, inneren Wert beilegen, weil die verschiedenen Wünsche miteinander in Konflikt geraten, zum Beispiel im Kriege, wo sich jede Seite den Sieg ersehnt. Wir könnten vielleicht diese Schwierigkeit umgehen, indem wir sagen, nur Gemütsverfassungen hätten inneren Wert. Wenn A und B um die Wette nach etwas streben, was nur einem von beiden zuteil werden kann, dann werden wir in diesem Falle sagen, der innere Wert stecke in dem Lustgefühl des Siegers, ganz gleich, wer von beiden siegt. Jetzt gibt es nichts, dem einer von beiden inneren Wert beimißt, während der andere ihm inneren Unwert zuspricht. A kann zugeben, daß das Lustgefühl, das B bei seinem Siege empfindet, inneren Wert hat; aber er kann einwenden, daß B's Sieg dennoch seiner Auswirkung wegen nach Möglichkeit verhindert werden müsse. Wir werden uns also folgende Definition überlegen: »Innerer Wert ist die Eigenschaft einer Gemütsverfassung, die eine Person sich ersehnt.« Diese Definition unterscheidet sich nur sehr wenig von der Auffassung, das Gute sei die Lust. Wir kommen sogar dem Guten im Sinne von Lust näher, wenn wir in der obigen Definition statt ›sich ersehnt‹ ›genießt‹ sagen.

Ich halte zwar den Satz »Das Gute ist die Lust« für nicht ganz korrekt, glaube aber, daß die meisten Schwierigkeiten in der Ethik die gleichen bleiben, ob wir diesen Satz gelten lassen oder uns für einen anderen entscheiden, der mir exakter zu sein scheint. Der Einfachheit halber werde ich es also im Augenblick hypothetisch bei der hedonistischen Definition des Guten bewenden lassen. Es bleibt nun die Frage, wie diese Definition auf unsere sittlichen Gefühle und Überzeugungen anzuwenden ist.

Henry Sidgwick hat in seinen »Methods of Ethics« ausführlich dargelegt, daß alle allgemein anerkannten sittlichen Regeln sich von dem Grundsatz ableiten ließen, wir sollten die größtmögliche Lust anstreben; er behauptet sogar, dieses Prinzip erkläre auch gelegentliche Ausnahmen, die zugestandenermaßen bei sittlichen Geboten vorkommen könnten. Es gibt Situationen, in denen es die meisten Menschen als recht bezeichnen würden, eine Lüge auszusprechen, ein Versprechen zu brechen, zu stehlen oder zu töten; alle diese Fälle sind mit dem hedonistischen Grundsatz nicht zu erklären. Ich halte in bezug auf den Moralkodex zivilisierter Gemeinwesen Sidgwicks Anschauung im allgemeinen für richtig, jedenfalls habe ich vorbehaltlich dieser Einschränkung nicht die Absicht, sie zu widerlegen.

Was werden wir nun auf Grund dieser Theorie über Lob und Tadel sagen? Wenn der Tadel überlegt ist, ist er Empfindung und Urteil zugleich: ich empfinde Abneigung gegenüber der Handlung, die ich tadele, und ich urteile, daß ich recht daran tue, diese Abneigung zu empfinden. Die Empfindung ist einfach eine Tatsache, ein theoretisches Problem wird damit nicht angeschnitten; das Urteil dagegen ist eine schwierigere Angelegenheit. Wenn ich eine Handlung als recht beurteile, so *meine* ich damit sicher nicht, daß es die bestgeeignete Handlung zur Vermehrung der Lust ist, denn dann wäre es logisch unmöglich, über den Hedonismus zu streiten, und das ist es nicht. Vielleicht ist es in Wirklichkeit gar kein Urteil, sondern wiederum eine Empfindung, ein Gefühl der Billigung nämlich gegenüber dem, was mir zusagt und was mir mißfällt. Wenn ich eine Handlung mit Überlegung und nicht impulsiv tadele, so mag ich gemäß dieser Ansicht diese Handlung nicht und habe gegenüber meiner Abneigung eine Empfindung der Billigung.

Jemand, der in Fragen der Ethik mit mir nicht übereinstimmt, kann meine Billigung mißbilligen; er wird seiner Empfindung einen Ausdruck geben, der ein Urteil zu sein *scheint*, indem er sagt: »Sie hätten diese Handlung nicht tadeln sollen«, oder dergleichen. Aber nach unserer gegenwärtigen Theorie drückt er immer noch eine Empfindung aus; keiner von uns beiden stellt eine Behauptung auf, und deshalb handelt es sich bei uns beiden nur um einen praktischen, nicht um einen theoretischen Meinungsstreit.

Wenn wir ›recht‹ definieren wollen, liegt die Sache anders. Wir können dann ein *Urteil* fällen: »Das ist recht.« Wenn unsere Definition von ›recht‹ keine widerspruchsvollen Ergebnisse haben soll, dann muß sie so aussehen, daß, wenn definitionsgemäß eine Handlung ›recht‹ ist, sie in der Regel ein Akt sein muß, bei dem wir das Gefühl der Billigung haben, und wenn die Handlung unrecht ist, muß sie ein Akt sein, dem gegenüber wir Widerwillen empfinden. Wir kommen so dahin, eine gemeinsame Eigenschaft möglichst vieler allgemein gebilligter (oder mißbilligter) Akte zu suchen. Wenn *alle* eine solche gemeinsame Eigenschaft hätten, würden wir ohne Bedenken diese als ›recht‹ definieren. Aber wir finden in dieser Art nicht ganz das Passende. Was wir finden, ist, daß die meisten der Handlungen, bei denen die Menschen das Gefühl der Billigung haben, eine bestimmte Eigenschaft gemein haben, und daß die Ausnahmehandlungen, die diese Eigenschaft nicht haben, gewöhnlich nicht mehr Anklang finden, sobald sich die Leute über ihren Ausnahmecharakter klargeworden sind. In gewissem Sinne können wir dann sagen, es sei ein Fehler, solche Handlungen zu billigen.

Nun können wir eine Reihe grundlegender Sätze und Definitionen in der Ethik aufstellen.

1. Bei einem Überblick über die Handlungen, die Empfindungen der Billigung oder der Mißbilligung erwecken, finden wir in der Regel, daß diejenigen Akte, die gebilligt werden, Handlungen sind, bei denen angenommen wird, daß sie per saldo wahrscheinlich Auswirkungen einer bestimmten Art haben werden, während man gegenteilige Wirkungen von Handlungen erwartet, die gemißbilligt werden.

2. Auswirkungen, die Billigung finden, werden als ›gut‹ definiert und als ›schlecht‹ solche, die Mißbilligung erregen.

3. Eine Handlung, deren Folgen allem Anschein nach wahrscheinlich besser sein werden als die einer anderen unter den gleichen Umständen möglichen Handlung, wird als ›recht‹ definiert; jede andere Handlung ist ›unrecht‹. Was wir tun ›sollen‹, ist, nach Definition, die Handlung, die recht ist.

4. Es ist recht, gegenüber einer rechten Handlung das Gefühl der Billigung zu haben und das der Mißbilligung gegenüber einer unrechten Handlung.

Diese Definitionen und Setzungen ergeben, wenn sie angenommen werden, ein zusammenhängendes Ganzes moralischer Aussagen, welche richtig (oder falsch) sind in dem gleichen Sinne als wenn es sich um wissenschaftliche Behauptungen handelte.

Es ist klar, daß die Schwierigkeiten hauptsächlich mit dem ersten Satz der obigen Reihe zusammenhängen. Wir müssen ihn daher genauer untersuchen.

Wir haben in den vorhergehenden Kapiteln gesehen, daß die einzelnen Gesellschaften in den verschiedenen Epochen sehr mannigfaltige Handlungen gebilligt haben. Primitive Gemeinwesen haben in einem bestimmten Entwicklungsstadium den Kannibalismus und das Menschenopfer gebilligt. Die Spartaner billigten die gleichgeschlechtliche Liebe, die von Juden und Christen verabscheut wurde. Bis ins späte 17. Jahrhundert billigte fast jedermann die Verbrennung angeblicher Hexen, die wir heute als sinnlose Grausamkeit ansehen. Diese Unterschiede aber wurzelten in Glaubensunterschieden bezüglich der Auswirkungen von Handlungen. Das Menschenopfer, so glaubte man, fördere die Fruchtbarkeit. Die Spartaner glaubten, die gleichgeschlechtliche Liebe steigere den Kampfesmut. Vielleicht würden wir auch heute noch die Hinrichtung von Hexen gutheißen, wenn wir an die schädlichen Kräfte glaubten, die man ihnen im Mittelalter zuschrieb. Der diesbezügliche Unterschied zwischen uns und anderen Zeitaltern ist auf die Verschiedenheit ihrer und unserer Ansichten über die Auswirkungen von Handlungen zurückzuführen. Was sie verdammten, waren die Handlungen, die nach ihrer Meinung bestimmte Wirkungen haben würden, und darin stimmen wir mit ihnen überein, daß solche Wirkungen möglichst zu vermeiden sind.

Damit kommen wir zu der Schlußfolgerung, daß unter der Menschheit mehr Übereinstimmung über die von uns zu erstrebenden Wirkungen herrscht als über die Arten der Handlungen, die gebilligt werden. Ich halte die Behauptung Sidgwicks, daß diejenigen Handlungen, die Billigung finden, Akte sind, die wahrscheinlich Glück oder Lust herbeiführen, allgemein gesprochen für richtig. Es kann leicht vorkommen, daß ein altes Tabu, dessen Verletzung einst als verhängnisvoll galt, kraft der Gewohnheit und der Tradition fortlebt, auch wenn der Glaube, aus dem es entstanden ist, längst vergessen ist. In solchen Fällen aber ist das Fortleben des Tabus gefährdet; es kann leicht von denen über Bord geworfen werden, die auf Reisen oder beim Studium Sitten kennenlernen, die anders sind als die, unter denen sie aufgewachsen sind.

Ich glaube indessen nicht, daß wir mit der Lust der gemeinsamen Eigenschaft vorwiegend gebilligter Handlungen am nächsten kommen werden. Wir müssen wohl Dinge wie die Intelligenz und das ästhetische Empfinden miteinbeziehen. Auch wenn wir wirklich davon überzeugt wären, daß Schweine glücklicher sind als Menschen, würden wir darum nicht die Hilfeleistung Circes begrüßen. Wenn es Wunder gäbe und wir uns just das Leben aussuchen könnten, das wir am liebsten führten, dann würden die meisten von uns ein Leben vorziehen, in dem uns wenigstens zeitweilig die sublimen Genüsse der Kunst und der Geisteswelt zuteil würden, und nicht eines, das ausschließlich in Huris, guten Weinen und heißen Bädern besteht – zum Teil zweifellos aus Angst vor Übersättigung, aber nicht nur deswegen. Wir werten Lustgefühle in der Tat nicht nach ihrer Intensität; manche Freuden erscheinen uns ihrer inneren Natur nach ersehnenswerter als andere.

Gibt man zu, daß die große Mehrzahl gebilligter Handlungen Akte sind, von denen bestimmte Wirkungen zu erwarten sind, und erweist sich außerdem, daß Ausnahmehandlungen, die, ohne diesen Charakter zu haben, zunächst gutgeheißen werden, meist dann aber nicht mehr

Billigung finden, sobald ihr Ausnahmecharakter erkannt worden ist, dann kann man unter Umständen in gewissem Sinne von einem sittlichen Irrtum sprechen. Wir können sagen, es sei ›unrecht‹, solche Ausnahmehandlungen zu billigen, womit wir meinen, daß eine solche Billigung nicht die Wirkung habe, welche die große Mehrheit gebilligter Handlungen kennzeichnen und die wir übereinstimmend zum Kriterium dessen, was ›recht‹ ist, gemacht haben.

Auch wenn die Sittlichkeit nach der obigen Theorie Aussagen enthält, die richtig oder falsch und nicht bloße Optative oder Imperative sind, fußt sie dennoch auf einer Grundlage des Fühlens und Empfindens: auf dem Gefühl der Billigung und der Empfindung des Genusses oder der Befriedigung, wobei das erste in der Definition von ›recht‹ und ›unrecht‹ und die zweite in der des ›inneren Wertes‹ steckt. Der Appell, auf den wir bei Annahme unserer sittlichen Theorie angewiesen sind, richtet sich nicht an Wahrnehmungstatsachen, sondern an die Empfindungen und Gefühle, aus denen die Begriffe ›recht‹ und ›unrecht‹, ›gut‹ und ›schlecht‹ hervorgegangen sind.

10   Die sittliche Autorität

Gegen ein Moralsystem, wie wir es entwickelt haben, werden gemeinhin verschiedene Einwände geltend gemacht. Unter anderem der, daß es bezüglich der sittlichen Normen, die keine weitere Grundlage hätten als die von uns in den vorhergehenden Kapiteln angedeutete, an einer Autorität zu fehlen scheine. Ich werde mich in diesem Kapitel mit diesem Einwand beschäftigen. Zunächst wollen wir überlegen, was wir unter ›Autorität‹ verstehen. Da gibt es zunächst die menschliche Autorität und für die Strenggläubigen die göttliche. Dann gibt es die Autorität der Wahrheit und die des Gewissens. In rechtgläubigen Moralsystemen sind sie alle miteinander vereinigt. »Warum soll ich soundso handeln?« »Weil es Gottes Wille ist – weil die Gemeinschaft es gutheißt – weil es eine ewige Wahrheit ist, daß du soundso handeln sollst – weil dein Gewissen, wenn du darauf hörst, dir sagt, daß du gerade dies tun sollst.« Vor dieser moralischen Breitseite werden Ihre fleischlichen Gelüste hoffentlich beschämt zurückschrecken. Anscheinend meint man, daß ein Gemeinwesen, in dem alle diese verschiedenen Autoritäten anerkannt werden, eher tun wird, was es soll, als eines, in dem weltlichere Gesichtspunkte maßgebend sind. Das gilt als so selbstverständlich, daß auf eine statistische Nachprüfung verzichtet wird. Sie würde wahrscheinlich zu einem überraschenden Ergebnis führen. Vergleichen wir einmal zwei Staaten miteinander, z. B. Italien im 13. Jahrhundert und das moderne England. Im ersten glaubte praktisch jedermann, daß Notzucht mit der Hölle bestraft werde, wenn ihr nicht die gehörige Reue folgte. Im modernen England glauben das nur wenige. Soweit man aber Salimbene Glauben schenken darf, war die Neigung zur Notzucht nirgends so sehr verbreitet wie bei italienischen Mönchen im 13. Jahrhundert, wenn man von ein paar bekannten Verbrechern im modernen England absieht. Ein breiter Überblick über die Geschichte läßt es, scheint mir, ziemlich zweifelhaft erscheinen, daß solche moralischen Gebote, deren sittlicher Wert ohne weiteres einleuchtet, dort mehr befolgt werden sollten, wo sie die erwähnte vierfache Autorität als Stütze haben, als in freier denkenden Gemeinwesen. Dies jedoch nur nebenbei; wir müssen nun den Schwierigkeiten zu Leibe gehen, die sich wahrscheinlich bemerkbar machen werden.

Zum Ansatzpunkt unserer Überlegungen können wir zwei Fragen machen: A. Warum soll ich das tun, von dem du behauptest, ich müsse es tun? B. Wie sollen wir entscheiden, wenn moralische Meinungsverschiedenheiten auftreten? Wir wollen mit A beginnen.

Hier gibt es zunächst eine religiöse Antwort, die den Vorzug der Einfachheit hat. Du sollst tun, was ich dir sage, weil es der Wille Gottes ist. Wen diese einfache Antwort nicht überzeugt, der kann zweierlei darauf erwidern. Er kann sagen: »Woher weißt du, daß das Gottes Wille ist?« oder »Warum soll ich Gottes Willen gehorchen?« Auf die zweite der beiden Fragen gibt es eine einfache Antwort: »Gott ist allmächtig, und wenn du seinem Willen nicht gehorchst, wird er dich bestrafen. Gehorchst du aber, dann kannst du in den Himmel kommen.« Dieser Antwort liegt ein egoistischer Hedonismus zugrunde, nämlich die Lehre, jeder Mensch solle sich ein Höchstmaß an Lust verschaffen. Das ist von jeher die christliche Lehre gewesen, wenn auch wortgewandte Moralprediger sie in erbauliche Phrasen zu kleiden versucht haben. Dadurch wird die Sittlichkeit unterscheidbar von der praktischen Klugheit, die man definieren kann als das Ertragen eines kleinen gegenwärtigen Übels um eines großen künftigen Gutes willen. Die Gründe, die diese Doktrin für die Tugend anführt, sind genau die gleichen wie die, welche es nicht ratsam erscheinen lassen, über seine Verhältnisse zu leben. Moralisch unterscheidet sich die Doktrin von der Lehre der weltlichen Moralisten überhaupt nicht, sondern nur in einer rein tatsächlichen Frage, nämlich: werde ich mich im Himmel ewiger Seligkeit erfreuen, wenn ich A tue, aber ewige Pein in der Hölle leiden, wenn ich B tue? Das ist keine moralische Frage. Ich will sie daher nicht weiter erörtern.

Interessanter ist die Frage: »Woher weiß ich, was Gottes Wille ist?« Strenggläubige Moralschriftsteller betonen immer ganz besonders, daß *ihr* System objektiv, das weltlicher Moralisten dagegen subjektiv sei. Ich halte das für ganz unzutreffend. Eine Lehre ist objektiv, wenn sie mit Beweisgründen, die allgemein als stichhaltig anerkannt werden, aus Tatsachen abgeleitet wird, die außer Zweifel stehen. Es muß eine Methode geben, an diejenigen, die nicht schon an die Lehre glauben, mit Argumenten zu appellieren, deren Stichhaltigkeit sie schließlich anerkennen. Auch in der Wissenschaft gibt es strittige Fälle, aber auch anerkannte Methoden, eine Entscheidung herbeizuführen. Das ist nicht der Fall, wenn der Streit um den Willen Gottes geht. Die Protestanten erklären uns oder pflegten uns zu erklären, es sei gegen den Willen Gottes, sonntags zu arbeiten. Die Juden aber behaupteten, der Sonnabend sei der Tag, an dem Gott zu arbeiten verbiete. Neunzehn Jahrhunderte lang hat über diesen Punkt Unstimmigkeit geherrscht, und ich wüßte keine Möglichkeit, ihr ein Ende zu machen – außer Hitlers Todeskammern, die im allgemeinen nicht als legitimes Verfahren bei einer wissenschaftlichen Streitfrage angesehen werden würden. Juden und Mohammedaner versichern uns, daß Gott das Schweinefleisch verbiete, die Hindus dagegen behaupten das gleiche vom Rindfleisch. Die Meinungsverschiedenheit über diesen Punkt hat vor nicht langer Zeit die Niedermetzelung von Hunderttausenden zur Folge gehabt. Man kann also wohl schwerlich behaupten, daß der Wille Gottes die Grundlage für eine objektive Ethik liefere.

Warum klammern sich die Menschen dann so hartnäckig daran? Teils aus Tradition, teils auch aus anderen Gründen. Er gibt ihnen eine Sicherheit und Gewißheit, die sie sonst wahrscheinlich entbehren würden. Der Mahnruf »Vorwärts, christliche Soldaten, auf! Es geht zum Streit!« verleiht belebende Kraft. Von denen, die in dem Glauben einig sind, daß der Wille Gottes gewisse Dinge gern sieht, die der Feind nicht tut, erwartet man, daß sie den Gegner mit größerer Hingabe und Energie und mit weniger Bedenken bekämpfen, als wenn dieser Glaube sie nicht inspirierte. Wenn ich gelegentlich mit Menschen in Berührung kam, die unsere Streitkräfte befehligen, dann stellte ich fest, daß sie fast alle tief religiös sind, und wenn ich ihrem Glauben auf den Grund ging, dann merkte ich gewöhnlich, daß sie der Auffassung sind, der Glaube an das Christentum bedeute eine Ermutigung für diejenigen, die bestimmt sind, Wasserstoffbomben abzuwerfen. Ich will im Augenblick dieses Thema nicht erörtern, da es eher in die Politik als in die Ethik gehört. Ich möchte nur bemerken, daß ich, der ich meine Ethik keiner übernatürlichen Quelle verdanke, nicht ganz davon überzeugt bin, daß die Bereitschaft zum Massenmord großen Stils moralische Bewunderung verdient.

Wer rein sachlich wie ich die Frage ergründen will, was der Wille Gottes ist, wird sich nicht mit den Ansichten seiner unmittelbaren Umgebung begnügen, sondern den führenden Persönlichkeiten in der gesamten religiösen Gedankenwelt einen Fragebogen zusenden, da sie, nicht er, angeblich das nötige Wissen besitzen. Er wird große Schwierigkeiten haben, auch nur einen Punkt zu finden, in dem alle übereinstimmen, und schließlich wird er die Schlußfolgerung ziehen müssen, daß auf diesem Wege jedenfalls keine ethische Objektivität zu erreichen ist.

Eine nichttheologische Variante, die im wesentlichen auf die gleiche Lehre hinausläuft, besagt, daß wir alle die Bedeutung des Wortes ›sollen‹ wüßten und zu erkennen vermöchten, was wir tun sollen, genauso, wie wir sehen könnten, daß das Gras grün ist. Das Organ, das uns diese Erkenntnis vermittelt, ist das sogenannte ›Gewissen‹. Gemäß dieser Lehre ist der Satz »Ich soll x tun« in dem gleichen Sinne richtig oder falsch, in dem »Gras ist grün« richtig und »Blut ist grün« falsch ist. Hier ist nicht mehr der Wille Gottes die Autorität, sondern die Wahrheit. Ich habe diese Lehre in einem früheren Kapitel besprochen und werde mich deshalb hier nur kurz mit ihr befassen. Darüber, was das Gewissen diktiert, gehen die Meinungen genauso auseinander wie über den Willen Gottes, und hier gibt es nicht wie in der Wissenschaft anerkannte Verfahren, um bei Meinungsverschiedenheiten zu entscheiden. Die einzige anerkannte Methode ist die der Lenkung im weiten Sinne. Da gibt es einmal die Vorschriften des Gesetzes, und da gibt es die Billigung oder Mißbilligung unserer Mitmenschen. Beide zusammen bewirken ein gewisses Maß von Übereinstimmung unter den Angehörigen des gleichen Gemeinwesens oder Staates, die sich aber nicht über dessen Grenzen hinaus oder auf andere Kulturen erstreckt. Folglich eignet sie sich ebensowenig wie der Wille Gottes zur Grundlage eines Moralsystems.

Bevor wir weitergehen, wollen wir uns einen Augenblick den Charakter unseres Problems näher ansehen. Wir forschen nach den verschiedenen Bedeutungen des Wortes ›sollen‹, wenn A zu B sagt: »Du sollst x tun.« Zum Teil ist das eine faktische Frage. Wenn A sagt: »Du sollst dem Willen Gottes gehorchen«, dann ist es eine faktische Frage, ob es einen Gott gibt und, wenn ja, was er will. In der Regel jedoch ist es keine faktische Frage, aber auch keine logische. Es gibt darauf eine Unmenge möglicher Antworten, gegen die sich kein *logischer* Einwand erheben ließe, die aber trotzdem kein Mensch ernsthaft in Erwägung ziehen würde. Sie könnten sagen: »Der tugendhafte Mensch ist derjenige, der möglichst viel Leid zu verursachen sucht.« Sollten Sie das sagen, so wäre das logisch nicht zu widerlegen. Was veranlaßt uns also, eine solche Behauptung sogleich zu verwerfen? Die Tatsache, daß die Menschen gewöhnlich nicht das Verlangen nach Schmerz haben. Oder weiter: angenommen, Sie sagten: »Das größte Übel ist die Sünde«, und ich könnte Maschinenmenschen konstruieren, die keine Geschlechtsteile hätten und folglich nicht sündigen könnten. Diese Roboter könnte ich alle die Dinge tun lassen, die gewöhnlich gepriesen werden. Ich könnte sie die Bibel lesen lassen. Ich könnte sie wortgewandte Predigten halten lassen, und ich könnte Robotergemeinschaften bilden, die bei den ergreifenden Predigten des Roboterpredigers in Tränen ausbrächen und sich an die Brust schlügen. Bis jetzt ist das alles noch ein schöner Traum, aber ich könnte mir denken, daß er in den nächsten hundert Jahren Wirklichkeit werden könnte. Wenn aber A zu B sagte: »Du sollst die Menschen durch Roboter ersetzen, weil Roboter nicht sündigen«, dann würde wohl jeder erwidern, daß die Welt der Maschinenmenschen, da sie kein Gefühl besäße, weder gut noch schlecht sein würde und um nichts besser als eine Welt aus gewöhnlichem Stoff, welche die Nachahmungskunststücke der Roboter nicht fertigbrächte. An solchen Überlegungen erkennt man deutlich, daß ›sollen‹, was es auch bedeutet, stets etwas mit Wünschen und Gefühlen zu tun hat. Wo diese fehlen, gibt es weder ›gut‹ noch ›schlecht‹, weder Tugend noch Sünde. Folglich muß unsere Definition des ›Sollens‹, wenn sie nicht willkürlich und widerspruchsvoll sein soll, eine Bezugnahme auf Gefühle und Wünsche enthalten. Das ist eine der Bedingungen, die unsere Definition zu erfüllen hat.

Dann gibt es ein anderes Erfordernis, das uns näher an den Kern des Problems heranführt. Wenn eine Ethik Objektivität haben soll, dann müssen wir eine solche Bedeutung des ›Sollens‹ finden, daß wenn A zu B sagt: »Du sollst x tun«, das nicht davon abhängt, wer A ist. Damit scheidet sogleich eine sehr große Zahl von Moralkodizes aus. Wenn A ein theologisch strenggläubiger Azteke ist, dann kann die Handlung x, die er befiehlt, das Töten und Verzehren eines menschlichen Opfers sein. Wenn sich zwei Völker, M und N, im Kriege befinden und A gehört zum Volk M, dann kann die von ihm befohlene Handlung x die Tötung von möglichst vielen Angehörigen des Volkes N sein; ist aber A ein Angehöriger des Volkes N, dann werden es Bürger des Staates M sein, deren Tod er gebietet. Wenn Sie ein Katholik des Mittelalters sind, werden Sie es für frevelhaft halten, einen Embryo im Leibe einer ketzerischen Frau durch Abort zu töten, dagegen für tugendhaft, den Embryo zur Welt kommen und ernähren zu lassen, bis er alt genug ist, den Tod auf dem Scheiterhaufen zu verdienen. Wenn Sie ein moderner Freidenker sind, werden Sie diese Auffassung nicht teilen. Wie kommen wir nun bei unserer Definition des ›Sollens‹ zur Objektivität?

Man kann wohl im großen und ganzen sagen, daß das ganze Problem der Sittlichkeit aus dem Druck der Gemeinschaft auf den Einzelnen entspringt. Der Mensch ist durchaus nicht nur Herdentier und hegt nicht immer instinktiv solche Wünsche, die seiner Gruppe dienlich sind. Darauf bedacht, daß der Einzelne in ihrem Interesse handelt, hat die Gruppe verschiedene Einrichtungen ersonnen, um das Interesse des Einzelnen mit dem der Gruppe in Einklang zu bringen. Dazu gehören die Obrigkeit, dann Recht und Sitte und schließlich auch die Moral. Die Moral wird durch zwei Mittel zum wirksamen Zwang: durch Lob und Tadel unserer Mitmenschen und der Behörden und zweitens durch Selbstlob und -tadel, also durch das sogenannte Gewissen. Durch diese verschiedenen Gewalten – Obrigkeit, Gesetz, sittliche Normen – wird das Interesse des Gemeinwesens dem Einzelnen plausibel gemacht. Zum Beipiel liegt es im Interesse des Gemeinwesens, daß niemand stiehlt. Aber wenn man von den obigen Gewalten absieht, dann würde es in meinem Interesse liegen, daß ich allein stehle, sonst aber niemand. Nur Tyrannen können sich in einer solchen Ausnahmestellung behaupten, und Tyrannen werden nicht anerkannt, sobald sie keine Macht mehr haben. Trotz der Tatsache, daß es Tyrannen gibt, können wir wohl sagen, ein Sittenkodex, sofern er nicht auf Aberglauben beruht, habe den Zweck, dem Einzelnen das Gemeininteresse zu Bewußtsein zu bringen und Interessengleichheit zwischen ihm und der Gruppe herzustellen, die sonst nicht bestünde.

Wir können also sagen – und das wäre der erste Schritt zur Beantwortung unserer Frage: wenn A zu B äußert (bei Zugehörigkeit beider zur gleichen Gruppe): »Du hättest x tun sollen«, dann will er damit ausdrücken, daß die Handlung x das Interesse der Gruppe gefördert hätte, zu der beide gehören. Damit ist die Gewähr gegeben, daß zwei beliebige Personen, die in den fraglichen Beziehungen zu B's Gruppe gehören, die gleiche Antwort auf die Frage erteilen werden, wenn sie keinen faktischen Fehler machen; es wird aber nicht damit gewährleistet, daß Menschen außerhalb dieser Gruppe die gleiche Antwort geben werden. Damit berühren wir die Frage des partiellen und des allgemeinen Wohls, die in einem früheren Kapitel bereits besprochen wurde, und kommen mit den dort angeführten Argumenten zu der Schlußfolgerung, daß das ›Sollen‹ nur dann objektive Bedeutung erlangt, wenn wir unsere Gruppe so erweitern, daß sie alle menschlichen oder besser noch alle fühlenden Wesen umfaßt. So und nur so haben wir die Gewißheit, daß was B auf Geheiß von A tun soll, nicht davon abhängt, wer A ist. Auf diesem gedanklichen Wege komme ich dann zur Annahme folgender Definition:

Wenn A zu B sagt: »Du sollst x tun«, dann definiere ich die Bedeutung des Wortes ›sollen‹ so, daß von allen für A möglichen Handlungen x diejenige ist, die am wahrscheinlichsten die Interessen der Menschheit oder aller fühlenden Wesen fördern wird.

Wenn wir auch durch die obige Methode ein gewisses Maß von Objektivität bei unserer Definition des ›Sollens‹ gewährleistet haben, so dürfen wir doch nicht vergessen, daß im Grunde die Sanktionierung jeder Moral im gewissen Sinne egoistisch ist. Die Handlungen eines Menschen sind teils reflektorisch, teils gewohnheitsbedingt und teils das Ergebnis seiner Wünsche. Wenn ich niese oder gähne, dann tue ich das nicht, weil ich glaube, damit meinen Interessen zu dienen. Wenn ich eine rein gewohnheitsmäßige Handlung ausführe, zum Beispiel mich ankleide, so brauche ich gar nicht gewahr zu werden, was ich tue, außer wenn ich überlege, was ich anziehen soll. Der Moralist hat es nicht mit der rein reflektorischen oder gewohnheitsbedingten Handlung zu tun, sondern mit der überlegten Wahl. Wenn ich nun eine Wahl treffe, dann sind es *meine* Wünsche, die in Aktion treten. Die Wünsche anderer machen sich nur insoweit geltend, als sie die meinen beeinflussen. Zu sagen: »ich handle meinen Wünschen gemäß«, wäre eine Tautologie. Wenn die Moralisten uns predigen, was sie nur zu gern tun, wir sollten unseren Wünschen um höherer Dinge willen widerstehen, so meinen sie in Wirklichkeit, wir sollten gewisse Wünsche vor denen anderer zurücktreten lassen. Die anderen Wünsche, denen der Moralist den Vorrang erteilen möchte, sind von zweierlei Art. Zum ersten ist es der Wunsch, von unseren Freunden oder von der Obrigkeit oder, wenn wir in Italien zur Renaissancezeit leben, von der Nachwelt geschätzt und gepriesen zu werden. Dann gibt es aber auch noch eine andere Art des Wünschens, die zur Liebe oder zum Mitleid gehört, nämlich der ehrliche unkomplizierte Wunsch, es möge anderen wohlergehen. Fast jeder hegt ihn bis zu einem gewissen Grad. Den eigenen Kindern gegenüber, solange sie nicht erwachsen sind, nicht so zu empfinden, wäre anomal. Jede dieser beiden Wunschgattungen erstrebt die Übereinstimmung meiner und anderer Interessen. Als mein Interesse definiere ich alle die Dinge, die ich wünsche; folglich gehört auch das Wohlergehen anderer, wenn ich es wünsche, zu meinen Interessen. Wenn auch meine Handlung durch das bestimmt wird, was *ich* wünsche, und insofern egoistisch ist, ist sie doch nicht unbedingt egoistisch in bezug auf die gewünschten Dinge.

Ich komme nun zu der zweiten Frage, die zu Beginn dieses Kapitels gestreift wurde: Wie sollen wir im Falle moralischer Meinungsverschiedenheiten entscheiden? Hier kommen verschiedene Arten von Meinungsverschiedenheiten in Betracht. Von den in der Praxis auftretenden lassen sich weitaus die meisten auf Meinungsverschiedenheiten über den Sachverhalt zurückführen; sie müssen also nicht unbedingt moralisch sein. Wenn Herr A und Herr B verschiedener Ansicht sind, dann läßt sich unter Umständen nachweisen, daß das von Herrn B vertretene Moralsystem für Herrn A mehr Befriedigung erzielt als das von Herrn A verfochtene. Ich habe mir sagen lassen – bin aber nicht sicher, ob es historisch richtig ist –, die Quäker hätten als erste die Anregung, feste Preise in den Geschäften einzuführen, aufgegriffen. Sie hätten das getan, heißt es, weil sie es als Lüge ansahen, mehr zu fordern, als man tatsächlich haben wolle. Die festen Preise aber erwiesen sich als solche Annehmlichkeit für die Kunden, daß die quäkerischen Ladeninhaber alle reich wurden und die übrigen es ratsam fanden, es ihnen gleichzutun. Das ist ein Beispiel aus einer großen Gattung von Fällen, in denen wirklicher und scheinbarer Eigennutz miteinander in Konflikt geraten; im Sinne wirklichen Eigennutzes handeln einzig und allein diejenigen Menschen, die an einem sittlichen Grundsatz festhalten, der sie gegen das anzukämpfen zwingt, was sie für ihr Eigeninteresse halten. In solchen Fällen würde eine genauere Kenntnis des Sachverhalts zu keiner sittlichen Meinungsverschiedenheit führen. Menschen, die im Kriege besiegt werden, bilden sich sehr oft ein, für ein sittliches Prinzip zu kämpfen; wenn sie aber ihre Niederlage vorausgesehen hätten, würden sie eingesehen haben, daß sich ihr Grundsatz, ob gültig oder nicht, mit solchen Mitteln nicht durchsetzen läßt.

Es gibt jedoch auch echte, rein sittliche Meinungsverschiedenheiten. Die wichtigste betrifft die Strafe als Vergeltung. Wenn wir jemand hassen und ihn für schlecht halten, dann empfinden wir leicht freudige Genugtuung bei dem Gedanken an seine Leiden und können uns ohne weiteres einreden, dieses Leiden sei etwas an sich Gutes. Darauf beruht der Glaube an die Hölle, in der die Strafe keine bessernde Wirkung haben soll. Die Anschauung, daß Strafe Vergeltung bedeute, prägt sich auch in irdischeren Formen aus. Als die Deutschen am Ende des Ersten Weltkriegs besiegt waren, war das Gefühl sehr verbreitet, daß sie Strafe verdient hätten, nicht nur um sie zu bessern oder um andere von der Nachahmung ihres Beispiels abzuschrecken, sondern weil eben auf eine so entsetzliche Sünde Leid folgen müsse. Zweifellos hat dieses Empfinden zu dem Wahnsinn von Versailles und der darauffolgenden Behandlung Deutschlands beigetragen. Ich kann zwar nicht beweisen, daß die Vergeltungsstrafe etwas Schlechtes ist, aber zwei verschiedenartige Argumente könnte man doch geltend machen. Als erstes, daß die ganze Sündenkonzeption falsch ist, wie ich in einem der vorhergehenden Kapitel aufgezeigt habe. Das zweite betrifft die Klugheit. Versailles und seine Nachwirkungen bescherten uns die Nazis und den Zweiten Weltkrieg. Man kann wohl sagen, daß in den allermeisten Fällen eine Vergeltungsstrafe nicht die Wirkungen hat, die sich die Strafenden erhoffen, sondern die Gesamtbefriedigung der Wünsche nicht nur bei den Bestraften, sondern auch bei den Strafenden herabsetzt. Doch das ist ein weites Feld, das geradewegs zu vielen umstrittenen politischen Problemen führt. Ich werde deshalb im Augenblick nicht mehr darüber sagen.

Die in der Praxis auftretenden Meinungsverschiedenheiten erstrecken sich meist nicht darauf, welche Dinge inneren Wert haben, sondern wem sie zugute kommen. Machthaber nehmen natürlich den Löwenanteil für sich in Anspruch. Solche Meinungsverschiedenheiten arten leicht in reine Machtkämpfe aus. In der Theorie lassen sich derartige Fragen mit unserem allgemeinen Kriterium entscheiden: dasjenige System ist das beste, das den größtmöglichen inneren Wert erzielt. Die Diskussionen können fortgesetzt werden, wenn beide Parteien dieses Kriterium gelten lassen, sind aber nun zu Diskussionen über Tatsachen geworden und werden zumindest in der Theorie einer wissenschaftlichen Behandlung zugänglich sein.

Ich möchte dieses Kapitel mit der Anwendung dieser Prinzipien auf zwei Fragen beschließen, die mir oft schwierig erschienen sind. Die erste betrifft die Grausamkeit, die zweite die Rechte des Einzelnen im Gegensatz zur Gesellschaft.

Wenn ich über Grausamkeitsakte nachdenken muß, wozu in der modernen Welt sehr oft Veranlassung besteht, Grausamkeiten, die mich vor Entsetzen schaudern lassen, dann drängt sich mir jedesmal ein moralischer Gedanke auf, den ich vernunftgemäß nicht begründen kann. Ich denke dann im stillen: »Diese Menschen sind böse, und was sie tun, ist schlecht in einem absoluten Sinne, den meine Theorie nicht berücksichtigt hat.« Ich glaube aber, daß dieses Gefühl der Theorie unrecht tut. Wir wollen sehen, was die Theorie zuläßt. Zunächst einmal liegt es auf der Hand, daß Grausamkeitsakte im allgemeinen die Gesamtbefriedigung herabsetzen und infolgedessen gemäß unserer Theorie nicht begangen werden sollten. Des weiteren ist klar, daß das Gefühl der Mißbilligung solchen Akten gegenüber sie unter Umständen verhüten kann und deshalb, nach unserer Definition, empfunden werden sollte. Doch in diesem Punkt übt die von mir vertretene Art von Moralsystemen, im Gegensatz zu absoluteren Theorien, eine nützliche Zurückhaltung. Man kann aus ihr nicht folgern, daß weil A grausam ist, B das Recht habe, seinerseits gegen A grausam zu sein. Zu folgern ist aus ihr nur, daß er recht tut, wenn er versucht, A an der Verübung seiner Grausamkeiten zu hindern. Wenn das leichter durch Güte als durch Strafe zu erreichen ist, was sehr gut möglich sein kann, dann ist Güte die bessere Methode. Dr. Burt (jetzt Sir Cyril) beginnt sein Buch über den jugendlichen Verbrecher mit einem Bericht über einen siebenjährigen Jungen, der einen Mord begangen hatte. Er wurde mit Güte behandelt und wurde ein anständiger Bürger. Bei Hitler wäre diese Methode nicht angebracht gewesen, und ich will auch nicht etwa andeuten, daß sie bei ihm Erfolg gehabt hätte. Aber auf das deutsche Volk läßt sie sich anwenden. Diese Überlegungen beweisen, behaupte ich, daß unsere Ethik den echten Abscheu vor Grausamkeit rechtfertigt, aber nicht die Exzesse billigt, zu denen dieser Abscheu oft führt.

Und nun komme ich zu meiner letzten Frage, die Rechte des Einzelnen gegenüber der Gesellschaft betreffend. Die Moral, sagten wir, soll dazu beitragen, den Menschen geselliger zu machen, als er von Natur aus ist. Die Anstrengungen und Bemühungen der Moral, könnte man sagen, sind darauf zurückzuführen, daß die Natur der Spezies Mensch nur zum Teil gesellig ist. Doch das ist nur die halbe Wahrheit. Das Beste, was die menschliche Spezies auszeichnet, verdankt sie zum großen Teil dem Umstand, daß sie nicht ausschließlich gesellig ist. Der Einzelne hat seinen eigenen inneren Wert, und die Besten leisten Beiträge zum Wohle der Allgemeinheit, die nicht verlangt und oft sogar von der Masse der übrigen verübelt werden. Einzelnen Freiheiten zuzugestehen, die anderen fraglos nicht schaden, ist also ein wesentlicher Teil des Strebens nach dem Gemeinwohl. Hier liegt der Ursprung des ewigen Strebens nach dem Gemeinwohl. Hier liegt der Ursprung des ewigen Konflikts zwischen Freiheit und Autorität, und hier ist dem Prinzip, daß die Autorität die Quelle der Tugend sei, eine Grenze gesetzt.

In diesem Kapitel werden wir uns mit Dingen beschäftigen, bei denen die sittlichen Probleme von den wirtschaftlichen und politischen kaum zu trennen sind. Ich werde von nun an die Definition des ›inneren Wertes‹ und des ›rechten Verhaltens‹, zu der wir in einem der vorhergehenden Kapitel gelangt sind, als gültig voraussetzen, nämlich:

Innerer Wert ist die Eigenschaft einer Gemütsverfassung, deren man sich erfreut oder die man ersehnt, wenn man sie bereits erlebt hat. Das Gegenteil des inneren Wertes bezeichnet man als inneren Unwert. Innerer Wert und Unwert gelten als gleich groß, wenn es einer Person, der die Wahl freisteht, gleichgültig ist, ob sie beide oder keinen erfährt.

Rechtes Verhalten ist dasjenige Verhalten, das bewirkt, daß der Wert den Unwert am stärksten übertrifft oder der Unwert den Wert am geringsten übersteigt, wenn mehrere Handlungen zur Wahl stehen.

So definiert, deckt sich das rechte Verhalten nicht ganz mit dem sittlichen oder tugendhaften Verhalten in dem gemeinhin mit diesen Bezeichnungen verbundenen Sinne. Es schließt das sittliche Verhalten ein, reicht aber noch etwas weiter. Wir bezeichnen in der Regel einen Menschen nicht deswegen als tugendhaft, weil er es vermeidet, im Übermaß zu essen; wir sagen dann nur, er sei aus einem rein egoistischen Gesichtspunkt vernünftig, während tugendhaftes Verhalten, nach der üblichen Auffassung, gewöhnlich ein nichtegoistisches Element enthält. Es gibt in der Tat zwei verschiedene Bereiche der Sittlichkeit; in dem einen kommt es auf die Erzeugung inneren Wertes an, im anderen auf die Verteilung. Die Moral – sofern sie nicht abergläubisch ist – hat es vornehmlich mit der Verteilung zu tun. In einem der früheren Kapitel haben wir festgestellt, daß Sittlichkeit nichts mit der Frage »Wer ist Nutznießer des inneren Wertes?« zu tun hat, sondern nur mit der Erzeugung einer größtmöglichen Menge inneren Wertes. In dieser Richtung gehen freilich die Gefühle der Menschen nicht. Wir wollen inneren Wert für uns selbst und für die Menschen, denen wir zugetan sind. Vielleicht erstrecken wir unsere Gefühle auch auf alle Angehörigen des eigenen Volkes; auf die ganze Menschheit dehnen sie jedoch nur ganz wenige aus. Folglich geht die naturgemäß erwünschte Verteilung des inneren Wertes nicht unparteiisch vonstatten und ist wahrscheinlich nicht dazu angetan, die Totalität des inneren Wertes so groß wie möglich zu machen. Die Sittlichkeit ist in einem sehr großen Ausmaß ein Versuch, dieser Parteilichkeit entgegenzuwirken und die Menschen zu veranlassen, bei ihrem Handeln genauso an das Wohl anderer zu denken wie an ihr eignes.

Über die Verteilung herrscht eine viel größere Meinungsverschiedenheit als über das, was den inneren Wert ausmacht. Diese geringfügige Unstimmigkeit bezüglich des inneren Wertes läßt ihn also als sittlichen Grundbegriff besonders geeignet erscheinen. Wir wollen versuchen, diesem Begriff einen konkreten Inhalt zu geben.

Das erste, was wir zu beachten haben, ist, daß der innere Wert nicht äußeren Dingen selbst eigen ist, sondern nur ihren psychologischen Wirkungen. Gemütszustände sind es, die diese fragliche Eigenschaft haben, während die Dinge, die diese Gemütszustände herbeiführen, an sich keinen inneren Wert besitzen. Wert haben sie als Mittel für diejenigen, bei denen sie die gewünschte Wirkung haben, aber nicht für andere. Austern haben Wert als Mittel für die, die sie mögen, nicht aber für die, die sie nicht mögen. Aber wenn auch gewisse Unterschiede bestehen bezüglich der Dinge, die den einzelnen Menschen Befriedigung bereiten, so herrscht doch im ganzen eine sehr weitgehende Übereinstimmung, besonders bezüglich der einfacheren Güter. Jeder wünscht sich das zum Leben Notwendige und Gesundheit, und die meisten wünschen sich die Möglichkeit zum biologischen Fortleben. Es hat zwar Asketen gegeben, die bei unzureichender Ernährung, Behausung und Kleidung glücklich waren oder es wenigstens zu sein behaupteten, aber solche Menschen sind selten und brauchen statistisch nicht berücksichtigt zu werden. Die meisten Menschen brauchen außer den materiellen Lebensnotwendigkeiten ein bißchen nette Geselligkeit, ein gewisses Mindestmaß an Sicherheit und das Bewußtsein, integrierender Bestandteil einer Gruppe zu sein. Alle diese Bedürfnisse sind fast so universal, daß die Politik von den wenigen absehen kann, die ohne sie fertig werden können. Natürlich gibt es ›höhere‹ Werte, zum Beispiel den Kunstgenuß oder die Freude an geistiger Tätigkeit, aber es kommt ihnen nicht die primäre Bedeutung der elementaren Bedürfnisse zu.

Zwischen den Mitteln zum Glück besteht ein wichtiger Unterschied. Es gibt solche, die B genommen werden, wenn A sie genießt, und es gibt andere, die diese Eigenschaft, persönlicher Besitz zu sein, nicht haben. Wie sagt Jago?

>»Doch wer den guten Namen mir entwendet,
der raubt mir das, was ihn nicht reicher macht,
mich aber wirklich arm.«

Der gute Name ist nicht so etwas wie ein Laib Brot, den sich ein Dieb aneignen kann. So sagt wenigstens Jago – aber das ist nur zum Teil richtig. Menschen, die auf Lob erpicht sind, sind gewöhnlich neidisch, weil sie sehen, daß nur ein bestimmtes Quantum Bewunderung zur Verteilung kommen kann und das, was dem einen an Bewunderung zuteil wird, dem andern verlorengeht. Das gleiche gilt für jede Art von Ausnahmestellung. Wenn Sie Ihre Mitmenschen in irgendeiner Beziehung überragen wollen, so können Sie Ihr Ziel erreichen, indem Sie Ihre eigenen Verdienste steigern oder die der anderen herabsetzen, aber es ist logisch unmöglich, daß jeder sich einer besonderen Ausnahmestellung erfreut. Die Gefühle eines Menschen, dem ein Derbysieger gehört, haben inneren Wert, der sich aber auf Grund seiner Artung nicht verallgemeinern läßt. Wir können also drei verschieden geartete Ursprünge inneren Wertes unterscheiden: 1. Güter, die privat sein können, mit denen aber, wenigstens in der Theorie, jeder ausreichend versorgt werden kann. Darunter fallen natürlich als stereotypes Beispiel die Lebensmittel. 2. Güter, die nicht nur Privateigentum sind, sondern auf Grund ihres logischen Charakters so geartet sind, daß sich kein anderer ihrer erfreuen kann. Das sind alle die Dinge, die mit hohem Ansehen auf Grund von Ruhm, Macht, Reichtum und was immer zusammenhängen. In der Theorie können wir alle reich sein, aber wir können nicht alle gleichzeitig der reichste lebende Mensch sein. Wünsche, die sich auf eine überragende Stellung richten, haben daher logisch und zwangsläufig Wettbewerbscharakter. 3. Es gibt innere Werte, deren Besitz in keiner Hinsicht die Möglichkeiten gleichen Genusses für andere verringert. Zu dieser Kategorie gehört zum Beispiel die Gesundheit, die Freude, an einem schönen Tag am Leben zu sein, Freundschaft, Liebe und die Schöpferfreude.

Gegenüber diesen drei Gattungen nehmen die Moralisten jeweils eine unterschiedliche Haltung ein. Wir beginnen mit der ersten, die im großen und ganzen aus den materiellen Dingen besteht, mit denen sich die Volkswirtschaft beschäftigt: Ernährung, Kleidung, Wohnung usw. Zunächst müssen wir uns fragen, ob es ein sittliches, als Gerechtigkeit zu bezeichnendes Prinzip gibt, das uns befähigt, zu sagen, eine ›gerechte‹ Verteilung materieller Güter habe inneren Wert. Bei unserer Definition des rechten Verhaltens haben wir angenommen, daß das nicht der Fall ist und daß das rechte Verhalten darin besteht, eine möglichst große Menge inneren Wertes zu erzeugen, ohne Rücksicht darauf, wem er zugute kommt. Aber dagegen läßt sich einwenden, daß eine Gemeinschaft, worin der innere Wert gleichmäßig verteilt ist, besser sei als eine, in der die Verteilung ungleich ist, auch wenn die Gesamtmenge des inneren Wertes nicht größer ist. Ich persönlich bin nicht der Meinung. Ich glaube, daß schwerwiegende Gründe für eine möglichst gleichmäßige Verteilung sprechen, bin aber der Ansicht, daß diese Gründe alle damit vereinbar sind, daß man die Gerechtigkeit als Mittel und weniger als Zweck behandelt. Der Haupteinwand gegen eine ungerechte Verteilung ist der, daß sie Neid und Haß bei den weniger Glücklichen erregt, die wiederum Furcht und Gegenhaß bei den Glücklicheren erzeugen. Aber wo eine seit langem bestehende Gesellschaftsordnung eine ungleiche Verteilung so sanktioniert hat, daß sich selbst die weniger Glücklichen ohne Groll bescheiden, hat dieses Argument keine Gültigkeit. Zudem sprechen in manchen Gesellschaften positive Argumente zugunsten der Ungleichheit. Ich glaube infolgedessen, daß, wenn auch die Argumente für eine annähernd gleichmäßige Verteilung überall dort sehr schwerwiegend sind, wo keine alte Tradition vorherrscht, es sich trotzdem dabei um Argumente bezüglich der Mittel handelt, und teile nicht die Ansicht, daß die Gerechtigkeit um ihretwillen inneren Wert habe.

Obwohl ich in der Gerechtigkeit mehr ein Mittel als einen Zweck sehe, halte ich sie doch als Mittel in gewissen Grenzen für überaus wünschenswert. Ein sehr großer Teil der konventionellen Sittenlehre hat es mit der Bändigung des natürlichen Egoismus zu tun. Das Verbot des Stehlens, das Gebot, unseren Nächsten wie uns selbst zu lieben, die Mahnungen, sich aufzuopfern, und die Lobpreisung der Barmherzigkeit, sie alle dienen diesem Zweck. Ob die überkommenen Morallehren, die diesen Zweck verfolgten, technisch immer sehr geschickt verfuhren, erscheint mir etwas zweifelhaft, aber das ist eine andere Frage. Ich für meinen Teil möchte es mit Jeremy Bentham halten, daß nämlich das gewünschte Ergebnis wahrscheinlich nicht durch sittliche Ermahnungen zu erreichen ist, sondern eher durch soziale Einrichtungen und eine öffentliche Meinung, die es, soweit möglich, zum Interesse eines jeden macht, so zu handeln, wie es das allgemeine Interesse erfordert. Bentham war seiner Zeit entsprechend ein bißchen zu rationalistisch und äußerlich in seinen Einfällen, das öffentliche und das private Interesse aufeinander abzustimmen. Ich würde der Liebe, dem instinktiven Mitleid und allen Bestrebungen, die eher nützlich als schädlich sind, ein größeres Feld einräumen als er. Darin aber möchte ich ihm zustimmen, daß nur mit sittlichen Geboten wahrscheinlich nicht viel Gutes erreicht wird, solange der krasse und unzweideutige Gegensatz zwischen öffentlichen und privaten Interessen bestehen bleibt.

Über viele Güter unserer ersten Gattung brauchten gar keine moralischen Betrachtungen angestellt zu werden, wenn die politischen und wirtschaftlichen Einrichtungen besser wären. Denn dann wäre es ein leichtes, genug Nahrung für jedermann zu beschaffen, und damit schiede die ganze Frage der Lebensmittelverteilung aus dem Bereich der Moral aus. In dieser Beziehung wie in mancher anderen nimmt die Bedeutung des sittlichen Handelns mit der fortschreitenden Verbesserung des Sozialsystems ab. Was die Verteilung materieller Güter betrifft, so ließe sie sich mit der Zeit auf die Beobachtung fester, nicht sonderlich lästiger Gewohnheiten beschränken.

Ganz anders verhält es sich mit unserer zweiten Kategorie innerer Werte, nämlich solchen, die infolge ihrer logischen Beschaffenheit Wettbewerbscharakter haben. Dazu gehört als wichtigster die Macht. Fast jeder, der nicht ungewöhnlich indolent ist, wünscht sich mehr Macht, als ihm zusteht, wenn auch nicht in der ganzen Welt, so doch zumindest in seiner unmittelbaren Umgebung. In der gesamten Geschichte sind durchgehend Kriege und Revolutionen aus Liebe zur Macht angezettelt worden. Selbst in Staaten, wo die Tyrannen gewöhnlich ermordet werden, herrscht blutiger Wettstreit um den Tyrannenposten. In den letzten paar Jahrhunderten war in der westlichen Welt ein ungemein rasches Schwinden der unumschränkten Macht zu beobachten. Könige, Sklavenhalter, Ehegatten und Väter wurden einer nach dem andern abgesetzt, und ernstlich wurde versucht, die höchste Macht möglichst gleichmäßig zu verteilen. In dieser Beziehung stellt die sogenannte Gerechtigkeit sehr hohe Ansprüche. Wer die Macht hat, pflegt sie meistens zu mißbrauchen. Es gibt wohl Ausnahmen, aber selten.

Neben der moralischen Ermahnung, deren Wirksamkeit sehr begrenzt ist, gibt es verschiedene Möglichkeiten, die Mißstände zu vermindern, die ihre Wurzeln in übermäßiger Macht haben. Unter anderem die, ihren Opfern den Widerstand zu erleichtern. Das ist die Methode der Demokratie. Eine zweite besteht darin, die Erziehung so auszurichten, daß die Machtliebe mit den erworbenen Fertigkeiten mehr in nützliche als in schädliche Kanäle gelenkt wird. Die Machtliebe läßt sich wie viele tiefeingewurzelte Triebe nicht vollkommen unterdrücken ohne großen Nachteil für diejenigen, die sich dadurch um ihre Erwartungen betrogen fühlen, aber sie läßt sich leicht so lenken, daß sie im allgemeinen nützlich wird. Das trifft oft, wenn auch nicht immer, zu, wenn die Beherrschung der Natur oder die Erkenntnis von Naturgesetzen das erstrebte Ziel wird. Oft, wenn auch nicht immer, ist es der Fall bei der Macht über den Geist der Menschen, die der schöpferische Genius erlangt. Hinsichtlich der Macht wie auch in anderen Bezügen bedeuten die besten sittlichen Grundsätze nicht Askese, sondern Ansporn und Beschaffung von Betätigungsmöglichkeiten, die nicht zerstörend sind.

Bei unserer dritten Kategorie von Gütern – solchen, bei denen nicht zwangsläufig die Besitzrechte zweier Menschen in Konflikt geraten – sollte die Verteilung eigentlich kein Problem sein, ist es aber doch. Der Spielraum dieser Art Güter, an die ich denke, ist sehr groß, angefangen bei der kindlichen Lebensfreude bis zu den höchst sublimen geistigen Schöpferfreuden oder der genußreichen Bewunderung einer genialen Schöpfung. Beeinträchtigt der Genuß solcher Freuden seitens einer Person den einer anderen, so ist das auf Mängel im Sozialsystem zurückzuführen, die sich abstellen lassen. Gesundheit beispielsweise sollte nahezu Allgemeinbesitz sein, aber sobald die Arbeit übergroß ist und die Heilmittel teuer sind, wird sie zum Vorrecht der Wohlhabenden. George Lansbury überredete die Behörden in Poplar, die ärztliche Betreuung durch Erhöhung der Abgaben über das gesetzlich Zulässige hinaus zu verbessern, und setzte damit die Säuglingssterblichkeit herab. Dafür wanderte er ins Gefängnis. Alle die guten Dinge, für die höhere Bildung oder reichliche Muße erforderlich ist, sind gegenwärtig Vorrecht einer Minderheit. In diesen Beziehungen herrscht derzeit ein Wettstreit, der nicht unbedingt notwendig ist, dem aber eher durch die Politik als durch die Ethik abzuhelfen ist.

Mit der Verteilung hängt ein großes Problem zusammen, das ich noch nicht berührt habe: das Problem der Nachwelt. Wieviel von den gegenwärtigen Gütern soll man für künftige Generationen opfern? Fast möchte man mit dem bekannten Iren sagen: »Warum soll ich etwas für die Nachwelt tun? Sie hat noch nie etwas für mich getan.« Dennoch darf auch die Nachwelt ihre Ansprüche anmelden. Wir sind denen dankbar, die die Straßen mit Bäumen bepflanzten, deren volle Entfaltung sie nicht mehr erlebt haben. Wir haben allen Grund, besorgt zu sein, wenn durch unvorsichtige Bearbeitung Raubbau am Boden getrieben wird. Mit den Bodenschätzen der Welt gehen wir viel zu unüberlegt um. Selbst die Kampflust treiben wir so weit, daß wir anscheinend mit Gleichmut der Möglichkeit ins Auge sehen, das Menschengeschlecht auszurotten. In diesen Dingen ist unser Zeitalter ungewöhnlich leichtfertig. Und es ist leichtsinnig, weil alles im Flusse und die Zukunft ungewiß ist. Ehe es nicht wieder zu einer gewissen Stabilität kommt, werden die Menschen wahrscheinlich der Nachwelt nicht die gebührende Aufmerksamkeit schenken.

Dieses ist eine ernster zu nehmende Angelegenheit, als man bisweilen meint. Ein Einzelner kann nicht, ohne steril zu werden, sein Blickfeld nur auf sein eigenes Leben, sein Land oder seine Zeit beschränken. Jeder von uns ist ein Glied einer langen Kette, die von unseren fernen tierischen Vorfahren bis in eine unvorhersehbare Zukunft reicht. Das Menschengeschlecht hat sich langsam aus dem Zustand eines seltenen, elenden, gehetzten Tieres entwickelt, aber wenn wir annehmen, daß es fortan in diesem Sinne keinen Weg mehr zu machen gilt, daß es sich in Zukunft nicht mehr sonderlich vervollkommnen kann und daß wir uns einer Sackgasse nähern, dann wird etwas tief Instinkthaftes und unermeßlich Wichtiges welken und absterben. Ich denke dabei an etwas, dessen sich die meisten Menschen kaum bewußt sind, was sich nur in ganz wenigen sichtbar ausprägt, was aber zu unserem innersten Sein gehört, weil wir nicht bloß Einzelwesen, sondern Mitglieder einer Gattung sind. Aus diesem Grunde möchte ich bei der Bewertung eines Landes oder eines Zeitalters nicht nur auf das Alltagsglück des Einzelnen Gewicht legen, sondern auch auf seinen Beitrag zur Zivilisation, worunter ich den Bestand aller geistigen Güter verstehe, die den Menschen vom Affen und den zivilisierten Menschen vom Wilden unterscheiden. Diese Dinge sind es, welche die einzigartige Bedeutung des Menschen ausmachen und die eine Generation von der anderen zu treuen Händen übernimmt. Diesen Schatz nicht vermindert, sondern vermehrt der Nachwelt weiterzureichen, ist ihr gegenüber unsere höchste Pflicht. Ich wünschte, ich könnte daran glauben, daß wir sie erfüllen.

12 Abergläubische Moral

In den vorhergehenden Kapiteln wurde gesagt, daß die Beurteilung einer Handlung als recht oder unrecht von ihren wahrscheinlichen Folgen abhinge und nicht davon, daß sie zu einer Gattung von Akten gehöre, die ohne Rücksicht auf ihre Wirkungen als tugendhaft oder sündhaft abgestempelt würden. Theoretisch, wenn man davon absieht, wie sehr sie vom Üblichen abweicht, kann man diese Auffassung gelten lassen. Das Wort ›Moral‹ und mehr noch das Adjektiv

›unmoralisch‹ impliziert gemeinhin eine mysteriöse, nicht zu erklärende Eigenschaft, die bekanntlich einer Handlung kraft eines überkommenen Tabus oder einer übernatürlichen Offenbarung anhaftet. Dieser Standpunkt ist bei den moralischen Urteilen der meisten Menschen maßgebend und hat sehr tiefdringende Wirkungen auf das Strafrecht. Ich bezeichne diesen Standpunkt als ›abergläubische Moral‹.

Betrachten wir einmal folgende Behauptungen:

Sündhaft ist der Genuß von Schweinefleisch

Sündhaft ist der Genuß von Rindfleisch

Sündhaft ist die Umgehung der Witwenverbrennung seitens einer Witwe

Sündhaft ist die Sonntagsarbeit

Sündhaft ist die Samstagsarbeit

Sündhaft ist das Spiel am Sonntag

Sündhaft ist die Eheschließung zweier Paten des gleichen Kindes

Sündhaft ist die Eheschließung mit der Schwester der verstorbenen Ehefrau bzw. mit dem Bruder des verstorbenen Ehemannes

Sündhaft ist die Unzucht

Sündhaft ist die Unterhaltung geschlechtlicher Beziehungen zu einem Angehörigen des gleichen Geschlechts.

Jede dieser Behauptungen ist von großen zivilisierten Gemeinwesen mit leidenschaftlicher Überzeugung vertreten worden. Einige davon sind in das Strafrecht fortgeschrittener Länder eingegangen. Ich habe nun nicht darüber zu debattieren, ob solche Handlungen schlecht sind oder nicht. Für mich handelt es sich darum, aus welchen Gründen diese Dinge als frevelhaft gelten. In manchen Fällen lassen sich diese Gründe aus einer Tradition prähistorischen Ursprungs ableiten, meist aber gehen sie auf ein heiliges Buch zurück, das eine solche Autorität genießt, daß seine *Dikta* nie angezweifelt werden dürfen. Die meisten Mahnreden der Geistlichen oder der Personen, die in der ›Christlichen Vereinigung junger Männer‹ die Seelen durch Rat und Ermutigung stärken, halten die Zuhörer dazu an, solchen Geboten zu gehorchen; den Gehorsam ihnen gegenüber zu versäumen, gilt übereinstimmend als verabscheuenswürdiger als Lieblosigkeit oder Bosheit, die aus Neid entspringt, oder Gruppenhaß, der zur politischen Katastrophe führt. Ein viktorianischer Baumwollfabrikant, der Frauen in seinen Fabriken beschäftigte, durfte sie so viele Stunden und für einen so elenden Lohn arbeiten lassen, daß ihre Gesundheit zerrüttet wurde und ihr Leben ein einziger Alpdruck war; aber wenn er Geld genug verdiente, war er ein angesehener Mann und konnte Parlamentsmitglied werden. Wenn sich aber herausstellte, daß er ein Liebesverhältnis mit einer der bei ihm beschäftigten Frauen unterhielt, dann betrachtete man ihn als Sünder; auf Rang und Würden durfte er keinen Anspruch mehr erheben. Die zünftigen Moralisten haben nie daran gedacht, und tun es auch heute nicht, daß es moralisch auf Güte, Großmut, Neidlosigkeit und eine von Bosheit freie Gesinnung genauso ankommt wie auf den Gehorsam gegenüber den Geboten eines überkommenen Sittenkodex. Ein Zyniker könnte tatsächlich beinahe auf den Gedanken kommen, es als einen besonderen Reiz des überkommenen Kodex anzusehen, daß er einem die Gelegenheit bietet, schlecht von anderen Leuten zu denken und Wünsche zu vereiteln, die womöglich ganz harmlos sind.

Eine Bestätigung dieser Annahme könnte man aus dem merkwürdigen Ausleseprinzip herleiten, das die orthodoxe Deutung von Bibeltexten kennzeichnet. Die Evangelien enthalten zwei Äußerungen über die Ehescheidung; in der einen wird sie überhaupt verboten, in der anderen bei Ehebruch erlaubt. Die katholische Kirche und die große Mehrheit der anglikanischen Geistlichkeit lehnt die humanere der beiden Stellen ab.

Ein gutes Beispiel dafür, wie sich in der Gegenwart die abergläubische Moral auf die englische Gesetzgebung auswirkt, bietet die im Jahre 1936 erfolgte Ablehnung der Voluntary Euthanasia (Legalization) Bill im Oberhaus. Dieser Gesetzentwurf sah vor, den Ärzten die Erlaubnis zu erteilen, in Fällen unheilbarer Krankheit die Qualen des Patienten abzukürzen. Alljährlich leidet eine große Anzahl Kranker heftige Todesqualen, namentlich bei Krebs; auf Genesung ist nicht zu hoffen. Nach dem gegenwärtigen Stand der Gesetze darf kein Arzt und kein Verwandter des Patienten seinen Leiden ein Ende machen, auch wenn der Kranke es noch so sehr wünscht. In der besagten Gesetzesvorlage schlug der verstorbene Lord Ponsonby vor, vorbehaltlich sorgfältig ausgearbeiteter Sicherungsmaßnahmen dem Kranken und seinen Ärzten gemeinsam das Recht einzuräumen, sein Leben etwas früher als auf natürlichem Wege enden zu lassen. Ihre Lordschaften waren ganz außer sich über diesen Vorschlag und lehnten ihn mit großer Mehrheit ab. Lord Fitzalan, von dem die Ablehnung der Vorlage ausging, nahm an ihrer Benennung Anstoß und sagte: »Ich wünschte, er hätte sie auf gut Englisch benannt, so daß die Leute sie verstehen könnten, und die Vorlage als das bezeichnet, was sie in Wirklichkeit ist, nämlich die Legalisierung von Mord und Selbstmord, denn darauf läuft sie doch schließlich hinaus.« Weiter meinte er dann: »Natürlich ist es etwas anderes, wenn man die Frage so behandelt, als gäbe es keinen Gott, was den edlen Lords in diesem Hause gewißlich fernliegt. Dann kommen wir wieder dahin zurück, uns nur vom Gefühl leiten zu lassen. Ich gebe zu, daß auch das Gefühl seine Vorzüge hat und in vielen Beziehungen allerlei Gutes tut. Aber wenn wir es mit uns durchgehen lassen, dann bedeutet das eine Aufgabe des Prinzips, es bedeutet, daß wir uns von unseren Gefühlen bestimmen lassen und die große Tugend der Charakterfestigkeit preisgeben, die stets ein so hervorragendes Kennzeichen unserer Rasse gewesen ist. Hier geht es nicht um eine Parteifrage. Generationen hindurch hat die große Mehrzahl unserer Vorgänger in diesem Hause, Anhänger aller Glaubensbekenntnisse und Glaubensgemeinschaften, an der Tradition festgehalten, daß der Allmächtige nur sich allein das Recht vorbehalten hat, den Augenblick zu bestimmen, in dem ein Leben ausgelöscht werden soll. Da rückt nun der Ehrenwerte Lord da drüben mit seiner Vorlage heraus und fordert uns auf, dieses Recht für uns in Anspruch zu nehmen, den Allmächtigen einfach zu ignorieren und an diesem Hoheitsrecht durchaus teilnehmen zu wollen.«

Wenn man diese Argumente liest, kann man sich einiger Randbemerkungen nicht enthalten. Es ist nicht erwiesen, daß Lord Fitzalan ein Gegner des Krieges oder der Todesstrafe war, obwohl sich in beiden Fällen Menschen das anmaßen, was er als das Vorrecht des Allmächtigen bezeichnet. Nur wenn die Tötung eine Wohltat bedeutet, erhebt er Einspruch. Und was sollen wir von einem Gott halten, der Lord Fitzalans Gefühle teilte? Ist es wirklich glaubwürdig, daß ein weises, allmächtiges und gütiges Wesen soviel Vergnügen daran findet, sich an den langen Todesqualen eines unschuldigen Menschen zu weiden, daß er denen zürnt, die diese Prüfung abkürzen? Durch den Erzbischof von Canterbury bestärkt, teilte das Oberhaus anscheinend seine Ansicht, obwohl zwei Peers, Mediziner von Beruf, sich bemühten, ihre Grausamkeit dadurch etwas abzumildern, daß sie sagten, trotz des gegenwärtigen Standes des Gesetzes kürzten die Ärzte tatsächlich des öfteren in derartigen Fällen das Leben ab, obwohl sie damit Gefahr liefen, aufgehängt zu werden. Statt vieler Reden wäre der ganze Fall weit einfacher und kürzer mit den Worten »Um Himmelswillen den Schein wahren!« zu erledigen gewesen.

Ich habe etwas länger bei dem Fall der Euthanasie verweilt, weil er vor noch nicht allzu langer Zeit im Parlament verhandelt wurde und es dabei um kein politisches Problem geht. Hier handelt es sich nicht um reich gegen arm, Konservative gegen Labour Party oder andere Fragen, um die Wahlkämpfe ausgetragen werden. Der überkommene

Sittenkodex setzt sich eisern, grausam und unerschütterlich zur Wehr, wenn ein gütiges Empfinden sich geltend machen will.

Manche Leser werden vielleicht einwenden, daß man seit 1936 liberaler denke und eine ähnliche Gesetzesvorlage heute vermutlich durchgehen würde. Vielleicht genügt als Antwort schon der Hinweis, daß eine solche Gesetzesvorlage nicht eingebracht worden ist. Unter anderem vermutlich deswegen, weil es eine ganze Reihe von Leuten gibt, die an den überkommenen Systemen festhalten und gegen jedes Parlamentsmitglied stimmen würden, falls es eine solche Vorlage einbrächte, wogegen es nur sehr wenig liberal Eingestellte gibt, die ihre politische Partei deswegen im Stich lassen würden, weil einer ihrer Parteigenossen oder ihr Kandidat gegen die Euthanasie gestimmt hätte. Die Anhänger des Althergebrachten halten fanatischer an ihren Anschauungen fest als ihre liberal gesinnten Gegner; infolgedessen steht ihre Macht in keinem Verhältnis zu ihrer Zahl. Wer öffentlich für eine Lockerung des überkommenen Kodex eintritt, kann in schlechten Ruf geraten; engstirnigen Frömmlern kann das gar nicht passieren.

Das kann ich aus eigener Erfahrung bestätigen. Im Jahre 1940 erhielt ich einen Brief von einem jungen amerikanischen Liberalen, der mein Buch »Ehe und Moral« deswegen beanstandete, weil alles darin Gesagte praktisch jetzt von jedermann akzeptiert wird und die abergläubischen Vorstellungen, gegen die ich zu Felde gezogen war, im wesentlichen ausgerottet sind. Einige Wochen später entzog man mir, als Resultat verschiedener Prozesse, meine New Yorker Professur mit der ausdrücklichen Begründung, mein Buch »Ehe und Moral« sei »lüstern, unanständig und obszön«. Die Folge war, daß ich in den gesamten Vereinigten Staaten eine Zeitlang fast völlig boykottiert wurde.

Es ist natürlich richtig, daß die öffentliche Meinung im großen und ganzen heute liberaler ist als früher, was sich in gewissem Sinne auf die Gesetzgebung ausgewirkt hat, z. B. in der Frage der Ehescheidung. Andererseits werden in diesem Lande die polizeilichen Maßnahmen gegen Homosexuelle verschärft, und in New York, wo der Ehebruch mit Gefängnis bestraft werden kann, geschieht nichts Nennenswertes zur Abänderung dieses Gesetzes. Viele Leute sagen: »Was spielt das Gesetz schon für eine Rolle, wenn es sich doch nicht durchführen läßt.« Für mein Gefühl ist das ein sehr verfängliches Argument. Erstens ist jedes Gesetz, das sich nicht durchsetzen läßt, schlecht, da damit die Achtung vor dem Gesetz verlorengeht; zweitens kann das Gesetz, wenn es sich auch gewöhnlich nicht durchzusetzen vermag, von einem rachsüchtigen Ehepartner oder einem politischen Gegner herangezogen werden, und schließlich kann es zu erpresserischen Zwecken benutzt werden. Aus diesen und anderen Gründen kann ich nicht glauben, daß eine Sache wie die offizielle Verkündung einer sittlichen Norm, die von der Mehrzahl der Bevölkerung weder eingehalten noch als richtig befunden wird, mit Gleichgültigkeit zu behandeln sein sollte.

Das Hauptargument gegen eine abergläubische Moral ist, daß sie aus weniger zivilisierten Zeiten auf uns gekommen ist und eine Härte ausdrückt, die wir zu vermeiden suchen sollten. Liebe zu allen, die uns nahestehen, und eine gütige Gesinnung gegen jedermann sind die Gefühle, die am ehesten zu einem rechten Verhalten führen werden. Überkommene Gebote haben ganz andere Quellen. Warum ist die Geburtenkontrolle sündhaft? Weil der Herr Onan erschlug. Warum ist die gleichgeschlechtliche Liebe Sünde? Weil der Herr Sodom und Gomorrha zerstörte. Warum ist der Ehebruch sündhaft? Wegen des siebenten Gebots. Ich will damit nicht sagen, daß es keine besseren Gründe für wenigstens einige dieser Verbote gäbe. Ich möchte nur zum Ausdruck bringen, daß die überlieferten Gründe nicht überzeugend sind und der Vergessenheit anheimfallen sollten.

Die abergläubische Moral hat eine weitere, sehr schädliche Seite. Sie vertritt nämlich die Anschauung, daß Menschen, die gewisse Dinge tun, Sünder seien und zu leiden verdienten. Ich will damit nicht andeuten, daß es Dinge wie die Bestrafung und das Strafrecht nicht geben sollte. Ich möchte nur sagen, daß Strafe, wo sie gerechtfertigt ist, eine bedauerliche Notwendigkeit und nicht eine freudig zu begrüßende Vergeltungsmaßnahme ist. Wenn ein Mensch, der die Pest hat, nach London kommt, werden er und alle, mit denen er in Berührung gekommen ist, isoliert und verschiedenen Unannehmlichkeiten unterworfen. Wir halten sie aber nicht für schlecht und freuen uns nicht über die Leiden, die wir ihnen zufügen müssen. Unter diesem Aspekt werden die Sünder von den üblichen Moralisten nicht betrachtet. Im Gegenteil: der Glaube an die Sündhaftigkeit berechtigt nach ihrer Meinung zu jenen Haßgefühlen, zu denen die meisten Menschen neigen. Das ist besonders verhängnisvoll, wenn eine ganze Nation oder Rasse oder ein Glaubensbekenntnis für schlecht gehalten wird. Die Welt, in der wir leben, ist erfüllt von solchen kollektiven Haßgefühlen, die stärker als alles andere die Menschen mit Katastrophen bedrohen.

Ein sittlicher Grundsatz läßt sich nach der Art der Empfindung beurteilen, die ausschlaggebend dafür ist, daß er bereitwillig angenommen wird. An Hand dieses Prüfsteins wird sich erweisen, daß sehr viele anerkannte Prinzipien nicht so anerkennenswert sind, wie es scheint. Bei ehrlicher Prüfung wird sich oft herausstellen, daß Menschen nur deshalb an einem Prinzip, ob zwingend oder nicht, festhalten, weil es einen Abzugskanal für eine nicht besonders edle Leidenschaft, besonders für die Grausamkeit, den Neid und das Lustgefühl der Überlegenheit schafft. Wenn Sie sich prüfen und finden, daß es solche Leidenschaften sind, die Sie an einem sittlichen Grundsatz festhalten lassen, dann ist das schon Grund genug, Ihre diesbezüglichen Ansichten zu überprüfen. Weil eine abergläubische Moral so oft aus nicht wünschenswerten Quellen entspringt, lohnt sich die Mühe, sie zu bekämpfen und sich nur solche sittlichen Prinzipien zu eigen zu machen, die wahrscheinlich das allgemeine Glück fördern werden, alle diejenigen aber zu verwerfen, die uns sympathisch sind, weil sie Unglück über die bringen, die wir nicht leiden können.

13   Moralische Sanktionen

In diesem Kapitel wollen wir uns mit folgender Frage beschäftigen: was für Beweggründe gibt es, oder was könnte man zu Beweggründen machen, um das ›rechte‹ Verhalten im Sinne der in den vorhergehenden Kapiteln entwickelten Ehtik zu fördern? Ich wiederhole: 1. ›recht‹ ist nach meiner Definition dasjenige Verhalten, durch das wahrscheinlich die Befriedigung am stärksten überwiegt oder die Unbefriedigung am wenigsten die Befriedigung übersteigt; 2. es kommt bei dieser Wertung nicht darauf an, wer befriedigt bzw. unbefriedigt ist. Das bedarf einer kurzen Erläuterung. Ich möchte lieber von ›Befriedigung‹ als von ›Lust‹ oder ›Interesse‹ sprechen. Der Ausdruck ›Interesse‹, wie er im allgemeinen gebraucht wird, ist begrifflich zu eng; wir würden nicht sagen, daß ein Mensch aus Eigeninteresse handelt, wenn er infolge einer gütigen Regung sein Geld zu wohltätigen Zwecken ausgibt; trotzdem aber kann er, wenn er freigebig veranlagt ist, dieser Handlung mehr Befriedigung abgewinnen als dem geizigen Festhalten jedes Groschens. Der Ausdruck ›Befriedigung‹ ist umfassend genug, um alles einzubegreifen, was einem Menschen durch die Verwirklichung seiner Wünsche zuteil werden kann; diese Wünsche hängen nicht unbedingt mit seinem Ich zusammen, außer daß der Mensch sie eben hat. So kann man z. B. wie ich den Wunsch haben, es möchte ein Beweis für Fermats letzten Lehrsatz gefunden werden, und sich freuen, wenn ein tüchtiger junger Mathematiker eine ausreichende Unterstützung erhielte, die es ihm ermöglichte, nach einem solchen Beweise zu forschen. Die Genugtuung, die man in diesem Falle empfände, gehört unter die Rubrik Befriedigung und kaum unter die Rubrik Eigeninteresse im üblichen Sinne.

Was ich unter dem Wort ›Befriedigung‹ verstehe, ist nicht ganz das gleiche wie Lust, obschon diese eng damit verknüpft ist. Gewisse Erfahrungen haben eine befriedigende Eigenschaft, die mehr ist als nur die Erregung eines Lustgefühls; bei anderen Erlebnissen dagegen, auch wenn sie sehr angenehm sind, fehlt dieses eigentümliche Gefühl der Erfüllung, das ich als Befriedigung bezeichne.

Viele Philosophen haben behauptet, die Menschen strebten stets und unwandelbar nach Lust und selbst die scheinbar uneigennützigsten Handlungen dienten diesem Zweck. Das halte ich für falsch. Es ist natürlich richtig, daß man immer ein gewisses Vergnügen empfindet, wenn man sein Ziel erreicht, ganz gleich, was man begehrt; oft aber ist das Begehren die Ursache der Lust, nicht die erhoffte Lust die Ursache des Begehrens. Das gilt namentlich für die primitivsten Bedürfnisse, z. B. Hunger und Durst. Hunger und Durst stillen ist eine Lust, aber der Wunsch, etwas Eßbares oder Trinkbares zu bekommen, ist unmittelbar und, wenn es sich nicht gerade um einen Feinschmecker handelt, kein Begehren der Lust, die die genießbaren Dinge erregen.

Die Moralisten pflegen die sogenannte ›Selbstlosigkeit‹ stark zu betonen und die Sittlichkeit vor allem als Selbstverleugnung hinzustellen. Diese Ansicht, scheint mir, entspringt aus dem Unvermögen, sich den weiten Spielraum möglicher Wünsche vorzustellen. Bei wenigen sind die Wünsche ausschließlich auf das eigene Ich konzentriert. Ein schlagender Beweis dafür ist die ungeheure Verbreitung der Lebensversicherung. Jeder Mensch wird zwangsläufig von seinen Wünschen beeinflußt, wie sie auch beschaffen sein mögen; aber es besteht kein Grund, daß sich alle seine Wünsche auf ihn selbst beziehen müssen. Und es trifft auch nicht immer zu, daß Wünsche, die sich auf andere Menschen erstrecken, bessere Taten inspirieren als egoistischere. Ein Maler kann zum Beispiel aus Liebe zu seiner Familie gutverkäufliche Dutzendware produzieren. Für die Welt aber wäre es vielleicht besser, wenn er nur Meisterwerke schüfe und es seiner Familie überließe, sich mit den Unannehmlichkeiten entsprechender Armut abzufinden. Es läßt sich allerdings nicht leugnen, daß die ungeheure Mehrzahl der Menschen die Neigung zur eigenen Befriedigung hat, und daß es unter anderem zu den Zwecken der Moral gehört, diese Neigung etwas zu dämpfen.

In dieser Hinsicht halten die üblichen Moralisten, deren System auf einer theologischen Grundlage fußt, ihre Position für weit stärker als die der Anhänger eines Systems, wie ich es befürwortet habe. Locke zum Beispiel vermag durch den ehrlichen Appell an den ungeschminkten Egoismus zu durchaus befriedigenden Ergebnissen zu kommen. Er glaubt, daß wer recht tut, in den Himmel kommt, und wer unrecht tut, in die Hölle. Folglich wird der kluge Egoist tun, was recht ist.

Klugheit ist also die einzige Tugend, die Locke für erforderlich hält. Bentham, der nicht mehr an Himmel und Hölle glaubte, meinte, gute Einrichtungen hier auf Erden hätten ziemlich die gleiche Wirkung. Verbrecher sollten in seinem ›Panopticon‹ eingesperrt werden, einem Gefängnis, dessen Zellen strahlenförmig um einen Mittelpunkt angeordnet wären und das ein raffiniert ersonnenes Spiegelsystem hätte, so daß der Gefängnisaufseher wie die Spinne im Netz alles zugleich sehen könnte, was die Verbrecher täten. Der Gefängnisaufseher ersetzte in diesem System das Auge Gottes. Wenn die Verbrecher recht täten, würden sie belohnt; handelten sie unrecht, dann würden sie bestraft. Folglich würden sie – behauptete Bentham – alle recht handeln. Aber selbst wenn er die notwendige Unterstützung für sein ›Panopticon‹ erhalten hätte, was er in seinen optimistischsten Augenblicken hoffte, so hätte es leider immer noch Leute gegeben, die sich nicht in diesem Gefängnis befanden; für sie wären dann andere Einrichtungen erforderlich gewesen. Es ist auch nicht ganz klar, warum der Gefängnisaufseher tugendhaft sein sollte. Man kann also nicht behaupten, daß Benthams Ersatz für theologische Sanktionen alle Ansprüche erfüllte.

Wenn religiöse Sanktionen in der Theorie auch angebracht erscheinen, so haben sie sich doch in der Praxis nicht als das erwiesen. Klugheit ist fast genauso schwer wie jede andere Tugend, und an die Klugheit appelliert Locke, wie wir gesehen haben. In den Jahrhunderten des Glaubens, als die Menschen wirklich davon überzeugt waren, daß eine Todsünde, auf die keine Absolution folge, in die Hölle führe, waren Mord und Notzucht weiter verbreitet als heute in der westlichen Welt, wie man mittelalterlichen Chroniken entnehmen kann. Menschen, die heftig und impulsiv sind, werden sich unter dem Zwange der Leidenschaft unklug verhalten, mag ihnen auch in ruhigeren Augenblicken ihre Unklugheit zum Bewußtsein kommen. Durch Milderung des Dogmas von der ewigen Verdammnis haben moderne Theologen die Macht der alten Sanktionen sehr abgeschwächt, und selbst diejenigen, die noch daran festhalten, wissen, daß es Möglichkeiten gibt, sie zu umgehen. Im Zuge kam ich einmal mit einem irisch-amerikanischen Politiker ins Gespräch, einem Manne von beispielhafter Frömmigkeit und gutem Sohn der Kirche. Er versicherte mir, während er mit wachsender Begeisterung seinem Whisky zusprach, daß er mit größter Liebe an Weib und Kindern hinge, jedoch keine Gelegenheit zu heimlichen Seitensprüngen vorübergehen ließe, wofür er sich dann rechtzeitig Absolution erteilen zu lassen pflege. Es wird wohl niemand bestreiten, daß derartige Fälle außerordentlich verbreitet sind. Es scheint also, als seien die alten Sanktionen ziemlich wirkungslos, sogar in solchen Dingen, auf die es ihnen besonders ankommt.

Es gibt tatsächlich keine Methode, die uns die Gewähr bieten könnte, daß jedermann tugendhaft sein werde. Die Frage der Sanktionen ist also eine quantitative. Manche Systeme zeitigen mehr Tugend, andere weniger; gewisse sittliche Prinzipien sind dem sozial wünschenswerten Verhalten förderlicher als andere. Ganz allgemein kann man sagen, Moralisten und Politiker sollten es sich zur Aufgabe machen, die größtmögliche Übereinstimmung zwischen der individuellen und der allgemeinen Befriedigung herbeizuführen, so daß nach Möglichkeit diejenigen Handlungen, zu denen sich ein Mensch bei dem Streben nach der eigenen Befriedigung veranlaßt sieht, solche Akte sind, die andere befriedigen. Wie weit die Übereinstimmung in einer bestimmten Gesellschaft geht, hängt von verschiedenen Faktoren ab, von denen drei als besonders wichtig herausgegriffen seien: a) das Sozialsystem, b) der Charakter der individuellen Wünsche und c) die Wertmaßstäbe für Lob und Tadel. Von diesen dreien ist wahrscheinlich das Sozialsystem der wichtigste. Selbstverständlich verhalten sich die Menschen in einem anarchischen Gemeinwesen, z. B. in einer Goldgräberstadt während eines Goldrausches, anders als in einem Gemeinwesen mit wirksamem feststehendem Strafrecht. Ebenso klar ist, daß die verschiedenen Gemeinwesen unterschiedliche Gelegenheiten zu persönlichem Erfolge bieten. Wenn Sie zu einer Seeräuberbande gehören, sind die Methoden, mit denen Sie ihr Anführer werden, ganz andere, als wenn Sie Mitglied eines Colleges sind und dessen Leiter werden wollen. In einem geordneten Gemeinwesen werden persönliche Erfolge der Lohn für gemeinnützige Handlungen sein; in einer anarchischen Gemeinschaft aber sind sie die Prämie für Schlauheit, Brutalität und schlagbereite Gewalttätigkeit. Aber das ist ein sehr umfangreiches Thema, das ich im Augenblick nicht weiter verfolgen möchte.

Individuelle Wünsche, die das Verhalten Einzelner bestimmen, können sehr weitgehend durch Erziehung, Mode und Gelegenheit gewandelt werden. Es ist klar, daß mit Überlegung herbeigeführte Wandlungen dieser Art darauf abgestellt werden sollten, die individuellen Wünsche nach Möglichkeit mit dem Gemeinwohl in Einklang zu bringen. Das geschieht in sehr großem Ausmaß in allen zivilisierten Gemeinwesen. Schlächter und Bäcker tragen zu meinem Wohlbefinden bei, nicht weil sie mich ins Herz geschlossen haben, sondern weil das Wirtschaftssystem das für mich Dienliche zu dem für sie Nützlichen macht. Es gibt jedoch in jedem Gemeinwesen eine mehr oder weniger große Anzahl von Menschen, die von sozial unerwünschten Beweggründen, Haß, Zorn, Neid oder dem Hang zur Gewalttätigkeit, beeinflußt werden. Psychologen und andere sollten es sich zur Aufgabe machen, die Gründe antisozialer Neigungen zu erforschen und auf ihre Beseitigung hinzuwirken. Auf diesem Gebiet ließe sich mit den Methoden des Wissenschaftlers mehr erreichen als mit denen der landläufigen Moralprediger. Die Morallehrer haben im allgemeinen von der Predigt und der ausgesprochenen Mahnrede zuviel und von der wissenschaftlichen Erforschung der psychologischen Ursächlichkeit zuwenig gehalten. Hand in Hand damit ging eine Überbewertung der Sünde und der Willensfreiheit. Viele Charakterfehler lassen sich genausowenig durch Predigten kurieren wie körperliche Leiden. Es ist kaum abzusehen, was alles zur moralischen Besserung Einzelner getan werden könnte, wenn die Materie mit der gleichen Sorgfalt und in dem gleichen Geiste erforscht würde, mit denen zünftige Mediziner die leibliche Gesundheit untersuchen.

Wenn Lob und Tadel von der öffentlichen Meinung erteilt werden, dann üben sie auf das Verhalten eine ungeheure Wirkung aus, wenn auch keineswegs immer eine gute. Napoleon genoß nicht nur bei den Franzosen Bewunderung, sondern auch bei vielen Angehörigen der von ihm besiegten Völker, zum Beispiel bei Deutschen und Italienern. Was für solche Menschen in sehr hohem Grade gilt, das hat in geringerem Maße auch für weniger bedeutende Leute Gültigkeit. Formen des Erfolgs, die sozial nicht nützlich sind, werden gepriesen, während wiederum Handlungen, die keinen Schaden anrichten, dort getadelt werden, wo eine abergläubische Moral gilt.

In allen diesen Bezügen können moralische Sanktionen mehr oder minder gut oder schlecht sein. In allen sind sie sehr mächtig. Bei guten Institutionen, einer sozial wünschenswerten Ethik und einer unter wissenschaftlichen Gesichtspunkten erfolgenden Erziehung des individuellen Charakters bestände die Möglichkeit, daß Gegensätze zwischen der individuellen und der allgemeinen Befriedigung sehr selten würden. Dieses Ergebnis zu verbürgen, sollte das höchste Ziel derer sein, denen die Heranbildung einer glücklichen menschlichen Gesellschaft am Herzen liegt.

In den westlichen Staaten, wie sie derzeit beschaffen sind, ist schon ein beträchtliches Maß von Harmonie zwischen individueller und allgemeiner Wunschbefriedigung erreicht worden, sofern wir uns auf die inneren Angelegenheiten des einzelnen Staates beschränken und von seinen Beziehungen zu potentiell feindlichen Ländern absehen. Den ersten Schritt zur Herbeiführung dieser Harmonie bedeutet das Strafrecht, das bewirkt, daß die Nachsicht gegenüber Handlungen wie Mord und Diebstahl als Verstoß gegen die Interessen aller, von ganz wenigen Ausnahmen abgesehen, angesehen wird. Der zweite sehr wichtige Faktor ist die Notwendigkeit, den Lebensunterhalt zu verdienen. In der Regel werden Menschen nur dann für ihre Arbeit bezahlt, wenn sie als nützlich betrachtet wird; überdies beansprucht die Arbeit bei den meisten Menschen einen großen Teil ihrer Zeit. Der nächste Faktor bei der Förderung dessen, was ein Gemeinwesen als gutes Verhalten betrachtet, ist die Erteilung von Lob und Tadel. Die Menschen wollen gern bewundert und ungern gehaßt werden. Dieses Motiv kann jedoch, wie wir schon sahen, schlechte Auswirkungen haben, wenn die Maßstäbe, nach denen die Gemeinschaft Lob und Tadel verteilt, unzulänglich oder falsch sind.

Abgesehen von diesen Mitteln, egozentrische Motive gemeinnützig zu machen, haben die meisten Menschen unmittelbare Regungen, die sich auf andere Menschen beziehen, Regungen des Hasses zum Beispiel, die aller Wahrscheinlichkeit nach schädlich sein werden. Motive aber wie Liebe zur Familie und Freundschaft sind das Normale, ausgenommen in Zeiten außergewöhnlicher Spannung. Es gibt auch, und wohl verbreiteter als man denkt, ein Motiv allgemeiner Güte, das in Zeiten großer Naturkatastrophen wie Überschwemmungen und Erdbeben in den Vordergrund tritt. Eine Triebfeder ist schließlich auch der Stolz auf die eigene Gruppe: auf die Familie, die Stadt, das Volk oder was immer, wenn er auch in seinen Auswirkungen sowohl schlecht als auch gut sein kann. Diese Triebkräfte gehören genauso zum menschlichen Durchschnittscharakter wie die sich ausschließlich auf das eigene Ich beziehenden Motive.

Aus den obigen Gründen verrichten heute schon in den besseren Gemeinwesen die meisten Menschen Tätigkeiten, die für andere ebenso nützlich sind wie für sie selbst. Nicht weil das Sittengesetz Selbstlosigkeit gebietet, sondern weil ihre Neigungen und Wünsche sie im

Rahmen der Gesellschaft, in der sie leben, so zu handeln zwingen. Es ist klar, daß sich durch bessere Einrichtungen, eine bessere Erziehung der Gefühle und eine bessere Verteilung von Lob und Tadel das schon beträchtliche Ausmaß, in dem Handlungen der Menschen die Wohlfahrt ihres Gemeinwesens fördern, noch vergrößern ließe. Auf solche Dinge, nicht auf die Wiederbelebung des Glaubens an übernatürliche Sanktionen muß es uns ankommen, wenn wir den sittlichen Fortschritt wollen.

ZWEITER TEIL

DER KONFLIKT DER LEIDENSCHAFTEN

1 Von der Ethik zur Politik

Die ein wenig abstrakten sittlichen Betrachtungen, die wir in den vorhergehenden Kapiteln angestellt haben, könnten bei jemand, der von der menschlichen Geschichte nichts wüßte, den Eindruck erwecken, der Weg zur allgemeinen Zufriedenheit sei einfach und nicht zu verfehlen. Die Wünsche, die das Verhalten von Einzelnen und von Gruppen bestimmten, müßten nur miteinander verträglich und nicht von Natur aus so beschaffen sein, daß sie die Wünsche anderer vereitelten. Von verhältnismäßig belanglosen Ausnahmen abgesehen, wäre es durchaus möglich, diesen Zustand herbeizuführen. Die Wünsche der Menschen sind nichts unwandelbar Gegebenes, sondern werden von ihren Lebensumständen, ihrer Erziehung und den ihnen gebotenen Chancen bestimmt. Mit den Fertigkeiten, die wir heute besitzen, und der Verbreitung des von den Volkswirtschaftlern und Soziologen gesammelten Wissens ließen sich die verderblicheren Leidenschaften so weit zurückdrängen, daß ihnen nicht mehr Bedeutung zukäme als solchen, die Menschen zum privaten Mord treiben. Damit würde der ganzen Welt ein solches Ausmaß von Zufriedenheit und eine so allseitige Verbreitung des Glücks zuteil werden, wie es ihr seit dem Bestehen einer Gesellschaftsordnung noch nicht beschieden war.

Doch in der wirklichen Welt sehen die Dinge anders aus. Die Motive menschlichen Handelns, die wir der Geschichte entnehmen, sind großenteils so beschaffen, daß einer stets den kürzeren ziehen muß. Da gibt es die Liebe zur Macht, den Wetteifer, den Haß, und ich fürchte, wir werden auch das positive Vergnügen beim Anblick des Leidens einbeziehen müssen. Diese Leidenschaften sind so mächtig, daß sie nicht nur das Verhalten der Gesellschaften bestimmten, sondern auch dazu geführt haben, daß diejenigen gehaßt wurden, die sie bekämpften. Als Christus die Menschen lehrte, einander zu lieben, erregte er eine solche Empörung, daß die Menge schrie: »Kreuzige ihn! Kreuzige ihn!« Von jeher sind die Christen eher der Masse gefolgt als dem Stifter ihrer Religion. Auch die Nichtchristen sind in dieser Beziehung nicht rückständig gewesen. Malenkow und Senator McCarthy haben beide fleißig weitergewirkt im Geiste der Menge, die nach Kreuzigung schrie. Die Intelligenz wurde nicht dazu benutzt, die Leidenschaften zu bändigen, sondern ihnen größeren Spielraum zu verschaffen. Seit den Uranfängen der Zivilisation haben die Mächtigen die Schwachen als Sklaven behandelt. In fast allen bäuerlichen Gemeinwesen bleibt die schwere Arbeit den Frauen überlassen, nicht weil sie besser dazu geeignet wären als die Männer, sondern nur, weil sie weniger Muskelkraft besitzen und deshalb weniger taugen. In der gesamten Geschichte ist durchgehend die Macht dazu benutzt worden, den Starken einen ungebührlichen Anteil an den guten Dingen zu verschaffen und den Schwachen ein Leben voller Elend und Plage aufzubürden.

Ebenso verhängnisvoll hat sich der Wetteifer ausgewirkt. Ich denke dabei weniger an seine bescheideneren Formen, wie das Verlangen, andere durch Reichtum und soziale Geltung zu übertrumpfen, als an das Rivalitätsverhältnis organisierter Gruppen, aus dem Kriege entstehen.

Man kann nicht behaupten, daß die Welt im ganzen in dieser Hinsicht besser geworden wäre. Als die Menschen noch nicht sehr zahlreich waren und sich noch nirgends Ansätze zu einem Sozialgefüge zeigten, gab es wohl den Hunger und drohten Gefahren seitens wilder Tiere, und doch waren, ehe die Vorsorge zur Gewohnheit geworden war, Zeiten des Glücks möglich, wenn Hunger und Gefahren sich nicht bemerkbar machten. Wohl nie ist die Summe menschlichen Elends in der Vergangenheit jemals so groß gewesen wie in den letzten fünfzig Jahren. Da war die Nazikampagne zur Ausrottung der Juden, da war die Verurteilung von Millionen russischer Bauern zum Hungertode, da waren die großen Säuberungsaktionen und die riesigen Zwangsarbeitslager. Und damit nicht genug, brachten die letzten Jahre ein Übergreifen des gleichen Systems auf China. Daß die westlichen Nationen auf dem Wege seien, das Gleichgewicht durch eine Vermehrung des Glücks wiederherzustellen, wird wohl niemand behaupten können, denn über allen schwebt die drohende Gefahr eines Krieges, der mit Atom- und Wasserstoffbomben und der raffinierten Grausamkeit ausgefochten werden wird, die in modernen Gefangenenlagern üblich geworden ist.

Das Studium der Geschichte, angefangen vom Bau der Pyramiden bis in die Gegenwart, ist für niemand ermutigend. Verschiedentlich hat es Menschen gegeben, die erkannten, was gut war, aber das Schema des menschlichen Verhaltens abzuändern, ist ihnen nicht gelungen. Buddha und Christus lehrten die allumfassende Liebe, aber schließlich entschieden sich die Bewohner Indiens doch für Schiwa. Der heilige Franziskus war gütig in seinen Lehren, doch seine persönlichen Schüler wurden zu Anwerbern in einem sehr brutalen Krieg. Die menschliche Natur hat einen so starken Hang zu den grausamen Leidenschaften, daß diejenigen, die sie bekämpften, sich fast immer verhaßt gemacht haben, und ganze sittliche und theologische Systeme erfunden werden, um den Menschen einzuimpfen, Grausamkeit sei etwas besonders Vornehmes.

Solche Überlegungen machen es schwierig, die Sittlichkeit auf die Politik anzuwenden – so schwierig, daß es manchmal aussichtslos erscheint. Aber wir haben jetzt in der menschlichen Geschichte das Stadium erreicht, in dem zum ersten Male das Fortbestehen des Menschengeschlechts davon abhängt, wieweit Menschen lernen können, sich sittlichen Überlegungen zu beugen. Wenn wir weiter den zerstörenden Leidenschaften freien Lauf lassen, werden uns unsere immer mehr vervollkommneten technischen Fertigkeiten alle ins Verderben stürzen. Wir müssen also hoffen und mit allen Kräften darauf vertrauen, daß die Menschheit noch am Rande der letzten Katastrophe innehalten wird, um sich zu besinnen und sich zu vergegenwärtigen, daß die Fortdauer unserer eigenen Existenz vielleicht sogar mit dem Wohlergehen derer, die wir hassen, nicht zu teuer erkauft wäre.

Dabei machen die zerstörenden Leidenschaften nicht einmal wirklich glücklich. Die Sklavenhalter lebten in der ständigen Furcht vor Sklavenaufständen; gerüstete Nationen, die sich den Rang streitig machen, peinigt die Angst vor der Niederlage im Krieg. Alle, die von der Ungerechtigkeit profitieren, müssen ihre edleren Gefühle zum Schweigen bringen, und von einigen der größten Freuden, die das menschliche Leben zu bieten hat, erfahren sie nichts.

In den folgenden Kapiteln, die von dem Konflikt organisierter Leidenschaften seit Anbeginn der Zivilisation und von dem Glücksverlust handeln, den dieser Konflikt zur Folge gehabt hat, werden wir zu überlegen haben, warum die Menschen bis jetzt ihre Intelligenz dazu benutzt haben, eine Welt entstehen zu lassen, an der nur wenige Gefallen finden konnten, die für die meisten aber ein Leben weit elender als das der wilden Tiere bedeutete. Ehe wir nicht verstehen, wie es dahin kommen konnte, dürfen wir nicht hoffen, einen Weg zu finden, die sittlichen Lehren wirksam zu machen. Alles, was in den nachstehenden Kapiteln vielleicht trostlos erscheint und entmutigend wirkt, dient nur dem einen Zweck, Möglichkeiten ausfindig zu machen, durch die sich die Menschheit bewegen läßt, sich ein glückliches Dasein zu gönnen. Das Problem dürfte nicht unlösbar sein; man braucht schließlich nur an das Eigeninteresse zu appellieren. Es sind nur wenige, die glücklicher sind, weil die Welt aus den Fugen geraten ist. Einige davon freilich besitzen große Macht, aber Macht haben sie vornehmlich deswegen, weil die Menschen blind sind. Weil der Verstand unsere Leidenschaften für unwandelbar hielt, brachte er die Welt in ihre gegenwärtige Lage. Unsere Leidenschaften sind aber nicht unwandelbar. Es gehört weniger Sachkenntnis dazu, sie zu verwandeln, als zur Umwandlung der Elemente. Es will mir nicht in den Sinn, daß das Menschengeschlecht, das sich auf manchen Gebieten als so ungeheuer leistungsfähig erwiesen hat, in anderen so heillos beschränkt sein soll, seine eigene Qual und Vernichtung zu wollen. Unser Zeitalter ist düster, aber vielleicht werden gerade die Ängste, die es uns einflößt, zu einem Quell der Weisheit. Wenn das Wirklichkeit werden soll, dann muß die Menschheit in den gefährlichen Jahren, die ihr bevorstehen, der Verzweiflung zu entrinnen suchen und sich die Hoffnung auf eine Zukunft lebendig erhalten, die besser ist als alles, was je gewesen ist. Das ist nicht unmöglich. Es kann Wirklichkeit werden, wenn die Menschen es nur wollen.

2   Politisch bedeutsame Wünsche

Ich möchte die Erörterung der politischen Theorie mit diesem Thema beginnen, weil die üblichen Darstellungen der Politik und der politischen Theorie meiner Ansicht nach meistens der Psychologie nicht genügend Rechnung tragen. Wirtschaftliche Gegebenheiten, Bevölkerungsstatistik, verfassungsmäßiger Aufbau usw. werden in allen Einzelheiten dargelegt. Wieviel Süd- und wieviel Nordkoreaner es bei Ausbruch des Koreakrieges gab, läßt sich ohne weiteres feststellen. Wenn Sie die richtigen Bücher zu Rate ziehen, werden Sie das beiderseitige Durchschnittseinkommen je Kopf der Bevölkerung und die Größe der beiderseitigen Armeen ermitteln können. Wenn Sie aber wissen wollen, was für ein Mensch der Koreaner ist, ob sich die Nordkoreaner merklich von den Südkoreanern unterscheiden, was sie außer der Lebensnotdurft begehren, womit sie unzufrieden sind, was sie erhoffen und befürchten, kurz, was sie ›bewegt‹, wie man sagt, dann werden Sie vergeblich in den Nachschlagewerken blättern. Und so vermögen Sie nicht zu sagen, ob die Südkoreaner von der UNO begeistert sind oder ob sie die Vereinigung mit ihren Vettern im Norden vorziehen. Ebenso können Sie nicht erraten, ob sie gewillt sind, auf die Agrarreform zu verzichten zugunsten des Vorrechts, für einen Politiker zu stimmen, von dem sie noch nie etwas gehört haben. Die

Vernachlässigung solcher Fragen seitens der bedeutenden Männer, die in fernen Hauptstädten sitzen, führt infolgedessen häufig zu Enttäuschungen. Wenn die Politik wissenschaftlichen Charakter bekommen soll und wir uns nicht dauernd von den Ereignissen überraschen lassen wollen, dann müssen wir die sorgfältigere Erforschung der Motive menschlichen Handelns zu einer der wesentlichsten Voraussetzungen unserer politischen Überlegungen machen. Wie prägt sich der Hunger in Parolen aus? Wie schwankt deren Wirksamkeit mit der Anzahl der Kalorien in der Ernährung? Wenn einer Ihnen die Demokratie anbietet und ein anderer einen Sack Korn, in welchem Stadium des Verhungerns werden Sie das Korn dem Stimmrecht vorziehen? Solche Fragen werden viel zuwenig berücksichtigt. Doch jetzt wollen wir die Koreaner sich selbst überlassen und uns dem Menschengeschlecht im ganzen zuwenden.

Jede menschliche Handlung wird durch Wünsche oder Triebe veranlaßt. Einige ernsthafte Moralisten vertreten die völlig verfehlte Theorie, man könne um der Pflicht und um des sittlichen Prinzips willen seinen Wünschen widerstehen. Ich bezeichne sie als verfehlt, nicht weil kein Mensch jemals aus Pflichtgefühl handelt, sondern weil die Pflicht keinen Einfluß auf ihn hat, wenn er nicht pflichttreu sein will. Wenn Sie wissen wollen, was Menschen tun werden, dann müssen Sie nicht nur im allgemeinen über ihre materiellen Verhältnisse Bescheid wissen, sondern außerdem noch das ganze System ihrer Wünsche und deren jeweiligen Intensitätsgrad kennen.

Es gibt Wünsche, die in der Regel keine große *politische* Bedeutung haben, auch wenn sie sehr heftig sind. Zu einem gewissen Zeitpunkt ihres Lebens haben die meisten Menschen den Wunsch, sich zu verheiraten, den sie aber in der Regel befriedigen können, ohne eine politische Handlung vorzunehmen. Natürlich gibt es Ausnahmen: der Raub der Sabinerinnen ist ein typisches Beispiel. Die Entwicklung Nordaustraliens wird bedenklich dadurch gehemmt, daß die kräftigen jungen Leute, die dieseAufgabe bewältigen sollten, keinen Geschmack daran finden, jede weibliche Gesellschaft entbehren zu müssen. Aber solche Fälle sind ungewöhnlich, und im allgemeinen hat das Interesse, das Männer und Frauen füreinander haben, auf die Politik wenig Einfluß.

Die Wünsche, die politisch bedeutsam sind, lassen sich in eine primäre und eine sekundäre Gruppe gliedern. Unter die primäre fallen die Lebensbedürfnisse: Nahrung, Wohnung, Kleidung. Wenn diese Dinge sehr knapp werden, scheuen die Menschen vor keiner Anstrengung oder Gewalttätigkeit zurück, wenn sie Aussicht zu haben mei-

nen, sich diese Dinge zu verschaffen. Kenner der frühesten mohammedanischen Geschichte versichern uns, bei vier verschiedenen Gelegenheiten habe die Dürre in Arabien die Bevölkerung dieses Gebietes gezwungen, sich unter ungeheuren politischen, kulturellen und religiösen Auswirkungen über die angrenzenden Gebiete zu ergießen. Die
letzte war der Aufstieg des Islam. Die allmähliche Ausbreitung ger-
manischer Stämme von Südrußland bis England und von dort nach
San Franzisko hatte ähnliche Beweggründe. Zweifellos war und ist
das Verlangen nach Nahrung einer der Hauptgründe großer politischer Ereignisse.

Doch der Mensch unterscheidet sich von anderen Lebewesen in
einem sehr wichtigen Punkt: er hat nämlich gewisse Wünsche, die
sozusagen grenzenlos sind, die nie ganz erfüllt werden können und
ihm selbst im Paradiese keine Ruhe lassen würden. Wenn die Boa
constrictor eine angemessene Mahlzeit zu sich genommen hat, legt sie
sich schlafen und erwacht erst, wenn sie wieder eine Mahlzeit braucht.
So verhalten sich die Menschen, jedenfalls die überwiegende Mehrzahl, nicht. Als die Araber, die gewohnt waren, mit wenigem auszukommen, in den Besitz der Reichtümer des Oströmischen Reiches ge-
langten und in Palästen von fast unglaubwürdigem Luxus wohnten,
wurden sie darum nicht untätig. Hunger war nun kein Ansporn mehr
für sie, denn auf den leisesten Wink versahen sie griechische Sklaven
mit erlesenen Speisen. Aber andere Wünsche hielten sie in Tätigkeit:
vornehmlich waren es vier, die wir als Gewinnsucht, Wettbewerb,
Eitelkeit und Machtliebe bezeichnen können.

Gewinnsucht – das Verlangen, möglichst viel Güter oder Ansprü-
che auf Güter zu besitzen – ist ein Motiv, das vermutlich aus einem
Gemisch von Angst und dem Begehren des Lebensnotwendigen ent-
springt. Ich freundete mich einmal mit zwei kleinen Mädchen aus
Estland an, die mit knapper Not dem Hungertode entronnen waren.
Sie wohnten bei meiner Familie und hatten natürlich reichlich zu
essen. Aber ihre ganze Freizeit brachten sie damit zu, die umliegenden
Bauernhöfe aufzusuchen und Kartoffeln zu stehlen, die sie hamsterten.
Rockefeller, der in seiner Jugend große Armut kennengelernt hatte,
verbrachte sein Leben, als er erwachsen war, auf ähnliche Weise.
Ebenso konnten auch die Araberhäuptlinge auf ihren seidenen byzan-
tinischen Ruhebetten die Wüste nicht vergessen und horteten weiter
über jedes normale Bedürfnis hinaus Reichtümer. Aber wie man auch
die Gewinnsucht psychoanalytisch erklären mag, so wird doch niemand bestreiten, daß sie zu den großen Motiven zählt – vor allem zu
den stärkeren, denn, wie bemerkt, ist sie unbegrenzt. Mag man auch

noch soviel erwerben, stets wird man mehr haben wollen; Sättigung ist ein Traum, der immer wieder zerrinnt.

Aber obwohl die Gewinnsucht der Hauptursprung des kapitalistischen Systems war, ist sie doch nicht etwa das stärkste Motiv, das nach Überwindung des Hungers fortbesteht. Ein viel stärkerer Antrieb ist der Wettbewerb. In der mohammedanischen Geschichte gerieten die Dynastien immer wieder in Schwierigkeiten, weil Sultanssöhne, die nicht die gleiche Mutter hatten, sich nicht einigen konnten und der Bürgerkrieg, der die unvermeidliche Folge war, mit dem Untergang aller endete. Nicht anders geht es im modernen Europa. Als die britische Regierung unklugerweise Kaiser Wilhelm II. die Teilnahme an einer Flottenparade in Spithead gestattete, reagierte er anders, als wir beabsichtigt hatten. Er dachte sich nämlich: Ich muß eine Flotte haben, die genauso gut ist wie Großmamas. Und aus diesem Gedanken entwickelten sich dann alle unsere späteren Nöte und Sorgen. Die Welt wäre eine glücklichere Stätte, wenn die Gewinnsucht stets größer wäre als der Wetteifer. Aber in Wirklichkeit ist es so, daß sehr viele Menschen getrost die eigne Verarmung mit in Kauf nehmen, wenn sie nur ihre Konkurrenten in Grund und Boden ruinieren können. Daher das derzeitige Steuerniveau.

Eitelkeit ist ein ungeheuer mächtiges Motiv. Wer viel mit Kindern zu tun hat, weiß, daß sie dauernd irgendwelche Faxen machen und sagen: »Guck mal mich an!« »Guck mal mich an!« ist einer der wesentlichsten Wünsche des Menschenherzens. Er kann zahllose Formen annehmen, vom Possenreißen bis zum Streben nach Nachruhm. Ein kleiner Renaissancefürst wurde einst auf dem Sterbebett vom Priester gefragt, ob er etwas zu bereuen habe. »Ja«, meinte er, »etwas ja. Mich besuchten einmal der Kaiser und der Papst gleichzeitig. Ich führte sie auf meinen Turm hinauf, um sie die Aussicht bewundern zu lassen, und versäumte die Gelegenheit, sie beide hinunterzustürzen; damit hätte ich unsterbliche Berühmtheit erlangt.« Die Geschichte verschweigt, ob der Priester ihm Absolution erteilte. Eine mißliche Eigenschaft der Eitelkeit ist, daß sie immer größer wird, je mehr man sie pflegt. Je mehr man von einem spricht, desto mehr wünscht er, soll von ihm gesprochen werden. Der bereits abgeurteilte Mörder, dem gestattet wird, die Presseberichte über seinen Prozeß zu lesen, ist empört, wenn er eine Zeitung entdeckt, deren Berichterstattung unzureichend ist. Und je mehr er in anderen Zeitungen über sich findet, desto entrüsteter wird er über die eine sein, deren Bericht zu dürftig ist. Nicht anders ist es bei Politikern und Schriftstellern. Je berühmter sie werden, desto größere Schwierigkeiten wird das Zeitungsausschnittbüro haben, sie zufriedenzustellen. Die Rolle, die die Eitelkeit im gesamten Bereich des menschlichen Lebens spielt, angefangen beim dreijährigen Kind bis hinauf zum Potentaten, ist kaum zu übertreiben. Die Menschheit war sogar so frevelhaft, ähnliche Wünsche Gott zuzuschreiben, den sie sich als dauernd auf Lob erpicht vorstellte.

Aber so groß auch der Einfluß der von uns besprochenen Beweggründe ist, so gibt es doch einen, der sie alle in den Schatten stellt, nämlich die Machtliebe. Die Machtliebe ist eng verwandt mit der Eitelkeit, aber durchaus nicht dasselbe. Was die Eitelkeit zu ihrer Befriedigung braucht, ist Ruhm, und zu Ruhm kann man leicht auch ohne Macht kommen. Die Menschen, die sich in den Vereinigten Staaten der größten Berühmtheit erfreuen, sind die Filmstars; sie können aber vom Committee for Un-American Activities in ihre Schranken gewiesen werden, und dieses wiederum erfreut sich überhaupt keiner Berühmtheit. In England ist der König eine größere Berühmtheit als der Premierminister, aber der Premierminister hat größere Macht als der König. Viele Leute wollen lieber Ruhm als Macht, aber im großen und ganzen haben diese Menschen weniger Einfluß auf den Lauf der Dinge als die, welche Macht dem Ruhm vorziehen. Als Blücher 1815 die Paläste Napoleons erblickte, rief er aus: »Welch ein Wahnsinn, bis nach Moskau zu laufen, wo er all dies sein eigen nannte!« Napoleon, der gewiß nicht frei von Eitelkeit war, zog die Macht vor, wenn er zu wählen hatte. Blücher erschien seine Wahl töricht. Macht ist wie Eitelkeit unersättlich. Nur Allmacht könnte sie ganz befriedigen. Und da sie vor allem ein Laster tatkräftiger Menschen ist, steht die kausale Wirksamkeit der Machtliebe in keinem Verhältnis zu ihrer Häufigkeit. Sie ist tatsächlich die weitaus stärkste Triebfeder im Leben bedeutender Menschen.

Durch das Erlebnis der Macht wird die Machtliebe beträchtlich gesteigert, gleichviel, ob es sich um einen kleineren Machtbereich handelt oder um die Macht von Herrschern. In den glücklichen Tagen vor 1914, als wohlhabende Damen sich eine Menge Dienstboten halten konnten, bereitete ihnen die Ausübung ihrer Macht über sie immer größeres Vergnügen, je älter sie wurden. Ähnlich werden bei einem autokratischen Regime die Machthaber durch das Erlebnis der Freuden, welche die Macht bietet, immer tyrannischer. Da sich Macht über Menschen darin äußert, daß man sie zwingen kann, etwas zu tun, was sie nicht tun möchten, so neigt der von Machtliebe Besessene dazu, anderen eher Schmerzen als Freuden zu bereiten. Wenn Sie ihren Chef aus einem berechtigten Anlaß um Urlaub bitten, befriedigt er seine

Machtliebe mehr, wenn er Ihre Bitte abschlägt, als wenn er sie gewährt. Wenn Sie um eine Bauerlaubnis nachsuchen, wird es dem betreffenden kleinen Beamten sichtlich mehr Vergnügen bereiten, Sie mit einem Nein statt mit einem Ja zu bescheiden. Solche Dinge machen die Machtliebe zu einem so gefährlichen Motiv.

Aber sie hat auch andere, erstrebenswertere Züge. So beruht Wissensdurst wohl vornehmlich auf der Machtliebe. Ebenso alle Fortschritte in der wissenschaftlichen Technik. Auch in der Politik kann ein Reformer die Macht genauso heftig lieben wie ein Despot. Es wäre ganz falsch, die Machtliebe grundsätzlich als Triebfeder herabzusetzen. Ob Sie dieses Motiv zu nützlichen oder schädlichen Handlungen veranlaßt, hängt von dem Sozialsystem und von Ihren Fähigkeiten ab. Liegt Ihre Begabung auf theoretischem oder technischem Gebiet, dann werden Wissenschaft und Technik durch Sie gefördert werden, so daß Ihre Tätigkeit in der Regel nützlich sein wird. Wenn Sie Politiker sind, dann *kann* Ihre Machtliebe die Triebkraft sein; in der Regel aber wird sich dieses Motiv mit dem Wunsch verbinden, einen bestimmten Zustand verwirklicht zu sehen, den Sie aus irgendeinem Grunde dem Status quo vorziehen. Einem großen General wie Alkibiades kann es gleichgültig sein, auf welcher Seite er kämpft; die meisten Generäle aber haben lieber für ihr eigenes Land gefochten und folglich außer der Machtliebe noch andere Beweggründe gehabt. Ein Politiker kann die Partei so oft wechseln, daß er sich immer auf Seiten der Majorität befindet; die meisten Politiker aber haben eine bestimmte Partei vorgezogen und damit ihre Machtliebe hintangestellt. Bei einzelnen unterschiedlichen Menschentypen findet man die Machtliebe fast bis zur Vollendung ausgeprägt. Ein solcher Typ ist zum Beispiel der Glücksritter, dessen unübertreffliche Verkörperung Napoleon darstellt. Napoleon hatte wohl keinen ideologischen Grund, Frankreich Korsika vorzuziehen, aber als Kaiser von Korsika wäre er nicht der große Mann geworden, was ihm im Grunde dadurch gelang, daß er sich als Franzose bezeichnete. Solche Menschen sind allerdings keine ganz reinen Beispiele, da sie der Eitelkeit ungeheure Befriedigung verdanken. Der reinste Typus in diesem Sinne ist die *Graue Eminenz* – die Macht hinter dem Thron, die niemals öffentlich auftritt und sich im stillen an dem Gedanken weidet: »Was wissen diese Puppen, wer der Drahtzieher ist.« Geheimrat von Holstein, der von 1890 bis 1906 die Außenpolitik des Deutschen Reiches leitete, verkörpert diesen Typ in der Vollendung. Er wohnte in einem elenden Stadtviertel; er erschien niemals in der Gesellschaft; er mied Begegnungen mit dem Kaiser, mit Ausnahme einer einzigen Gelegenheit, bei der er dem Drängen des Kaisers nachgeben mußte; er lehnte alle Einladungen zu Hoffestlichkeiten ab mit der Begründung, er besäße nicht die bei Hofe vorgeschriebene Garderobe. Er war in den Besitz von Geheimnissen gelangt, die es ihm ermöglichten, den Kanzler und viele intime Freunde des Kaisers zu erpressen. Das Mittel der Erpressung benutzte er nicht, um sich Reichtum, Ruhm oder andere handgreifliche Vorteile zu verschaffen, sondern lediglich, um die Billigung der von ihm für gut befundenen Außenpolitik zu erzwingen. Im Orient waren ähnliche Charaktere unter Eunuchen keine Seltenheit.

Ich komme nun zu anderen Beweggründen, die zwar nicht die gleiche grundlegende Bedeutung haben wie die bisher von uns besprochenen, trotzdem aber nicht zu unterschätzen sind. Zu ihnen gehört als erstes das Bedürfnis nach Aufregung. Die Menschen zeichnen sich dadurch vor den Tieren aus, daß sie Langeweile haben können, obwohl ich mitunter bei Betrachtung der Affen im Zoo Rudimente dieser mißlichen Fähigkeit bei ihnen zu beobachten glaubte. Wie dem auch sei, die Erfahrung lehrt, daß es zu den wirklich stärksten Wünschen fast aller Menschen gehört, der Langeweile zu entrinnen. Wenn Weiße zum erstenmal mit unverdorbenen wilden Völkern in Berührung kommen, bieten sie ihnen alle möglichen Gaben an, angefangen mit dem Lichte der Evangelien bis zur Kürbistorte. Diese aber werden, sosehr wir es vielleicht auch bedauern, von den meisten Wilden gleichgültig hingenommen. Was sie wirklich von den Gaben, die wir ihnen bringen, schätzen, sind berauschende Getränke, die ihnen zum ersten Male in ihrem Dasein auf ein paar kurze Augenblicke die Illusion schenken, daß es besser sei, lebendig als tot zu sein. Solange die Indianer von den Weißen noch nicht beeinflußt waren, pflegten sie ihre Pfeife zu rauchen, nicht geruhsam wie wir, sondern orgiastisch, den Rauch so tief inhalierend, daß sie in Ohnmacht sanken. Und wenn die Erregung durch das Nikotin ausblieb, dann pflegte ein patriotischer Redner sie zu einem Überfall auf einen Nachbarstamm aufzuhetzen, der ihnen den gleichen Genuß bereitete wie uns (je nach Temperament) ein Pferderennen oder allgemeine Wahlen. Die Freude am Spiel besteht fast ausschließlich in der Aufregung. Huc schildert, wie chinesische Händler im Winter an der Großen Mauer so lange spielen, bis sie erst ihr ganzes Geld, dann ihre gesamten Waren und schließlich ihre Kleider verloren haben und nackt davongehen und erfrieren. Bei zivilisierten Menschen wie auch bei primitiven Indianerstämmen ist es, glaube ich, vornehmlich das Bedürfnis nach Aufregung, das das Volk veranlaßt, den Ausbruch von Kriegen mit Beifall zu begrüßen; die Empfindung ist ganz die gleiche wie bei einem Fußballwettspiel, wenn auch die Ergebnisse zuweilen ernster sind.

Es ist alles andere als leicht zu entscheiden, woher eigentlich das Bedürfnis nach Aufregung stammt. Ich möchte fast annehmen, daß unser geistiges Rüstzeug dem Stadium angepaßt ist, in dem die Menschen in der Hoffnung auf einen Braten von der Jagd lebten. Wenn ein Mann den lieben langen Tag damit zugebracht hatte, mit sehr primitiven Waffen ein Stück Wild zu erlegen, und er schließlich, wenn der Tag sich neigte, die Beute in seine Höhle geschleppt hatte, dann streckte er sich müde und zufrieden aus, während sein Weib das Fleisch zurichtete und briet. Er war schläfrig, die Knochen taten ihm weh, und der Essensduft erfüllte alle Spalten und Ritzen seines Bewußtseins. Nach dem Essen versank er dann schließlich in tiefen Schlummer. In einem solchen Leben hatte man weder Zeit noch Kraft für Langeweile. Als der Mensch aber zum Ackerbau überging und die ganze schwere Feldarbeit seinem Weibe überließ, hatte er Zeit, über die Eitelkeit des Menschenlebens nachzudenken, Mythologien und philosophische Systeme zu ersinnen und von einem künftigen Leben zu träumen, worin er immerwährend den wilden Eber von Walhall jagen würde. Unser geistiges Rüstzeug ist für ein Leben sehr schwerer körperlicher Arbeit geschaffen. Als ich jünger war, verbrachte ich meine Ferien gewöhnlich mit Wandern. Ich pflegte täglich 25 Meilen zurückzulegen, und wenn der Abend kam, brauchte ich nichts, um mir die Langeweile vom Leibe zu halten; einfach dazusitzen, war mir schon Wonne genug. Aber das moderne Leben läßt sich nicht nach den Grundsätzen körperlicher Ertüchtigung führen. Ein großer Teil der Arbeit wird im Sitzen verrichtet, und bei der meisten Handarbeit werden nur ein paar besondere Muskeln beansprucht. Wenn sich die Massen auf dem Trafalgar Square versammeln, um laut eine Proklamation zu bejubeln, daß die Regierung beschlossen habe, sie umbringen zu lassen, dann würden sie das sicher unterlassen, wenn sie alle an dem betreffenden Tage 25 Meilen hinter sich hätten. Diesen Punkt haben sich sowohl die Moralisten als auch die Sozialreformer nicht genügend überlegt. Die Sozialisten sind der Meinung, sie hätten Wichtigeres zu bedenken. Die Moralisten wiederum sind ungeheuer beeindruckt von der Bedenklichkeit all der Abzugskanäle, in die sich das Bedürfnis nach Aufregung ergießen kann; mit der Bedenklichkeit ist die Sünde gemeint. Tanzsäle, Kinos, das Zeitalter des Jazz sind, wenn wir unseren Ohren trauen dürfen, alles Wege zur Hölle; wir täten besser daran, zu Hause zu sitzen und über unsere Sünden nachzudenken. Ich kann diesen würdigen Leuten, die diese Warnungsrufe ausstoßen, beim besten Willen nicht zustimmen. Der Teufel erscheint in vielerlei Gestalten; mit manchen soll die Jugend geblendet werden und mit anderen die Alten und Gesetzten. Wenn der Teufel die Jugend in die Versuchung führt, sich zu amüsieren, ist er es dann nicht vielleicht ebenfalls, der die Alten überredet, ihr Vergnügen zu verdammen? Und ist die Verdammung nicht vielleicht nur eine dem Alter angemessene Form der Aufregung? Ist sie nicht vielleicht eine Droge, die – wie Opium – in immer stärkeren Dosen genommen werden muß, um die gewünschte Wirkung zu haben? Und besteht nicht die Gefahr, daß wir dann allmählich erst das verruchte Kino, dann die politische Gegenpartei, weiter die Dagos* und Wops** und schließlich die Asiaten verdammen, kurz jeden, mit Ausnahme unserer Klubfreunde? Aus solchen verdammenden Urteilen, wenn sie nur die genügende Verbreitung finden, entstehen dann eben Kriege. Dagegen habe ich noch nie gehört, daß Tanzsäle die Ursache eines Krieges gewesen sind.

Das Bedenkliche an der Aufregung ist, daß sich so viele ihrer Erscheinungsformen zerstörend auswirken. Zerstörend wirkt sie auf alle, die dem übermäßigen Alkoholgenuß oder dem Spiel nicht widerstehen können. Zerstörend wirkt sie in Form der pöbelhaften Gewalt. Und vor allem wirkt sie zerstörend, wenn sie zum Kriege führt. Das Verlangen nach Aufregung ist so stark, daß es sich solche schädlichen Ventile sucht, wenn harmlose nicht bei der Hand sind. Solche unschädlichen Möglichkeiten gibt es heute in Form des Sports und auch in der Politik, solange sie in verfassungsmäßigen Grenzen bleibt. Doch sie reichen nicht aus, namentlich deswegen, weil die aufregendste Art der Politik zugleich auch den meisten Schaden anrichtet. Das zivilisierte Leben ist im ganzen zu zahm geworden; wenn es Bestand haben soll, muß es harmlose Betätigungsmöglichkeiten für die Gelüste vorsehen, die unsere fernen Ahnen mit der Jagd befriedigten. In Australien, wo es nur wenig Menschen, aber sehr viele Kaninchen gibt, erlebte ich, wie ein ganzes Volk diesen primitiven Impuls auf die primitive Art des geschickten Abschlachtens vieler tausend Kaninchen befriedigte. Ich glaube, es sollte in jeder Großstadt künstliche Wasserfälle geben, welche die Leute in sehr zerbrechlichen Kanus hinuntersausen könnten, und Badeteiche mit künstlichen Haifischen. Jeder, der für einen Präventivkrieg einträte, sollte dazu verurteilt werden, täglich zwei Stunden mit diesen sinnreich konstruierten Ungeheuern zusammengesperrt zu werden. Doch im Ernst: man sollte es sich etwas

* Name für die Spanier.
** Bezeichnung für italienische Einwanderer. (Anm. d. Übers.)

kosten lassen, Möglichkeiten zu schaffen, wo sich dieses Sensationsbedürfnis im positiven Sinne Luft machen könnte. Es gibt nichts Aufregenderes auf der Welt als den Moment, wo man plötzlich etwas entdeckt oder erfindet, und es gibt viel mehr Menschen, die solche Augenblicke erleben können, als man manchmal meint.

Eng verwoben mit vielen anderen politischen Motiven sind zwei nahe verwandte Leidenschaften, zu denen die Menschen leider neigen: Furcht und Haß. Es ist ganz natürlich, daß wir hassen, wo wir fürchten, und oft, wenn auch nicht immer, fürchten wir, wo wir hassen. Bei primitiven Menschen kann man es wohl als Regel ansehen, daß sie alles Fremde sowohl fürchten als auch hassen. Sie haben ihre eigene, ursprünglich ganz kleine Gruppe. Und innerhalb ihrer Gruppe ist jeder des anderen Freund, wenn nicht ein besonderer Anlaß zur Feindschaft besteht. Andere Gruppen sind potentielle oder wirkliche Feinde; ein einzelnes Mitglied, das sich zufällig von der Gruppe absondert, wird getötet. Eine fremde Gruppe wird gemieden oder unter Umständen auch bekämpft. Dieser primitive Mechanismus wirkt heute noch in der Art fort, wie wir auf fremde Völker reagieren. Wer nie den Fuß über die Grenzen des eigenen Landes gesetzt hat, wird alle Ausländer so betrachten wie der Wilde ein Mitglied einer anderen Gruppe. Wer dagegen viel herumgekommen ist oder sich mit zwischenstaatlicher Politik befaßt hat, wird eingesehen haben, daß sich seine Gruppe in einem gewissen Ausmaß mit anderen Gruppen vereinigen muß, wenn sie gedeihen soll. Wenn Sie Engländer sind und es sagt jemand zu Ihnen: »Die Franzosen sind unsere Brüder«, dann wird Ihre erste instinktive Regung sein: »Unsinn, sie zucken verständnislos die Achseln und sprechen französisch, und außerdem sollen sie Frösche essen.« Wenn der Betreffende Ihnen dann erklärt, daß wir möglicherweise gegen die Russen kämpfen müßten und daß es in diesem Falle wünschenswert wäre, die Rheinlinie zu verteidigen, und daß zu diesem Behuf die Hilfe der Franzosen erforderlich sei, dann werden Sie anfangen zu verstehen, was er meint, wenn er sagt, die Franzosen seien unsere Brüder. Wenn dann aber jemand, der mit den Russen sympathisiert, zu Ihnen sagen würde, auch die Russen seien unsere Brüder, dann vermöchte er Sie nicht zu überzeugen, wenn er nicht etwa beweisen könnte, daß wir von den Marsbewohnern bedroht würden. Wir lieben die, welche unsere Feinde hassen, und wenn wir keine Feinde hätten, würde es nur sehr wenig Menschen geben, die wir liebten.

All das trifft jedoch nur zu, solange wir es ausschließlich mit Verhaltensweisen gegenüber anderen Menschen zu tun habe. Man könnte den Boden als Feind betrachten, weil er einem widerstrebend eine kärgliche Existenz bietet. Man könnte ganz allgemein die Mutter Natur als Feind ansehen und das menschliche Leben als einen Kampf, um sich zum Herrn über die Mutter Natur zu machen. Wenn die Menschen das Leben so auffaßten, würde die Zusammenarbeit des ganzen Menschengeschlechtes einfach werden. Und man könnte die Menschen leicht dahin bringen, das Leben so zu sehen, wenn Schulen, Zeitungen und Politiker sich diesem Zwecke widmeten. Doch die Schulen betrachten es als ihre besondere Aufgabe, den Patriotismus zu lehren; die Zeitungen wollen Aufregung säen, und die Politiker wollen nichts anderes als wiedergewählt werden. Alle drei könnten also etwas dazu tun, die Menschheit vor dem gegenseitigen Selbstmord zu bewahren.

Es gibt zwei Möglichkeiten, sich gegen die Furcht zu wappnen: entweder verringert man die von außen drohende Gefahr oder man übt sich im stoischen Ertragen. Das zweite gelingt uns eher, wenn wir nicht an die Ursache unserer Furcht denken, sofern nicht sofortiges Handeln geboten ist. Die Furcht zu besiegen, ist überaus wichtig. Die Furcht hat etwas Entwürdigendes; sie wird leicht zum Alpdruck; sie zeitigt Haß auf das Gefürchtete und reißt im Handumdrehen zu Grausamkeitsexzessen hin. Nichts hat einen so wohltuenden Einfluß auf die Menschen wie Sicherheit. Wenn sich ein zwischenstaatliches System einführen ließe, das der Kriegsfurcht ein Ende machte, dann würde der Durchschnitt der Menschen sehr bald sehr viel besser und normaler denken.

Heute ist die Welt von Furcht überschattet. Atom- und Bakterienbomben in der Hand der verruchten Kommunisten oder Kapitalisten, je nachdem, läßt Washington und den Kreml erzittern und treibt die Menschen immer weiter dem Abgrund entgegen. Wenn hier Abhilfe geschaffen werden soll, dann muß als erstes und wichtigstes ein Weg zur Verringerung der Furcht gefunden werden. Die Welt lebt heute unter dem quälenden Druck des Konflikts rivalisierender Ideologien; einer der offenkundigsten Konfliktsgründe ist das Verlangen, unsere eigene Ideologie siegen und die gegnerische unterliegen zu sehen. Ich glaube nicht, daß hier das eigentliche Motiv viel mit Ideologien zu tun hat. Nach meiner Auffassung sind Ideologien nur ein Mittel zur menschlichen Gruppenbildung: die Leidenschaften, die dabei mitspielen, sind keine anderen als die, welche sich stets bei rivalisierenden Gruppen bemerkbar machen. Es gibt natürlich allerlei verschiedene Gründe, die Kommunisten zu hassen. Zuerst und zuvörderst sind wir davon überzeugt, daß sie uns unser Eigentum fortnehmen wollen.

Aber so etwas tun Einbrecher, und wenn wir auch Einbrecher nicht schätzen, so verhalten wir uns ihnen gegenüber doch ganz anders als gegenüber den Kommunisten, hauptsächlich weil sie nicht so furchterregend sind. Zweitens hassen wir die Kommunisten, weil sie gottlos sind. Die Chinesen aber sind seit dem 11. Jahrhundert ungläubig, und wir fingen erst an, sie zu hassen, als sie Tschiangkaischek hinaussetzten. Drittens hassen wir die Kommunisten, weil sie nicht an die Demokratie glauben: das ist aber für uns kein Grund, Franco zu hassen. Viertens hassen wir sie, weil sie die Freiheit nicht dulden; das beeindruckt uns so stark, daß wir beschlossen haben, es ihnen gleichzutun. Es liegt auf der Hand, daß das alles nicht die wirklichen Gründe unseres Hasses sind. Wir hassen sie, weil wir sie fürchten und sie uns bedrohen. Wenn die Russen noch den griechisch-orthodoxen Glauben hätten, eine parlamentarische Regierung und eine Presse, die uns täglich beschimpfte, dann würden wir sie, vorausgesetzt sie hätten genauso starke Streitkräfte wie heute, trotzdem hassen, wenn sie uns Veranlassung gäben, sie für feindselig zu halten. Dann gibt es natürlich noch das *odium theologicum*, das Anlaß zur Feindschaft werden kann. Das ist aber wohl ein Abkömmling des Gruppengefühls; ein Mensch mit einer anderen Theologie wirkt fremd, und alles Fremde muß gefährlich sein. Ideologien gehören in der Tat zu den gruppenbildenden Methoden; die Psychologie ist weitgehend die gleiche, wie auch die Gruppe entstanden sei.

Sie haben vielleicht das Gefühl gehabt, ich hätte nur schlechte Gefühle in meine Betrachtung einbezogen oder bestenfalls moralisch neutrale. Ich fürchte, sie sind in der Regel stärker als selbstlose Motive, aber ich bestreite nicht, daß es selbstlose Beweggründe gibt und daß sie gelegentlich wirksam sind. Die Agitation gegen die Sklaverei in England im 19. Jahrhundert war zweifellos altruistisch und überaus erfolgreich. Daß sie uneigennützig war, geht aus der Tatsache hervor, daß britische Steuerzahler im Jahre 1833 den Grundbesitzern auf Jamaika als Entschädigung für die Freilassung ihrer Sklaven viele Millionen zahlten, des weiteren daraus, daß die britische Regierung auf dem Wiener Kongreß zu weitgehenden Konzessionen bereit war, um andere Nationen zur Abschaffung des Sklavenhandels zu bewegen. Das ist ein Beispiel aus der Vergangenheit, aber Amerika hat auch in der Gegenwart ebenso bemerkenswerte Beispiele geliefert. Auf diese werde ich aber nicht weiter eingehen, da ich mich nicht auf die gegenwärtigen Streitfragen einlassen möchte.

Es steht wohl außer Frage, daß Mitleid ein echtes Motiv ist und daß das Leiden anderer bei manchen Menschen bisweilen schmerzliche Empfindungen erregt. Mitleid war es, das die vielen humanitären Fortschritte der letzten hundert Jahre ermöglicht hat. Wir sind entsetzt, wenn man uns von der schlechten Behandlung Geisteskranker erzählt; jetzt gibt es eine ganze Reihe von Anstalten, wo sie nicht schlecht behandelt werden. Gefangene in westlichen Ländern werden angeblich nicht gequält, und wenn es der Fall ist, erhebt sich ein Aufschrei der Entrüstung, wenn es entdeckt wird. Wir mißbilligen es, wenn Waisen so behandelt werden wie in »Oliver Twist«. Protestantische Länder verurteilen die Grausamkeit gegen Tiere. In allen diesen Beziehungen ist das Mitleid politisch erfolgreich gewesen. Würde die Kriegsfurcht beseitigt, dann würde seine Wirksamkeit noch größer werden. Vielleicht ist das Beste, was die Menschheit von der Zukunft zu erhoffen hat, daß Mittel und Wege gefunden werden, um den Wirkungsbereich und die Stärke des Mitleids zu vergrößern.

Fassen wir unsere Erörterung zusammen: die Politik hat es mehr mit Gruppen als mit einzelnen zu tun, deshalb sind diejenigen Leidenschaften politisch bedeutsam, bezüglich derer die Angehörigen einer bestimmten Gruppe gleich empfinden. Der ausgesprochen instinkthafte Mechanismus, auf dem politische Gebäude zu errichten sind, ist Zusammenarbeit innerhalb der Gruppe und Feindschaft gegenüber anderen Gruppen. Die Zusammenarbeit innerhalb der Gruppe ist niemals vollkommen. Es gibt immer Mitglieder, die sich nicht einfügen, die im etymologischen Sinne ›egregii‹, Außenseiter, sind. Das sind diejenigen, die unter das Durchschnittsniveau hinabgesunken sind oder sich darüber erhoben haben: Schwachsinnige, Verbrecher, Propheten und Entdecker. Eine kluge und einsichtsvolle Gruppe wird lernen, die Sonderbarkeiten derer zu dulden, die den Durchschnitt überragen, und mit möglichst wenig Grausamkeit diejenigen zu behandeln, die ihn nicht erreichen.

Was das Verhältnis zu anderen Gruppen betrifft, so hat die moderne Technik einen Konflikt zwischen Eigeninteresse und Instinkt heraufbeschworen. Wenn sich in alten Zeiten zwei Stämme bekriegten, rottete der eine den anderen aus und eignete sich sein Gebiet an. Vom Standpunkt des Siegers aus war an dem ganzen Vorgang nichts auszusetzen. Töten kostete so gut wie nichts, und die damit verbundene Aufregung war ein angenehmer Nervenkitzel. Was Wunder, wenn unter solchen Umständen der Krieg zum Dauerzustand wurde. Leider haben wir immer noch diese einer primitiven Kriegführung entsprechenden Empfindungen, während sich die modernen Kampfmethoden von Grund auf gewandelt haben. Die Tötung eines Feindes in einem modernen Krieg ist eine sehr kostspielige Angelegenheit. Wenn

Sie sich überlegen, wieviel Deutsche im letzten Kriege getötet worden sind und wieviel Einkommensteuer die Sieger bezahlen, dann können Sie durch umständliches Addieren und Dividieren die Kosten für einen toten Deutschen errechnen; Sie werden sehen, daß sie enorm hoch sind. Im Osten allerdings haben die Feinde der Deutschen auf die altbewährten Methoden, die besiegte Bevölkerung hinauszuwerfen und ihr Gebiet mit Beschlag zu belegen, zurückgegriffen. Die westlichen Nationen haben sich diese Vorteile nicht gesichert. Es ist klar, daß der moderne Krieg kein gutes Geschäft ist. Obwohl wir beide Weltkriege gewonnen haben, wären wir viel reicher, wenn sie nicht stattgefunden hätten. Wenn sich die Menschen vom eigenen Interesse leiten ließen, was nicht der Fall ist – mit Ausnahme von ein paar Heiligen –, dann würde die ganze Menschheit zusammenarbeiten. Es gäbe keine Kriege mehr, keine Heere, keine Flotten, keine Atombomben. Keine Propagandaarmeen würden mehr damit beschäftigt, die Meinung der Nation A über die Nation B zu vergiften und umgekehrt. An den Grenzen würden keine Beamtenheere mehr das Eindringen fremder Bücher und fremder Ideen verhüten, auch wenn sie noch so ausgezeichnet wären. Keine Zollschranken würden vielen kleinen Unternehmen ihre Existenz sichern, wenn ein einziges großes wirtschaftlicher wäre. All das würde sehr rasch gehen, wenn die Menschen ihr eigenes Glück so glühend ersehnten wie das Elend ihrer Mitmenschen. »Aber was nützen solche utopischen Träume?« werden Sie mir entgegnen. »Die Moralisten werden schon dafür sorgen, daß wir nicht vollkommen egoistisch werden, und solange wir das nicht sind, wird das Zeitalter des Glücks und Friedens nicht Wirklichkeit werden.«

Ich möchte meine Ausführungen nicht in einer zynischen Bemerkung ausklingen lassen. Ich will nicht bestreiten, daß es bessere Dinge als Selbstsucht gibt und daß manche Menschen zu diesen Dingen kommen. Ich behaupte jedoch andererseits, daß es nur wenige Gelegenheiten gibt, bei denen sich große Menschengruppen wie die, mit denen es die Politik zu tun hat, über die Selbstsucht zu erheben vermögen, während es wiederum außerordentlich viele Situationen gibt, in denen die Völker es nicht bis zum Egoismus – im Sinne aufgeklärten Eigeninteresses – bringen. Und diese Gelegenheiten, bei denen sich die Menschen nicht zum Egoismus aufschwingen können, sind meist solche, wo sie überzeugt sind, aus idealistischen Beweggründen zu handeln. Hinter angeblichem Idealismus verbirgt sich oft Haß und Machtliebe. Wenn wir große Menschengruppen von anscheinend edlen Motiven geleitet sehen, dann ist es ratsam, einen Blick unter die

Oberfläche zu tun und sich zu fragen, was diese Motive wirksam macht. Zum Teil deswegen, weil man sich so leicht von der vornehmen Fassade blenden läßt, lohnt sich eine psychologische Untersuchung, wie ich sie versucht habe. Und deshalb möchte ich zum Schluß sagen: sofern meine Ausführungen richtig sind, ist das Notwendigste, was die Welt braucht, um glücklich zu werden, Einsicht. Und nun ist es doch ein optimistischer Schluß geworden, denn Einsicht ist etwas, was sich durch erprobte Erziehungsmethoden fördern läßt.

3   Vorsorge und Fertigkeit

Der Mensch unterscheidet sich von den übrigen höheren Säugetieren in verschiedenen Beziehungen, und in allem glaubt er sich, da er nach seinen Maßstäben wertet, den Tieren überlegen. Mit dem angeborenen Apparat der Triebe und Leidenschaften haben diese Unterschiede nicht sonderlich viel zu tun. Ein neugeborenes Baby unterscheidet sich kaum von einem neugeborenen Hund oder Kätzchen, außer daß es hilfloser ist. Der Kreislauf von Hunger, Gejammer, Empörung und Sattsein ist bei einem kleinen Menschen fast der gleiche wie bei den Jungen anderer Säugetiere. Nicht im Hinblick auf Trieb und Leidenschaft als der Formung harrendes Rohmaterial nehmen die Menschen im Reiche der Lebewesen eine Sonderstellung ein, sondern dank gewisser weitreichender Fähigkeiten, die sich in zwei Rubriken einordnen lassen: solche, die zur Intelligenz, und andere, die zum Vorstellungsvermögen gehören. Intelligenz und Vorstellungskraft schaffen beide den Leidenschaften neue Ventile, ohne sie grundlegend zu verwandeln. Es ist betrübend und vor allem verblüffend, daß weder die Intelligenz noch die Vorstellungskraft, obwohl beide dem Menschen die Möglichkeit bieten, neue Mittel zur Erfüllung ihrer Wünsche und zur Befriedigung ihrer Neigungen ausfindig zu machen, bisher das menschliche Glück vermehrt, ja es auch nur auf jenem Stande zu halten vermocht hat, den es erreicht hatte, als aus Affen erstmals Menschen wurden. Schauen wir uns einmal vergleichsweise zwei typische Exemplare an: hier der Affe im tropischen Urwald, mit turnerischer Gewandtheit von Baum zu Baum hangelnd, Bananen und Kokosnüsse sammelnd und hemmungslos jedem Gelüst, jeder zornigen Regung nachgebend; dort der Angestellte einer Großstadtfirma, in einer elenden Vorstadt hausend, vom Wecker aufgescheucht, ehe er noch die leiseste Neigung zum Aufstehen verspürt, hastig sein Frühstück verzehrend, den ganzen Tag von der Angst gepeinigt, das Mißfallen seiner Vorgesetzten zu erregen, und schließlich abends in das ewige Einerlei des Familienlebens zurückkehrend. Kann man da ehrlich behaupten, der Mensch sei glücklicher als der Affe? Und doch ist der Mensch, von dem hier die Rede war, viel glücklicher als die Mehrheit des Menschengeschlechts. Er lebt nicht unter Fremdherrschaft, er ist kein Sklave, kein Gefangener, kein Insasse eines Zwangsarbeitslagers, kein Bauer in Zeiten von Hungersnot. Angesichts aller dieser Überlegungen kann man nicht behaupten, daß der Mensch seinen Verstand und sein Vorstellungsvermögen so weise genutzt hätte, wie er sich einbildet. Es *gibt* ein menschliches Glück im Gegensatz zu dem anderer Lebewesen, zu dem die Menschen befähigt sind und das manche auch wirklich erringen. Eine Rückkehr zum rein animalischen Glück zu erstreben, wäre absolut sinnlos, denn das animalische Glück ist von vielen Katastrophen bedroht, vom Verhungern oder von einem plötzlichen Ende; für menschliche Wesen, die die Fähigkeit zu denken besitzen, kann ein solchen Zufällen ausgesetztes Leben kein Glück bedeuten. Aber das spezifisch menschliche Glück, so selten es heutzutage ist, könnte fast allen zuteil werden. Die Dinge, die das menschliche Leben elend machen, lassen sich verhüten, und wir wissen auch die Mittel und Wege dazu. Warum greift man dann nicht zu diesen Mitteln? Die Gründe dafür sollen in diesem Kapitel dargelegt werden.

Wir wollen mit einigen psychologischen Überlegungen beginnen, die zur Erklärung dieses ungeheuerlichen menschlichen Wahnsinns notwendig sind. Zunächst besteht ein gewaltiger Unterschied zwischen Leidenschaft und Verstand: die Leidenschaft bestimmt die Zwecke, welche die Menschen erstreben, und der Verstand hilft ihnen, die Mittel zu diesen Zwecken zu finden. Doch im Bereich der Leidenschaft gilt es, einen wichtigen Unterschied zu machen, der oft übersehen wird: den Unterschied nämlich zwischen Impuls und Begehren. Ein Akt ist impulsiv, wenn er ohne bewußten Zweck vollzogen wird. Da sind zunächst alle die Reflexe, und dann kommen die Dinge, die Menschen tun, wenn sie sich im Banne der Leidenschaft, wie man zu sagen pflegt, hinreißen lassen. In der Wut tut ein Mensch Dinge, deren Unvernunft er bei kurzer Überlegung einsehen würde. Wer vor Durst verschmachtet, trinkt womöglich so unmäßig, daß er sich körperlich schwer schädigt. Wer sich etwas von einem reichen, aber gehaßten Onkel verspricht, kann unter Umständen einmal außerstande sein, seinen Haß zu verbergen. In allen diesen Fällen handelt es sich um Akte, die zu vollziehen wir fast unwiderstehlich gezwungen sind, fast genauso, wie wir niesen oder husten müssen – fast, wenn auch nicht absolut. Bewußtes Wünschen dagegen denkt zuerst an einen ersehnenswerten Zustand und sucht dann nach Mitteln, diesen Zustand herbeizuführen. Soweit das bewußte Wünschen vorherrscht, führt es zur Bezähmung der Neigung, denn die Neigung ist oft die Veranlassung zu Handlungen, die vom Standpunkt bewußten Wünschens unvernünftig sind. Dieser Beherrschung sind jedoch Grenzen gesetzt. Eine starke Neigung läßt sich nur sehr schwer beherrschen, und nur ungern gesteht man sich ein, daß es ein Unglück gäbe, wenn man sie nicht bezähmte. Die besten Beispiele sind der Trinker und der Rauschgiftsüchtige, aber es gibt viele andere, die zwar nicht so handgreiflich, aber viel bedeutsamer sind. Es ist eine Lust, Kränkungen übelzunehmen, unseren Mangel an Erfolg den Machenschaften unserer Feinde zuzuschreiben, im Vollgenuß unserer Kräfte alle Hindernisse zu überrennen, die sich in Augenblicken der Leidenschaft in den Weg stellen. Die Lust, den Trieben die Zügel schießen zu lassen, und die Qual, sie zu beherrschen, sind beide so groß, daß sich die Menschen über die Folgen ihrer Befriedigung täuschen. In Schlagworten wie »Die Gerechtigkeit wird siegen«, »Recht muß Recht bleiben« protestiert nur der Trieb gegen die kühle Überlegung, was aus der Tatsache erhellt, daß sich bei einer Auseinandersetzung beide Parteien gleichermaßen auf solche ermutigenden Unwahrheiten berufen und infolgedessen beide den gleichen Schluß ziehen, daß die Hand zur Versöhnung zu reichen gleichbedeutend mit Feigheit wäre.

Es wäre falsch, die Beherrschung der Triebe über einen gewissen Punkt hinaus als wünschenswert zu bezeichnen. Nimmt der Trieb extreme Formen an, zum Beispiel der Trieb zu morden, dann muß er entweder von dem betreffenden Menschen selbst oder durch das Gesetz bezwungen werden. Ein Leben aber, worin die Triebe über einen gewissen Punkt hinaus beherrscht werden, verliert seinen Reiz und wird freudlos und blutleer. Den Trieben muß ein weiter Spielraum im menschlichen Leben eingeräumt werden, aber sie dürfen nicht, wie es in Wirklichkeit der Fall ist, zu ausgedehnten Systemen individueller oder kollektiver Selbsttäuschung führen.

Die Intelligenz ist, grob gesprochen, dazu benutzt worden, die Triebe im Interesse bewußten Wünschens zu beherrschen. Der Unterschied läßt sich an ganz einfachen Verhaltensweisen veranschaulichen. Wenn ein Tier hungrig ist und sein Futter vor sich sieht, frißt es triebhaft, ohne daß Gegenwart und Zukunft durch jene Kluft getrennt sind, die für das bewußte Wünschen charakteristisch ist. In der Zwischenzeit, bis der Appetit sich wieder einstellt, sieht sich das Tier nicht weiter nach Nahrung um. Wenn ein Mensch dagegen eine angemessene Mahlzeit zu sich genommen hat, denkt er daran, daß er bald wieder hungrig sein wird, und unternimmt etwas, um künftige Mahlzeiten sicherzustellen. Damit handelt er weniger triebhaft als vielmehr auf Grund eines Wunsches. Ich will damit nicht behaupten, daß der Wunsch als Gegensatz zum Trieb im Leben der Tiere fehle, und noch viel weniger, daß es im menschlichen Leben den Trieb als Gegensatz des Wunsches nicht gäbe. Ich will nur sagen, daß dank der Intelligenz der Wunsch im Gegensatz zum Trieb einen viel größeren Teil der menschlichen als der tierischen Handlungen beherrscht.

Die Intelligenz prägt sich, wie die menschliche Geschichte bestätigt, in zwei Hauptformen aus: in der Vorsorge und in der Fertigkeit. Ich beginne mit der Vorsorge.

Die Vorsorge ist ein Abkömmling des Gedächtnisses. Der Mensch ist in geringerem Maße als die Tiere von der unmittelbaren, sinnlich wahrnehmbaren Umwelt abhängig. An den Hunger denken Menschen, wie schon bemerkt, auch dann, wenn sie ihn nicht verspüren; deshalb treffen sie Vorkehrungen dagegen, indem sie Nahrung speichern. Allerdings horten in manchen Fällen auch Tiere Futter: Bienen speichern Honig und Eichhörnchen Nüsse, aber man kann wohl mit Recht annehmen, daß sie das aus einem mit diesen Handlungen verbundenen Trieb tun und nicht, weil sie die Vorstellung haben, daß ihnen das später zugute kommen wird. Daß Ähnliches für das Geschlechtliche gilt, ist wohl nicht zu bestreiten. Mir ist wenigstens noch niemand begegnet, der gemeint hätte, die Tiere betätigten sich geschlechtlich, weil sie sich Nachkommen wünschten. Zweifellos empfindet das Eichhörnchen die gleiche Art unmittelbaren Vergnügens beim Vergraben von Nüssen wie bei geschlechtlicher Betätigung. Menschen unterscheiden sich jedoch in dieser Beziehung von Eichhörnchen und Bienen. Sie tun Dinge, bei denen sie keinerlei unmittelbares Vergnügen empfinden, weil sie glauben, diese Dinge seien Mittel zu künftiger Befriedigung. Bisweilen liegt die Befriedigung in noch sehr ferner Zukunft. Als Joseph den Pharao warnte, daß auf die sieben fetten Jahre sieben magere folgen würden, bewog er damit den König, den Kornüberschuß der sieben fetten Jahre zur Bedarfsdeckung von sieben Jahren im voraus zu speichern. Als man im Mittelwesten Eisenbahnen zu bauen anfing, um Europa mit Getreide zu beliefern, war die Zeitspanne zwischen dem Ausheben der ersten Erdscholle und dem Verzehr des ersten Brotlaibs aus dem Getreide des Mittelwestens mindestens ebenso groß.

Von allen Ursachen, die zu der Unterschiedlichkeit des menschlichen und des tierischen Lebens beitragen, ist die Vorsorge die wichtigste. Im Laufe der Zeit ist sie allmählich immer mehr in den Vordergrund getreten. Das erste wirklich bedeutsame Stadium war der Übergang zum Ackerbau, der sich damit erklärt, daß die Menschen im Sommer den Hunger voraussahen, den sie im Winter leiden würden. Der Gedanke der Vorsorge setzte sich immer stärker durch, als die Regierung, das Gesetz, das Heer, die Werkzeuge und die modernen Maschinen sich in ihre Dienste stellten. Man denke nur an die Bedeutung des Kapitals für das moderne staatliche und zwischenstaatliche Wirtschaftsleben. ›Kapital‹ ist eines von jenen Wörtern, die einem so geläufig sind, daß man sie gebraucht ohne eine präzise Vorstellung, was sie wirklich bedeuten. ›Kapital‹ ist ursprünglich ein Mittel zur Produktion verbrauchbarer Güter. Als typisches Beispiel können wir die Eisenbahn wählen. Eine Eisenbahn kann man nicht essen. Sie ist kein guter Platz, um sich darauf schlafen zu legen. In Wirklichkeit dient sie keinerlei *unmittelbaren* Zwecken. Ihr Zweck ist lediglich die vereinfachte Belieferung von Menschen mit verschiedenen Dingen, außer Eisenbahnen, die sie befriedigen. Das ist zumindest ihr menschlicher Endzweck. Dank der Kompliziertheit unseres Wirtschaftssystems hat sie einen ganz anderen, naheliegenden Zweck, nämlich den, daß ihre Erbauer daran verdienen. Auf lange Sicht aber wird sie diesem naheliegenden Zweck nur dienen, wenn sie ein Mittel zur Befriedigung der Verbraucher darstellt, denn sonst wird sie nicht genug Güter und Fahrgäste befördern, um sich zu rentieren. Das Kapital hat natürlich noch andere, weniger konkrete Formen als eine Eisenbahn oder eine Fabrik; vor allem hat es die Form des Kredits. Aber alle diese Formen haben das eine gemein, daß sie die Zurückstellung des sofortigen Verbrauchs um eines reichlicheren Verbrauchs zu einem späteren Zeitpunkt willen einschließen. Sie sind also wesentlich angewiesen auf die Vorsorge für ihre eigene Existenz.

Kapitalzins wird gezahlt für das Vorhandensein eines gewissen – aber nicht zu großen – Maßes an Vorsorge. Angenommen, ich habe 100 Pfund, die ich zu 5 Prozent anlege: das heißt, daß ich zumindest ebensoviel Freude durch die Aussicht auf 105 Pfund nach Ablauf eines Jahres habe wie durch das sofortige Ausgeben der hundert Pfund. Wenn meine Vorsorge keine Grenzen hätte, würde mir jeder Zinsfuß, auch der niedrigste, genügen, um mich zu veranlassen, mein Kapital lieber anzulegen, als alles auf einmal auszugeben. Man kann vielleicht daraus schließen, daß es hier ebenso zu gehen pflegt wie auch in anderen Dingen: je mehr die Leute vorsorgen, desto niedriger wird der Zinsfuß. Aber es würde mich zu weit vom Thema abführen, diese Betrachtungen weiter auszuspinnen.

Wir wollen einen Augenblick bei der Überlegung verweilen, in welchem Umfang das Leben eines zivilisierten Durchschnittsmenschen von der Vorsorge beherrscht wird. In der Kindheit sorgt er weniger vor als Erwachsene; die Erwachsenen aber drängen ihm ihre Vorsorge auf, indem sie ihn zwingen, einen großen Teil seiner Zeit in der Schule zu verbringen, wo er Dinge tun muß, für die er nicht die geringste Neigung verspürt. Dann kommt die Zeit, wo er einsieht, daß man etwas lernen muß, um seinen Lebensunterhalt zu verdienen. Er fügt sich dann in den Erziehungsprozeß, nicht weil er den Drang dazu verspürt, sondern aus Vorsorge. Sobald er alt genug ist, verbringt er seine Arbeitsstunden mit Tätigkeiten, die er sich selbst niemals ausgesucht hätte, die ihm aber ein Einkommen verschaffen. Wenn er heiratet und ein achtbarer Bürger ist, verzichtet er auf mancherlei Freuden um seiner Kinder willen, wiederum, um Vorsorge für ihre Zukunft zu treffen. Wenn er nicht gerade etwas Besonderes vorstellt, hütet er seine Zunge, äußert nur Ansichten, die seinem Fortkommen dienlich sind, und verschweigt alles, was als nicht rechtgläubig angesehen werden könnte. Wenn er die durchschnittliche Dosis Ehrgeiz besitzt, wird er sich Erfolg von seiner Arbeit erhoffen und von dem Gefühl der Vorsorge beherrscht werden, wie er diesen Erfolg erreichen könnte. Schließlich wird die Vorsorge selbst zum Trieb, und der Rest seines Instinktlebens verkümmert. Das ist kein Phantasiegemälde. Es ist die wahrheitsgetreue Lebensbeschreibung von neunzig Prozent der Durchschnittsbürger jedes zivilisierten Landes.

Auch das öffentliche Leben steht im Zeichen der Vorsorge. Da haben wir das Gesetz und die Polizei, das staatliche Schulwesen, den ganzen gewaltigen Regierungsapparat, die Land-, See- und Luftstreitkräfte und als Spitze des ganzen Gebäudes ein paar sehr gescheite Leute, die darüber nachdenken, wie man am sichersten den Nationen, die dem eigenen Volke den Rang streitig machen wollen, den Garaus machen könnte. Ein ganz, ganz kleiner Bruchteil der öffentlichen Ausgaben ist allerdings ausschließlich zum Vergnügen bestimmt. Es gibt öffentliche Parks, manche sogar mit Schaukeln und Wippen zur Ergötzung der Kinder, und an der See Kais und Promenaden. Aber selbst Parks und Kais entgehen nicht gänzlich dem Schicksal, von bürokratischen Spielverderbern beherrscht zu werden: überall weisen sie deutlich sichtbare Schilder auf, die alles aufzählen, was man nicht tun darf, aber Schilder, die einem mitteilen, was für vergnügliche Dinge erlaubt sind, sind fast nie zu sehen.

Ich sagte, die Vorsorge sei in vielen Beziehungen glücksfeindlich, aber es wäre ganz irreführend, die Betrachtung über die Vorsorge mit dieser Bemerkung abzuschließen. Wenn es auch richtig ist, daß die Vorsorge bei manchen Dingen übertrieben wird, so gibt es doch zugleich auch viele, wo sie nicht genügend getroffen wird. Die wichtigsten davon sind die Verhütung des Krieges, die Steigerung der Lebensmittelversorgung und die Herabsetzung der verschiedenen Bevölkerungsziffern. Das sind Probleme, welche die Zukunft zu lösen haben wird und die sie nicht bewältigen wird ohne neue Arten der Vorsorge. Aber über diese Dinge möchte ich mich jetzt nicht verbreiten.

Die Intelligenz, sagten wir, prägt sich in zwei Hauptformen aus: als Vorsorge und als Fertigkeit. Ich komme nun zu der Frage, welche Rolle die Fertigkeit in der menschlichen Entwicklung spielt.

Die Fertigkeit beschränkt sich nicht nur auf menschliche Wesen. Viele Lebewesen besitzen sie in verschiedenen Arten. Die Rolle aber, die sie für den Menschen spielt, ist soviel größer als bei den höchstentwickelten anderen Lebewesen, daß der Gradunterschied fast auf einen Artunterschied hinausläuft.

Wir wollen uns zunächst darüber klar werden, was wir mit ›Fertigkeit‹ meinen. Unter ›Fertigkeit‹ verstehe ich die Ausübung von Tätigkeiten einer bestimmten Wirkung halber, die diese Tätigkeiten erfahrungsgemäß haben. Man müßte wohl noch hinzufügen, daß es Tätigkeiten sein müssen, die nur deswegen vorgenommen werden, weil man ihre gewünschten Wirkungen kennt, sonst aber unterbleiben würden. Das Sammeln und Weitergeben erworbener Fertigkeiten wäre mit Ausnahme sehr einfacher Fälle ohne die Sprache nicht möglich gewesen. Der Ursprung der Sprache ist in vollkommenes Dunkel gehüllt. Niemand weiß etwas darüber, wann mit dem Reden oder mit der Bilderschrift begonnen wurde, aber es leuchtet ein, daß es ohne sie für einen Menschen, der eine Entdeckung gemacht hat, sehr viel schwieriger wäre, sie anderen mitzuteilen. Ebenso ist der Ursprung des Feuers völlig prähistorisch. Der Ackerbau, der den ersten wirklich bedeutenden Wandel im sozialen Leben herbeigeführt hat, scheint ganz kurz vor Anbruch der Geschichte begonnen zu haben, wahrscheinlich infolge eines Zusammenwirkens von Zufall und Vorsorge. Es heißt – ich weiß nicht, wie weit das zutrifft –, er sei entdeckt worden durch die Sitte, Korn als Nahrung für die Toten auf die Gräber zu streuen; zur Überraschung der pietätvollen Verwandten sei das Korn aufgekeimt und habe neues Korn ergeben. Es bedurfte keiner besonders schwierigen Vorsorge, um von dieser Beobachtung zum planmäßigen Anbau von Korn zu Zwecken künftiger Ernte überzugehen. Wie dem auch gewesen sein mag, der Ackerbau war in den Flußtälern des Nils, des Indus und Mesopotamiens in dem frühesten Zeitpunkt, über den wir historische Evidenz (im Gegensatz zur archäologischen) haben, bereits eine feststehende Einrichtung.

Die Domestizierung von Schafen und Rindern hat wahrscheinlich schon vor der Zeit begonnen, zu der man das Feld zu bestellen anfing. Sie bedingte eine weit geringere Umstellung für den Menschen als der Ackerbau, da sie ihm gestattete, weiter Nomade zu bleiben. Der Übergang vom Nomadenleben, das auf Schaf- und Rinderherden angewiesen war, zu dem für Ackerbau charakteristischen seßhaften Leben vollzog sich sehr langsam und ist sogar noch zu unserer Zeit in Gebieten wie der äußeren Mongolei vonstatten gegangen. Haustiere sind nicht nur, wie Schafe und Rinder, nützlich für Ernährung und Kleidung, sondern auch als Zugkraft und als Mittel, das Tempo der Fortbewegung zu beschleunigen und sie weniger ermüdend zu machen. Das Pferd, ein Spätling unter den Haustieren, diente anfangs vornehmlich militärischen Zwecken; die Stämme, die es benutzten, verdankten ihm ihre entscheidende Überlegenheit in der Schlacht über diejenigen, die auf den Esel angewiesen waren.

Die Verfertigung von Waffen, die weit in prähistorische Zeiten zurückreicht, diente ursprünglich zwei annähernd gleich wichtigen Zwecken, dem Krieg und der Jagd. In welchem Stadium unsere Vorfahren Fleischesser wurden, wissen wir nicht, aber es leuchtet ein, daß selbst die primitivsten Waffen das Erlegen von Tieren zu Zwecken der Ernährung fortan erleichterten. Im Laufe der Zeit haben schließlich die Kriegswaffen eine größere Bedeutung erlangt als die Jagdwaffen; von der Zeit des Archimedes an bis zur Gegenwart ist die Vervollkommnung der Kriegswaffen ein besonderer Ansporn für den wissenschaftlichen Fortschritt gewesen.

Der Fortschritt der technischen Fertigkeit ist in den einzelnen Epochen der Geschichte in sehr ungleichem Tempo vonstatten gegangen. Nach der Entwicklung des Ackerbaus und der Domestizierung der Tiere bis in ganz kurz zurückliegende Zeiten hat sich nichts von gleicher Bedeutung ereignet. Die Fellachen im Niltal waren, was die Fertigkeit anbelangt, vor 5000 Jahren gar nicht so verschieden von ihren Nachfolgern vor hundert Jahren. In den letzten zwei Jahrhunderten aber hat eine völlige Wandlung stattgefunden, zunächst in einigen Teilen des Abendlandes und allmählich in der ganzen Welt. Dieser ganze Umschwung ist auf neue Fertigkeiten zurückzuführen.

Es ist merkwürdig, daß ein Bruchteil einer Erkenntnis Jahrhunderte lang schlummern und plötzlich ein Lebensfaktor für die Zivilisation werden kann. Die magnetischen Eigenschaften gewisser Felsen in Magnesia waren von den Alten beobachtet worden, aber bis zur Erfindung des Seekompasses haben sie es nie gebracht*. Sie beobachteten auch einige der elektrischen Eigenschaften des Bernsteins, aber erst zu unserer Zeit begann die Elektrizität in der industriellen Technik eine Rolle zu spielen. Viele grundlegende Entdeckungen sind ein Zufallsgeschenk an die rastlose Neugier gewesen. Eins der besten Beispiele dieser Art ist die erste Entdeckung der Radioaktivität durch Becquerel. Er legte ein paar Stückchen Pechblende in einen dunklen Schrank, in dem sich zufällig photographische Platten befanden. Als er die Platten später herausnahm, stellte er fest, daß sich die Pechblende selbst photographiert hatte, obwohl sie in völliger Dunkelheit lag.

Die industrielle Fertigkeit hat die mit dem Ackerbau aufkommende Tendenz, den Prozeß vom Bedürfnis bis zu seiner Befriedigung zu verlängern, sehr verstärkt. Ein Tier kann nicht mehr als ein paar Stunden bei der Futtersuche verstreichen lassen, während selbst der einfachste Landwirt zwischen den ersten Maßnahmen für die Nahrungsmittelerzeugung bis zum schließlichen Verzehr der Nahrung mehrere Monate vergehen läßt. In der modernen Welt ist der Vorgang unendlich viel länger und komplizierter. Der Bauer benutzt Maschinen, die aus einem Stadtzentrum auf der Landstraße oder per Bahn befördert werden müssen. Die Maschinen selbst sind aus Rohstoffen hergestellt, die ebenfalls transportiert werden müssen. In der Regel verbraucht der Bauer seine Ernte nicht selbst. Sie wandert zu einer Mühle und von dort sehr wahrscheinlich in ein fernes Land. In dieser ausgedehnten und verschlungenen Kombination von Vorsorge und Fertigkeit hängt alles von einer durchdachten sozialen und wirtschaftlichen Organisation ab, die in Kriegszeiten unter katastrophalen Folgen zusammenbrechen kann. Der Weg vom primitiven Hunger und Nahrungssammeln bis zur modernen Landwirtschaft und Nahrungsmittelverteilung ist so lang und das Ergebnis so komplex, daß es kaum möglich ist, die natürlichen Triebe zu erkennen und sich darauf zu besinnen, woraus das ganze System mit Hilfe der Intelligenz entstanden ist.

Kehren wir nun zu einer Frage zurück, die bereits in diesem Kapitel gestreift wurde: hat die Zunahme der Intelligenz und namentlich der Fertigkeit das Durchschnittsglück der Menschheit vermehrt oder vermindert? Vielleicht hätte man eine solche Frage vernünftigerweise

* Die Chinesen sollen einen »nach Süden weisenden Wagen« erfunden haben, aber Einzelheiten sind ungewiß.

nicht erwartet, denn da jede Fertigkeit in der Entdeckung einfacherer Wege zur Befriedigung unserer Wünsche besteht, wäre anzunehmen, daß eine Zunahme der Fertigkeit natürlich Arbeitsersparnis und bequemere Möglichkeiten zur Erfüllung unserer Bedürfnisse bedeutete. Aber so ist die menschliche Geschichte in Wirklichkeit nicht verlaufen. Neue Fertigkeiten sind nicht immer sogleich Gemeingut aller Menschen gewesen. Fast immer wurden sie von einer Minderheit monopolisiert und dazu benutzt, ihre Macht über andere Menschen zu vergrößern. Die Folge war, daß die Mehrheit, obwohl die Nutznießer in der Minderzahl waren, in zunehmendem Maße unter die Macht dieser wenigen geriet. Mit dem Ackerbau, der den Landmann an seine Scholle band, wurde es ein leichtes, ihn zu unterjochen, und wo die Landwirtschaft vorherrschte, ließ sie ein Sklaven- oder Leibeigenensystem entstehen, das das Leben des Landmanns weit weniger frei und glücklich machte als das Nomadendasein. Aus Vorsorge entstanden Regierungen und Heere, die Eigentumsrechte einführten, die für die Machthaber günstig waren und ihnen ein Luxusleben ermöglichten, während die breite Masse der Bevölkerung härter und für geringeres Entgelt arbeitete als unter primitiveren Verhältnissen. Sehr ähnlich verlief überall, mit Ausnahme der Vereinigten Staaten, die Entwicklung, als der Industrialismus eingeführt wurde. In England, Frankreich und Deutschland, später auch in Rußland, China und Japan waren die Anfänge des Industrialismus außerordentlich hart und grausam. Paradoxerweise steigerte jede ›arbeitseinsparende‹ Planung die Zahl der Arbeitsstunden, während sie zugleich den Arbeitslohn herabdrückte. Schuld an diesen unseligen Ergebnissen war überall die ungleiche Machtverteilung. Ihre schlimmste Form haben sie in den kommunistischen Ländern angenommen, wo die Macht vollständiger in der Hand einer kleinen Minderheit konzentriert ist als irgendwo sonst. Für diese Übel gibt es nur ein Heilmittel: die gleichmäßigere Verteilung der Macht über den ganzen Staat.

Es gibt noch ein weiteres Übel, eines, mit dem noch schwerer fertig zu werden ist und das aus der Entwicklung neuer Fertigkeiten erwachsen ist. Für jede Spezies von Lebewesen ist eine gewisse Ausgewogenheit ihrer Triebe und der von ihrer Umwelt ihr gebotenen Chancen lebensnotwendig. Bietet die Umwelt aus irgendeinem Grunde in gewissen Bezügen neue Chancen, dann kann das Gleichgewicht gestört werden. Bären lieben Honig, können ihn aber im Naturzustand nicht so leicht bekommen. In der Regel finden sie gerade so viel, wie für sie gut ist. Aber wenn sie plötzlich die Kunst der Imkerei erlernten und in die Lage kämen, soviel Honig zu bekommen, wie sie wollten, dann würden sie vermutlich alle sehr krank werden; unter Umständen würde die ganze Rasse aussterben. Ihre einzige Hoffnung bestünde in der Entwicklung einer asketischen Moral, die sie darüber belehrte, daß es Sünde sei, sich am Honig zu delektieren. Genauso ging es den Menschen mit dem Alkohol. Wilde Stämme, die nicht daran gewöhnt sind, gehen rasch zugrunde, wenn Kaufleute sie ungehindert mit Feuerwasser versorgen dürfen. Glücklicherweise ist bei den zivilisierten Völkern der Alkoholgehalt der Getränke erst allmählich höher geworden, so daß in jedem Stadium ein großer Teil der Bevölkerung die Gefahren der Trunksucht zu überleben vermocht hat.

Ernster als dieses Beispiel ist der Machttrieb. Die meisten tatkräftigen Menschen besitzen ihn in hohem Grade. In einer lockeren Gemeinschaft primitiver Nahrungssammler hat er kaum Gelegenheit, sich geltend zu machen, und wahrscheinlich ist er für den Stamm nützlich, wenn dieser mit einem anderen Stamm im Kriege liegt und einen Führer braucht. Doch mit jeder Ausweitung des sozialen Gefüges wird der Spielraum für den Machttrieb größer, so daß machtliebende Individuen wie die Bären werden, die unerwarteten Zugang zu allzuviel Honig bekommen, oder wie die Wilden, die plötzlich mit Alkohol versorgt werden. Aus diesem Grunde werden in hochorganisierten Gemeinwesen wohldurchdachte Sicherungen in Form der Menschenrechte und einer demokratischen Regierung wichtig.

Die folgenschwerste Form, die der Machttrieb heutzutage annehmen kann, ist der Wettbewerbstrieb. Wenn die Menschen nur mit spitzen Feuersteinen oder Speeren zu kämpfen vermöchten und der Globus nur dünn bevölkert wäre, dann könnten Stammeskämpfe zum vollständigen Sieg des stärkeren Stammes führen und vielleicht zu etwas, was als Überleben des Tauglichsten bezeichnet zu werden verdiente. Einen darwinistischen Grund für ein Abnehmen des Wettbewerbstriebes gab es also nicht. Doch mit jeder neuerworbenen Fertigkeit auf dem Gebiet der Kriegsführung trifft das weniger zu, und heute bedeutet die kriegerische Leistungsfähigkeit die drohendste Gefahr für das Fortleben unserer Gattung.

Soviel zur Sollseite der Intelligenz. Indessen weist die Habenseite sehr wichtige Posten auf. In der Hauptsache ist die Intelligenz bisher dazu benutzt worden, die menschliche Bevölkerung des Erdballs zu vermehren. Ich weiß nicht, wieweit das als Verdienst anzusehen ist. Wenn alle glücklich wären, wäre es das natürlich. Aber da die meisten unglücklich sind, scheint mir kein besonderer Vorteil damit verbunden zu sein, daß die Zahl der Leidenden vergrößert wird. Diese

Frage ist besonders bedeutungsvoll im Hinblick auf die Ernährung. Bis jetzt hat man es fertiggebracht, die Steigerung der Lebensmittelproduktion mit der Zunahme der Bevölkerung Schritt halten zu lassen, aber es besteht aller Grund zu der Befürchtung, daß das einmal aufhört. Ein neues Problem ist durch etwas entstanden, was zweifellos zu den segensreichsten Erfolgen der Fertigkeit zählt: nämlich durch die Herabsetzung der Erkrankungen und die Verlängerung der durchschnittlichen Lebensdauer. Die Intelligenz *kann* dies zu uneingeschränktem Segen werden lassen, aber nur, wenn sie sich dem Problem der Verhütung der Übervölkerung zuwendet.

Ob sich per saldo die Intelligenz als Segen oder Fluch für die Menschheit erweisen wird, können wir noch nicht wissen. Aber eins ist klar: erweist sie sich als Fluch, dann nur deswegen, weil sie nicht intelligent genug war. Der Mensch kann nicht zu dem sorglosen Glück der Tiere zurückkehren. Das Glück, dessen er fähig ist, muß mit Hilfe der Intelligenz errungen werden, und mißlingt ihm das, dann geschieht es, weil seine charakteristischste menschliche Eigenschaft nicht einen Überschuß, sondern ein Manko aufweist.

4 Mythos und Magie

Nicht nur Vorsorge und Fertigkeit bewirken die Unterschiedlichkeit der menschlichen und der tierischen Lebensweise, sondern noch ein Drittes, fast ebenso Wichtiges: die Einbildungskraft des Menschen. Ohne Zweifel haben auch höhere Tiere bis zu einem gewissen Grade Einbildungskraft; bisweilen kann man beobachten, wie Hunde gleich nordischen Helden von der Jagd zu träumen scheinen. Wie weit die Einbildungskraft bei den Tieren reicht, läßt sich freilich nur mutmaßen; als ziemlich sicher aber können wir annehmen, daß die tierischen Handlungen nicht wie die menschlichen weitgehend durch große Glaubenskomplexe, die der Einbildungskraft entstammen, bestimmt werden.

Wenn wir nach den Gründen forschen, warum die Menschen dies oder jenes glauben, dann werden wir finden, daß sie von zweierlei Art sind. Sie können etwas glauben auf Grund der Evidenz, die bei einer wissenschaftlichen Untersuchung oder bei Gericht den Ausschlag gibt, oder lediglich deswegen, weil sie das *Gefühl* haben, es sei wahr. Bei Tennyson lesen wir:

>>Wenn Gott mir schwand und aus dem tiefen
gottleeren Abgrund Stimmen riefen:
›Laß ab! Was ist dein Glaube nütze?‹
und berstend sanken Stab und Stütze,
dann strömt' es durch die Brust mir heiß,
es schmolz Vernunft dahin wie Eis,
und wie ein Mann in zorn'gem Schmerz
›Ich hab's gefühlt‹ schrie auf mein Herz.<<

Was zu Tennysons Zeit das Herz fühlte, war das Glaubensbekenntnis
eines liberalen Geistlichen. In früheren Epochen hatte es das Gefühl
gehabt, daß Hexen verbrannt, Kinder geopfert und Eltern aufgeges-
sen werden müßten. Die Evidenz für Tennysons Glauben war nicht
besser und nicht schlechter als die Evidenz für diese Glaubensinhalte
von ehedem. Im großen und ganzen wurde mit fortschreitender Zivilisation bezüglich der Entstehung und Gestaltung von Glaubensmeinungen der Einflußbereich der Evidenz allmählich größer und der
Machtbereich der Einbildungskraft langsam enger. Aber selbst in den
höchstzivilisierten Gemeinwesen werden Glaubensmeinungen in hohem Maße durch die Einbildungskraft bestimmt, und eine ebenso wesentliche Rolle spielt sie bei der Rechtfertigung und Aufrechterhaltung ihrer Institutionen.

Obgleich die der Einbildungskraft entstammenden Anschauungen,
wenn sie tatsächlich wahr sind, es nur dank einem glücklichen Zufall
sind, so sind sie doch für das menschliche Fortleben wesentlich. An
diejenigen Dinge, die im wissenschaftlichen Sinne *gewußt* werden
können, ist nicht so leicht heranzukommen, und ohne eine gewisse,
wissenschaftlich nicht zu verantwortende Leichtgläubigkeit würden
wir es im Leben nicht sehr weit bringen. Leichtgläubigkeit kann natürlich zum Verhängnis werden: Ratten fressen Futter, das Ratten-
gift enthält. Aber wenn sie ihr Futter, bevor sie es fressen, erst einer
wissenschaftlichen Analyse unterziehen müßten, würden sie darüber
verhungern; folglich nehmen sie die Gefahr bewußt auf sich. Aber
nicht nur in diesem elementaren Sinne kann unbegründeter Glaube
von Vorteil sein. Nützlich ist er zum Beispiel insofern, als er uns Hy-
pothesen liefert, die sich später als wissenschaftlich gerechtfertigt herausstellen. Aber nicht nur auf dem Gebiet der Geisteswissenschaften
beweist die Einbildungskraft ihre Vorzüge. So unentbehrlich wie für
das lyrische Gedicht, so notwendig ist sie für die exakten Wissenschaften, selbst da, wo sie am nüchternsten und trockensten sind. Es
lag mir daran, diese Dinge meinen Ausführungen vorauszuschicken,
denn was ich nun zu sagen haben werde, handelt zum großen Teil

von den Leiden und Schmerzen der Menschheit, die von Anbeginn der Geschichte bis auf den heutigen Tag durch grundlose, eingebildete Glaubensmeinungen heraufbeschworen worden sind.

Die Einbildungskraft an sich schließt nicht zwangsläufig Glauben ein. Die Dichter sind nicht des Glaubens, daß ihre Dichtungen Realität haben:

>So gaukelt die gewaltige Einbildung,
daß wenn sie irgendeine Freude ahnt,
sie schon den Bringer dieser Freuden sieht,
wie in der Nacht, wenn Grausen uns befällt,
man leicht den Busch für einen Bären hält.«

Wenn aber die Einbildung lebhaft genug ist, dann bewirkt sie, wie Shakespeare sogleich hinzufügt, daß das Eingebildete auch geglaubt wird:

>Und wie die schwarze Phantasie Gebilde
von unbekannten Dingen ausgebiert,
gestaltet sie des Dichters Kiel, benennt
das luft'ge Nichts und gibt ihm festen Wohnsitz.«

Vielleicht ist die Vermutung nicht von der Hand zu weisen, daß die Macht der Phantasie auf die Vorstellungen der Menschen ursprünglich ihren Träumen entstammte. Träume sind bisweilen so lebhaft und so deutlich mit bösen Vorzeichen behaftet, daß es selbst wissenschaftlich gebildeten Menschen schwerfällt, sie abzuschütteln und sich über ihre offensichtliche Bedeutsamkeit in bezug auf bevorstehende Dinge hinwegzusetzen. In der Antike zweifelte eigentlich niemand an ihrer Bedeutsamkeit, und ohne bewußt an diesem alten Aberglauben festzuhalten, werden doch viele von uns schon die Erfahrung gemacht haben, daß sie den ganzen Tag unter dem düsteren Eindruck eines ungewöhnlich schrecklichen Angsttraumes standen. Freud hat die Theorie populär gemacht, daß sich in Träumen unsere Wünsche ausdrückten. Zweifellos trifft das auf einen gewissen Prozentsatz von Träumen zu; aber ebensooft, glaube ich, sind Träume auch der Ausdruck unserer Ängste. Freud umgeht diese Schlußfolgerung mit Überlegungen, die mir reichlich zynisch erscheinen. Wenn jemand träumt, sein bester Freund sei tot, so beweist das nach Freud, daß er in Wirklichkeit diesen Freund haßt und wünscht, er wäre tot. Ich halte das für Unsinn, und noch unwahrscheinlicher und unsinniger erscheint mir die Behauptung, daß Wünsche Träume inspirieren sollten, in denen man selbst gefoltert wird. Das ist nicht unwichtig; denn dem Bereich der Träume und dem damit verwandten Gebiet der Wachträume entstammen die gewaltigen Systeme des Magischen, des Ritus, des Mythos und der Religion, die von den Menschen gestaltet wurden, Systeme, die das menschliche Leben mindestens so stark beeinflußt haben wie die Fertigkeiten und Beobachtungen, aus denen die wissenschaftliche Erkenntnis erwachsen ist. Fast ausnahmslos sind diese Systeme, angefangen vom Hexenzauber bis zur calvinistischen Theorie, mehr durch Angst als durch irgendein anderes Motiv inspiriert worden, und wenn auch die Wunscherfüllung ihr Teil dazu beitrug, indem sie Winke gab, wie dem Gefürchteten zu entgehen sei, so ist doch die Angst selbst das Werk der Einbildungskraft gewesen.

Ich behaupte nicht, daß das bei allen imaginativen Glaubensmeinungen der Fall ist. Manche haben keinen besonders großen emotionalen Inhalt, aber dem Gläubigen erscheint er als das mit Selbstverständlichkeit zu Erwartende. Eine meiner Hausangestellten glaubte, im März Geborene hätten Anlage zu Hühneraugen. Aristoteles glaubte, der Biß der Spitzmaus, namentlich wenn sie trächtig sei, sei für Pferde gefährlich. Die meisten ungebildeten Leute sind davon überzeugt, daß das Wetter von den Mondphasen abhinge. Pythagoras hielt es für gefährlich, beim Aufstehen den Abdruck des Körpers auf dem Bett zu hinterlassen. Eine beträchtliche Anzahl Engländer glaubt, die Engländer seien die verlorenen Zehn Stämme der Juden. Es ließen sich noch unendlich viel mehr Beispiele für derartige Glaubensmeinungen anführen, aber wenn sie nicht in einem tiefen Gefühl wurzeln, sind sie in der Regel sozial nicht wichtig.

Sozial bedeutsame irrationale Glaubensmeinungen haben fast alle ein und denselben Ursprung, nämlich die Neigung des Menschen, anzunehmen, daß dem, was für den Einzelnen oder für die Rasse emotional wichtig sei, in der Außenwelt kausale Bedeutung zukomme. Ihrem Temperament und den jeweiligen Umständen entsprechend werden manche Menschen das Gefühl haben, die Welt könne nicht so grausam sein, ihre sehnlichsten Hoffnungen zu vereiteln, während andere, bei denen die Furcht alle anderen Leidenschaften überwiegt, sich auf die gefürchteten Schrecken gefaßt machen und Mythen erfinden werden, um ihre Befürchtungen zu rechtfertigen. Beide Irrtümer erwachsen aus der Neigung, sich zu wichtig zu nehmen. Es fällt uns schwer, einzusehen, daß der Welt unsere Hoffnungen und Befürchtungen gleichgültig sind. Wir können sie uns gütig vorstellen oder wir können sie uns feindlich denken; doch fast zu allen Zeiten haben es die Menschen so gut wie unmöglich gehalten, sich vorzustellen, daß die Welt sich nicht darum kümmert, ob unsere Wünsche erfüllt oder vereitelt werden.

Das hängt mit einer anderen Quelle irrationaler Glaubensinhalte zusammen, nämlich der Neigung, die Gründe für das Naturgeschehen für etwas Ähnliches zu halten wie unsere eigenen Wünsche und Gefühle. Eruptionen und Erdbeben erscheinen uns wie Kundgebungen des Zorns, und so können wir uns auch einen zürnenden Geist vorstellen, der sie verursacht. Ein gütiger Geist dagegen sendet den Regen, der das Korn gedeihen läßt. Eine leblose Materie kann man sich schwer vorstellen; sie erscheint uns weniger rätselhaft, wenn wir den Wald mit Waldgeistern und die Quellen mit Nymphen bevölkern. Bis zur Zeit Galileis galt es als ausgemacht, daß die Erde stillstände, sobald sie sich selbst überlassen bliebe. Aristoteles glaubte, die Planeten brauchten 49, vielleicht auch 55 Götter, um sie auf ihrer Bahn voranzutreiben. Die Konzeption einer rein physikalischen, aus sich selbst wirkenden Ursächlichkeit ist ganz modern und hat sich nur durchgesetzt – soweit sie das tatsächlich getan hat –, weil sie den hartnäckig sich anmeldenden Ansprüchen unseres imaginativen Glaubenskomplexes widerstanden hat.

Glaubensmeinungen, die sich nicht auf die Beobachtung oder die Vernunft gründen, gestatten uns, Rückschlüsse auf die vorherrschenden Leidenschaften ihrer Erfinder zu ziehen. Unter diesem Aspekt erscheint die menschliche Geschichte sehr trostlos und schrecklich. Die vom Aberglauben inspirierten Handlungen waren gewöhnlich grausam, und die meisten Mythen, die von Menschen ersonnen wurden, haben die wirklichen Leiden noch um imaginäre vermehrt. Die rituellen Tänze der Wilden sind schreckenerregend und das geeignete Vorspiel zu einem unnötigen Grausamkeitsakt, etwa zum Menschenopfer. In jedem Bericht über den Menschen der Frühzeit oder über Wilde aus unserer Zeit findet man die Verübung zahlloser Greuel, weil sie als einem nützlichen Zweck förderlich galten, während wohltuende Bräuche, die aus einem irrationalen Glauben hervorgingen, kaum anzutreffen sind. Auf Aberglauben beruhende Grausamkeit herrschte in der griechisch-römischen Welt weniger vor als in früheren Zeiten, trotz der Tatsache, daß die rein gedankenlose Grausamkeit, wie wir sie aus den römischen Spielen kennen, etwas ganz Übliches war. Während des ganzen Mittelalters aber war die abergläubische Grausamkeit wieder sehr verbreitet, namentlich bei der Verfolgung von Hexen und Ketzern.

Die in die meisten Religionen eingegangenen Mythen waren Ausdruck der Todesangst. Fast alle vorchristlichen Religionen lehrten, daß die Toten, wenn überhaupt, unglücklich weiterlebten. Bis in die jüngste Zeit hat das Christentum noch gelehrt, daß die große Mehrheit der Menschheit ewige Pein leiden werde. Das ist nun nicht mehr die kirchliche Lehre, und Hexenwesen und Ketzerei werden nicht mehr wie einst bestraft. Vielleicht wird man eines Tages aus diesen Wandlungen folgern, daß über moderne Menschen Furcht und Grausamkeit nicht mehr so große Macht besäßen wie in früheren Jahrhunderten. Jedenfalls kann man das wohl von den westlichen Ländern und von Indien und Ceylon sagen. In kommunistischen Ländern sind neue Formen theologischer Grausamkeit aufgekommen, und ob denen gegenüber optimistische Vorstellungen gerechtfertigt sind, erscheint mir zweifelhaft.

Die Geschichte des Menschen bezeugt zu fast allen Zeiten und in fast allen Teilen der Welt eine irrationale Angst vor dem Glück, die zu einer unsagbaren Belastung mit unnötigem Elend geführt hat. Diese Aversion gegen das Glück nur in bezug auf das Glück anderer gelten zu lassen, erscheint mir als eine zu oberflächliche Auffassung. Im tiefsten Innern der meisten Menschen lauert das Gefühl, daß das eigene Glück etwas Gefährliches sei. Asketische Neigungen haben sehr tiefe Wurzeln. Die Griechen fürchteten die Nemesis und hatten das Gefühl, daß Hybris bestraft werde. Die meisten von uns haben eine Scheu davor, sich ihrer guten Gesundheit oder ihres Glücks zu rühmen, aus dem abergläubischen Gefühl heraus, daß es Unglück bringe. Das Gefühl haben wir auch dann, wenn wir fest davon überzeugt sind, daß es unbegründet ist. Aber bei zivilisierten Menschen ist es nur noch ein blasser Schemen der leidenschaftlichen Selbsterniedrigung, von der in vergangenen Zeiten verschiedene Gemeinwesen besessen waren. In der christlichen Welt und auch in Indien kennzeichnet Askese den Heiligen; der höchste Grad von Heiligkeit war Unverheirateten vorbehalten. Die Dinge, welche die Menschen für den Göttern wohlgefällig hielten, lassen ihre eigenen Empfindungen in einem seltsamen Licht erscheinen. Warum sollte Moloch seine Freude am Kinderopfer gehabt haben? Zum Teil erklärt sich das wohl damit, daß das Glück als sündhaft galt, und ein zorniger Gott schien die vernünftige Erklärung für dieses Gefühl zu sein. Zum Teil sind diese und andere Opfer damit zu erklären, daß die Menschen glaubten, auch der Gott müsse das schätzen, was sie selbst wertvoll dünkte, und mit der Darbietung ihrer kostbarsten Güter, meinten sie, erbrächten sie ihm den überzeugendsten Beweis ihrer Frömmigkeit. Dieselbe Denkungsart, wenn auch in weniger grausamer Form, wurde Teil der christlichen Frömmigkeit, was sich zum Beispiel durch die Hymne bestätigt:

>»Wenn Du befiehlst, daß nicht mehr mein
sein soll, was mir so wert,

> so opfr' ich nur, was Dir gehört,
> Dein Wille geschehe.«

Warum entschied der heilige Augustinus, daß ungetaufte kleine Kinder in die Hölle kämen? Wohl kaum, weil er die Kinder haßte. Ich glaube, die psychologische Wurzel war Selbsthaß. Der Selbsthaß, ein verbreiteteres Gefühl, als man manchmal meint, hat die Neigung, sich in Graumsamkeit gegen andere Luft zu machen. Die Menschen, die ihre Kinder dem Moloch opferten, hatten das Gefühl, daß sie es verdient hätten, wenn er sie leiden ließ; sie hofften aber, daß die Leiden ihrer Kinder ihn zufriedenstellen würden.

Das Sünden- oder Schuldbewußtsein gehört zu einem ganzen Komplex von Gefühlen, die auf die sich wechselseitig bedingenden, wenn auch gegensätzlichen Wünsche, zu herrschen und beherrscht zu werden, Bezug haben. Die meisten Menschen hegen beide, wenn auch bei manchen dieser, bei anderen jener stärker ist. Der Wunsch, beherrscht zu werden, ist genauso stark und spontan wie das Verlangen zu herrschen. Nur der Umstand, daß sie beide existieren, hat das jahrhundertelange Fortbestehen sozialer Ungleichheit möglich gemacht. Könige, Priester und Aristokratien kann es nur deswegen geben, weil die einen Gefallen daran finden zu befehlen, während es anderen anscheinend ebenso gefällt zu gehorchen. Und selbst die, die am uneingeschränktesten herrschen, finden in dem Glauben Genugtuung, sie seien göttliche Wesen oder es gebe ein göttliches Wesen, noch mächtiger als sie selbst, das von ihnen die gleiche Unterwürfigkeit zu beanspruchen habe wie sie von ihren Untertanen. In allen sozialen Einrichtungen von einigem Bestand findet sich diese hierarchische Ordnung von Führer und Gefolgschaft, die jeweils auf verschiedenen Stufen der sozialen Rangordnung stehen. Das gilt namentlich für den Bereich des religiösen Glaubens. Menschen, die Religionen stiften oder weithin verbreiten, sind Ausnahmemenschen, für welche die Religion eine größere Rolle spielt als im Leben gewöhnlicher Männer und Frauen, selbst wenn sie den religiösesten Gemeinschaften angehören. Das Ungewöhnliche, das den religiösen Führer auszeichnet, ist bei jedem einzelnen von ihnen und dann noch je nach Religion verschieden. Bei einem gewissen Typ ist der Drang, sowohl zu befehlen als auch zu gehorchen, außergewöhnlich stark. Loyola kann wohl als nahezu vollkommenes Beispiel dieses Typus gelten. Der Mentalität eines solchen Mannes ist der Sündenbegriff mit allem mythischen Zubehör durchaus gemäß. Vor Gott oder den Göttern ist er selbst ein elender Sünder. Er kann sich in der Einsamkeit des privaten Gebets erniedrigen, ohne bei anderen Menschen an Gesicht zu verlieren. Er kann Vergebung erstreben durch Verzicht auf Freuden und freiwilliges Aufsich-nehmen von Schmerzen, die, wie er glaubt, weniger arg sind als die Höllenqualen und sie ersetzen können. Auf diese Weise wird, wenn seine Einbildung sich himmlische Mächte ersonnen hat, vor denen er sich zum bloßen Erdenwurm erniedrigt, sein Verlangen nach Unter-werfung voll befriedigt, ohne daß seine Herrschergelüste in irgend-einer Hinsicht zu kurz kommen. Im Gegenteil: da alle Menschen Sün-der sind und er einen heldenhaften Kampf gegen die Sündhaftigkeit auszufechten hat, ist er durchaus berechtigt, die Charakterstrenge, die er durch Selbstzucht erworben hat, bei der ebenso willkommenen' Aufgabe, andere zu erziehen, walten zu lassen. Von der eigenen Askese geht er stracks ans Werk, andere derjenigen Freuden zu berauben, denen er selbst entsagt hat, und wenn wir auch den Eindruck haben, daß sein Bestreben auf Macht gerichtet ist, so scheint er doch vor dem Tribunal seines Gewissens nur damit beschäftigt, der Tugend um jeden Preis zum Siege zu verhelfen. Die meisten strengen Moral-prediger pflegen bei der Lust nur an die Sinnenlust zu denken, und wenn sie jedwede Sinnenlust fliehen, so bemerken sie nicht, daß sie das Lustgefühl der Macht, das für Menschen ihres Temperaments viel mehr Reiz hat, bei ihrer asketischen Selbstverleugnung nicht mit in Acht und Bann getan haben. Das Vorherrschen einer solchen Psy-chologie bei starken Persönlichkeiten hat den Begriff der Sünde so po-pulär werden lassen, denn er stellt die vollendete Vereinigung von Demut gegenüber dem Himmel und Selbstbehauptung auf Erden dar. Der Sündenbegriff beeinflußt nicht mehr so stark wie im Mittelalter die Vorstellungen der Menschen, beherrscht aber noch das Denken vieler Geistlicher, Richter und Lehrer. Als der große Dr. Arnold an den Gestaden des Comer Sees wandelte, war es nicht das schöne Land-schaftsbild, das seine Gedanken gefangennahm. Er meditierte, wie er uns berichtet, über die moralische Schlechtigkeit. Ich habe die leise Befürchtung, daß es mehr die moralische Schlechtigkeit der Schul-buben als der Lehrer war, die ihm Anlaß zu seinen melancholischen Betrachtungen bot. Jedenfalls kam er zu der felsenfesten Überzeu-gung, daß es für die Buben nur gut sei, wenn sie Prügel bekämen. Es gehört zu den großen Vorteilen, die der Glaube an die Sündhaftigkeit dem Tugendhaften immer geboten hat, daß er ihm die Gelegenheit verschafft, ohne Gewissensbisse anderen Schmerzen zu bereiten.

Durch Ersinnung von Mythen hat die menschliche Einbildungs-kraft einen Kosmos geschaffen, der unserer vorgefaßten Meinung ent-spricht, einen Kosmos von einer leidenschaftlichen, Liebe oder Haß ausdrückenden Ursächlichkeit, in dem die himmlischen Mächte mit den gleichen Mitteln zu versöhnen sind, die sich bei irdischen Monarchen als wirksam erwiesen haben, und auf den die ganze Skala menschlicher Empfindungen auf die Außenwelt mit ihrer verwirrenden Mannigfaltigkeit übertragen wird. Wir lieben, also können die Götter freundlich sein; wir hassen, folglich können die Götter grausam sein; wir wollen einer unbezweifelbaren Autorität gehorchen, also sind wir fromm; wir wollen unantastbare Machtbefugnisse ausüben, deshalb halten wir uns für das Sprachrohr Gottes; wir fürchten uns, also kriechen wir am Boden; wir hoffen und blicken zum Himmel auf. Alle Gefühle erleben der Reihe nach ihre Verkörperung im Mythos. Furcht erzeugt Furcht vor Gespenstern, Hoffnung verschafft uns den Vorgenuß des Himmels. Ereignet sich ein Erdbeben, so geschieht es, weil wir gesündigt haben. Der ganze Prozeß der Ursächlichkeit in der Außenwelt verläuft nach dem Muster unserer Gefühle. Es ist nicht alles so, wie wir es uns wünschen könnten, aber daß es nicht so ist, ist dem Zorn mächtiger Wesen zuzuschreiben. Die Welt gleicht einer großen streitsüchtigen Familie, unbequem manchmal, aber immer vertraut-hiesig und heimatlich.

Die Welt, die uns seit vier Jahrhunderten die Wissenschaft immer zugänglicher macht, sieht ganz anders aus und hat ganz andere Empfehlungen aufzuweisen. Der Wissenschaftler fordert uns auf, an sie zu glauben, nicht weil sie das ist, was unseren Erwartungen entspricht, sondern was wir entdecken; nicht weil eine dichterische Vision sie glaubhaft, sondern weil die allmähliche Summierung von Fakten sie wahrscheinlich macht. Je tiefer die Physik in die Geheimnisse der materiellen Welt eindrang, desto fremdartiger erwies sie sich als alles, was wir uns vorzustellen vermögen. Obwohl wir die physikalische Welt nur durch unsere Sinne kennen – soweit wir sie überhaupt kennen –, werden wir gleichwohl zu der Schlußfolgerung gezwungen, daß sie sich allem Anschein nach so stark von der Welt unserer Sinneswahrnehmungen unterscheidet, daß wir bestenfalls ihr abstraktes logisches Gefüge erkennen. Die Einbildungskraft ist nicht entthront, sondern zum konstitutionellen Monarchen erklärt worden. Sie kann nicht mehr frei erfinden, sondern nur in den von der wissenschaftlichen Methode gezogenen Grenzen. Innerhalb dieser Grenzen freilich erschließt sich ihr ein neues Reich. Dante vermochte noch das Universum seiner Zeit in vierundzwanzig Stunden zu durchwandern; die Reise durch das Universum des modernen Astronomen aber währt viele Millionen Jahre, selbst wenn sie mit Lichtgeschwindigkeit vonstatten geht, und über die äußersten Grenzen dieses Universums stürzen Nebel ohne Zahl, jeder so groß wie unsere Milchstraße, ohne

Ende in ewige Unsichtbarkeit hinein. Diese neue Welt der Astronomie, so gewaltig sie ist, ist eine kalte Welt. Hier gibt es nichts, das Bedürfnis nach menschlicher Wärme und Behaglichkeit zu stillen; deshalb klagen die Verfechter der alten Systeme über den Materialismus und behaupten, die Wissenschaft vergäße die spirituellen Werte. Diejenigen, die so sprechen, bedenken anscheinend nicht, was der Mythos der Menschheit angetan hat – die langen Jahrhunderte des Menschenopfers, der grausamen Riten, des Todes auf dem Scheiterhaufen und der Bestrafung derer, die nach Erkenntnis strebten. Sie vergessen anscheinend die Grausamkeit, die sie ihren Göttern beimaßen, indem sie diese Götter sich zum Bilde schufen, vergessen die Hölle und die Furcht vor der Hölle und den krankhaften Zustand der Seelenpein, in den die Furcht das Menschengeschlecht versetzt hat. Und vergessen werden sie wohl, daß wenn die Welt des Mythos zum Teil ihrer Grausamkeit entkleidet wurde, das nur der zögernden Anerkennung der Wissenschaft zu verdanken ist. Die Wissenschaft wurde zur Befreierin, indem sie mit den mythischen Rechtfertigungsgründen der Grausamkeit aufräumte.

All das, wird man vielleicht sagen, habe seine Richtigkeit für die Vergangenheit, gelte aber heute nicht mehr. Die Wissenschaft habe Zugang zu neuen Zerstörungsmöglichkeiten gefunden, die die Menschheit mit Dingen bedrohten, die weit schlimmer seien als alles, was der Aberglaube angerichtet habe. Die Gefahr besteht in der Tat und kein vernünftiger Mensch wird sie herabsetzen wollen, aber wenn sie erfolgreich bekämpft werden soll, dann kann es nicht durch eine Rückkehr zu den alten Mythen geschehen oder durch den Glauben an moderne, die die Menschheit der Vernichtung zuführen. Rettung können wir nur erhoffen, wenn wir uns stärker der Wissenschaft zuwenden, nicht wenn wir uns von ihr abkehren; wenn wir versuchen, den Menschen und seine Triebe zu verstehen und Wege zu finden, diese Triebe dem Ziel des Glücks und der Zufriedenheit zuzulenken und nicht wie einst und jetzt der unbeabsichtigten und ungewollten Katastrophe.

Soziale Einrichtungen wurzeln in zwei wesentlichen Bezügen in der menschlichen Veranlagung: im Innenverhältnis bestimmen die korrelativen Triebe des Befehlen- und des Gehorchenwollens die soziale Rangordnung und verleihen der Obrigkeit Autorität; nach außen sind Kohäsion und Konkurrenz, ein zweites Begriffspaar, die maßgebenden Faktoren. Die Bestrebungen des Miteinander- und des Gegeneinanderarbeitens sind beide primitive Triebe. Die Erhaltung der Art bedingt Zusammenarbeit zwischen einem männlichen und einem weiblichen Wesen, und wo das Stadium der Kindheit, wie beim Menschen, spät abschließt, wird so etwas wie die Familie notwendig. Die Familie ist ein Erbe unserer vormenschlichen Ahnen und vielleicht die einzige menschliche Gruppe, die sich in vollkommener Übereinstimmung mit natürlichen Trieben befindet. Der Bereich der Familie ist jedoch nicht scharf abgegrenzt. Sind Menschen mit den gleichen Großeltern zur Familie zu rechnen? Und wenn ja, wie steht es mit denen, die die gleichen Urgroßeltern haben? Menschliche Wesen vermögen im Gegensatz selbst zu den höchstentwickelten Tieren Traditionen weiterzugeben. Sehr primitive Stämme pflegen lange Geschlechterfolgen herzusagen, womit sie Verwandtschaftsbeziehungen nachzuweisen vermögen, die unter Umständen sehr weit zurückliegen. So erweitert sich die Familie zum Stamm. Wenn es sich um einen Nomadenstamm handelt, wandert er als Einheit umher. Allmählich entwickelt der Stamm eine Obrigkeit in Gestalt eines Häuptlings oder eines Ältestenrates, dessen Entscheidung in schwierigen Lagen angenommen wird. Damit griff erstmals die soziale Kohäsion über den Kreis der Familie hinaus. Im späteren Verlauf waren es dann vornehmlich Wettbewerbstendenzen, die den weiteren Zusammenschluß förderten. Der Naturmensch denkt gut von seinen Stammesgenossen, wenn er nicht aus einem besonderen Anlaß mit ihnen hadert; von allen anderen Stämmen aber denkt er schlecht, ausgenommen im Falle eines Bündnisses gegen einen gemeinsamen Feind. Es leuchtet ein, daß im Kriege wahrscheinlich der größere Stamm siegen wird; wenn zwei Stämme ein Bündnis schließen, dann sind sie vermutlich während der Dauer des Bündnisses in der Lage, Feinde zu besiegen, gegen die sie jeder allein nicht aufkämen. Deswegen hat das Eigeninteresse die Tendenz, die soziale Gruppe zu vergrößern. Allmählich gewinnt es dann infolge anderer Kohäsionsgründe immer mehr an Einfluß: eine gemeinsame Abstammung wird erfunden; Anschauungen, die zunächst vielleicht von der Obrigkeit eingeimpft wurden, werden Gemeingut; der Haß auf gemeinsame Feinde ist ein einigendes Band, denn wir haben die Neigung, diejenigen zu lieben, die hassen, wo wir hassen. Bewährt sich ein solcher Zusammenschluß, dann mehren sich mit der Zeit die Gelegenheiten zu festlicher Begehung gemeinsamer Ruhmestaten. Droht Gefahr von außen, dann eint alle die gleiche Furcht. Alle diese Dinge tragen dazu bei, daß soziale Einheiten, die größer sind als der Stamm, allmählich gemeinsam fühlen, hoffen und fürchten; sobald diese Entwicklung weit genug gediehen ist, vermögen sie mit der gleichen Einigkeit zu handeln wie ein primitiver Stamm.

In dieser Art haben sich die Nationen herausgebildet, während Staaten gewöhnlich auf andere Weise entstanden sind. Die meisten Staaten sind aus Eroberungen hervorgegangen; die Masse der Unterworfenen fügte sich der Autorität, weil ihr nichts anderes übrig blieb, nicht etwa, weil sie den Machthabern gegenüber verwandtschaftliche Gefühle hegte. Vielleicht bildete das alte Ägypten in gewissem Maße eine Ausnahme; denn obwohl es ursprünglich aus der Vereinigung des Nord- und des Südreichs entstanden war, war der Nil ein so stark einigendes Band, daß gemeinsame Gefühle und Anschauungen etwas ganz Natürliches waren. Ein Beweis dafür ist die Tatsache, daß Ägypten sich am längsten von allen Staaten erhalten hat, vielleicht China ausgenommen. Babylonien hat es nie zu einer ähnlichen Stabilität gebracht. Bald hatte dieser, bald jener Stadtstaat die Führung. Mesopotamien war im Verlauf seiner alten Geschichte durchweg in sehr viel größerem Ausmaß von Kriegen zerrüttet, als es jemals bei Ägypten der Fall war.

Die Epoche der großen, durch Eroberung gewonnenen Reiche beginnt mit den Kriegen des Kyros und endet mit den Eroberungszügen Alexanders des Großen und Roms, bemißt sich also auf etwa tausend Jahre. Während dieses Zeitraums mochte es wohl den Anschein haben, daß die erobernden Heere unbesiegbar und die Gebiete nicht abzusehen seien, die ein großer Feldherr sich unterwerfen konnte. Der Einbruch der Perser wirkte sich, vom Bereich des Militärischen und der Regierung abgesehen, nicht sonderlich stark aus; als erste aber verbreiteten die Griechen, dann die Römer ihre Kultur in den von ihnen eroberten Ländern, und überall wurden sie mit uneingeschränkter Untertanentreue geduldet, nur nicht von den Juden. Zur Zeit der Antoninen hatte das Römische Reich schon fast den Charakter der modernen Nation. Die Teilung Roms in ein West- und ein Ostreich, die sich bald zersetzend auswirkte, hatte in ihrer Entwicklung noch keinen gefährlichen Punkt erreicht, vornehmlich dank der römischen Bewunderung für die Griechen, die selbst einen römischen Kaiser bewog, seine Bücher auf Griechisch zu schreiben. Vielleicht wäre die Mittelmeerwelt einschließlich Galliens, Britanniens und Westgermaniens ein einziger Staat geblieben, wenn diejenigen, die ihre Einrichtungen verwalteten, mehr Weisheit und Initiative besessen hätten. So ging sie zugrunde, nicht von innen heraus, trotz ihrer Mängel, sondern durch feindliche Einwirkung von außen; aber noch lange, nachdem sie zu existieren aufgehört hatte, lebte sie im Abendland im Bewußtsein der Menschen fort und beherrschte nachhaltig ihr Denken und Fühlen. Das ist ein bemerkenswertes Beispiel dafür, was zur Sicherung des sozialen Zusammenhalts mit Mitteln getan werden kann, die zunächst lediglich in der militärischen Macht bestanden.

Nach dem Untergang Roms blieb das Abendland lange Zeit einer anarchischen Konkurrenzherrschaft ausgeliefert, welche die gleiche Bedeutung gewann wie in früheren Jahrhunderten der Zusammenhalt. England, Frankreich, Spanien und Italien waren in eine Anzahl unbedeutender Reiche zersplittert. Erst allmählich und unter vielen Rückschlägen wurde der Zusammenschluß wieder wichtiger. Das Reich Karls des Großen war nicht von Bestand. Die Kaiser des Heiligen Römischen Reiches und die französischen Könige besaßen wenig Autorität über die, welche dem Namen nach ihre Vasallen waren. Die Herrscher des Reichs brachten es nie zu wirklichem Einfluß; im Vergleich zu ihnen hatten die französischen Könige immerhin einige Erfolge zu verzeichnen. Spanien wurde durch die Vereinigung Aragons und Kastiliens unter Ferdinand und Isabella sowie durch die Vertreibung der Mauren geeint. Währenddessen hatte sich England aus den Wirren der ersten Sachsenzeit entwickelt; es wurde mit Schottland durch einen dynastischen Glücksfall vereinigt. Das Zeitalter der Entdeckungen ließ verschiedene neue Reiche entstehen, die sämtlich größer waren als das Römische Reich, aber nicht seine Stabilität besaßen. Erst verlor Frankreich, dann England den größten Teil des Gebiets, das es auf der westlichen Hemisphäre erworben hatte.

In ähnlicher Weise zerfiel die mohammedanische Welt. Das Kalifenreich brach in viele Teile auseinander, die zwar nominell unter den Türken (mit Ausnahme Marokkos und Spaniens) wieder zusammengefügt wurden, aber nie wieder wirkliche Einheit erlangten. Im bisherigen Verlauf der Geschichte läßt sich weder eine langanhaltende Tendenz zur Kohäsion noch ein stetiges Vorherrschen rivalisierender

Bestrebungen nachweisen. Alles, was man beobachten kann, ist, daß anscheinend beide einander abwechseln. Und das gilt auch noch für die jüngste Geschichte: Österreich-Ungarn wurde auseinandergerissen, das britische Weltreich verlor seinen Zusammenhalt, und selbst die Halbinsel Indien, von der man doch hätte erwarten können, daß sie sich ihre Einheit bewahren werde, hat sich in zwei sich wenig freundlich gesinnte Staaten geteilt. Man sieht ohne weiteres, daß die Entwicklung damit noch nicht zu Ende ist, aber so weit ist sie einstweilen gediehen.

Wenn wir jedoch von der Politik zur Wirtschaft und zur Kultur übergehen, sieht das Bild recht anders aus. Die wirtschaftlichen Grenzen der Welt sind weniger einschneidend als die politischen. Bis zu den beiden Weltkriegen wurden die wirtschaftlichen Absperrungen immer mehr gelockert und der Austausch von Rohstoffen, Lebensmitteln und Industrieerzeugnissen immer weniger durch politische Grenzen behindert. Bereits seit der Zeit der griechischen Städte in Kleinasien hat der Handel stets zivilisatorischen Einfluß ausgeübt. Das Römische Reich unterhielt mit allen Teilen Asiens einschließlich Chinas Handelsbeziehungen. Solange das Reich bestand, deckte Italien fast seinen gesamten Lebensmittelbedarf durch Einfuhr. Als es sich seinem Ende zuneigte, die römischen Straßen verfielen und Räuberhorden die Gegend unsicher machten, war jedes kleine Gebiet gezwungen, mit den eignen Erzeugnissen auszukommen; die Folge war, daß die Bevölkerung sehr rasch abnahm und die Kultur fast ganz verschwand. Allmählich wurde der Handel dann wieder lebhafter, zunächst dank dem Unternehmungsgeist der Italiener und später auch der Holländer und Engländer, und mit dem Handel entwickelte sich wie in alten Zeiten die künstlerische, wissenschaftliche und soziale Zivilisation. Mit leichter Übertreibung kann man, vom wirtschaftlichen Standpunkt aus, die Welt vor 1914 als einheitliches Ganzes bezeichnen.

Auch auf kulturellem Gebiet machte sich eine einigende Tendenz bemerkbar. Fast immer hat eine gemeinsame Kultur zum sozialen Zusammenhalt genausoviel beigetragen wie eine gemeinsame Regierung. Als die Menschen in Städten zu leben begannen, hatte jede Stadt ihre eigene Kultur. Nord- und Südägypten hatten verschiedene Götter, ebenso Babylon und Ur. Aber wenn die Stadtgemeinden zu Reichen zusammenwuchsen, verschmolzen ihre Religionen zu Pantheons, so daß der geographische Herrschaftsbereich einer gemeinsamen Kultur mit den größer werdenden Staaten mitwuchs. Ja, er wuchs sogar schneller als die Staaten. Die Griechen hatten eine gemeinsame Kultur, obwohl ihnen die politische Einheit fehlte. Durch den Buddhismus entstand eine einheitliche Kultur in China, Japan, Tibet, Burma und Ceylon. Die hellenistische Kultur, grob gesprochen ein Gemisch aus griechischen und babylonischen Elementen, breitete sich über die von Alexander eroberten Gebiete aus, obwohl diese Regionen in mehrere unabhängige Staaten zersplitterten. Die spezifisch hellenistische Kultur hat in der des Römischen Reiches bis zu Konstantins Zeit fortgelebt. Daß sich das Christentum nach dem Untergang Roms im Abendland hielt, ist eins der bemerkenswertesten Beispiele dafür, daß eine gemeinsame Kultur den politischen Verfall zu überleben vermag. Inzwischen ging der größte Teil des christlichen Ostens an den Islam verloren. Während des Mittelalters gab es zwei Mittelmeerkulturen, die christliche und die mohammedanische, nicht nur eine einzige wie zu Roms Zeiten. Ja, man könnte eigentlich sagen: drei, angesichts der allmählich zunehmenden Spaltung der Ost- und Westkirche.

Die westeuropäische Kultur, während des ganzen Mittelalters gebietsmäßig festgelegt und in ihrem geistigen Gepräge begrenzter als die islamitische, erhielt in der Renaissancezeit plötzlich neuen Auftrieb, neues Ansehen und ungeheuren Gebietszuwachs. Sie verdankte das bestimmten geistigen Qualitäten, ihrem Unternehmungsgeist, ihrem Wissen und ihren politischen Systemen, die besser waren als die anderer Kulturen. Die gesamte westliche Hemisphäre geriet unter ihren Einfluß. Missionare verhalfen ihr im Fernen Osten zu Ansehen. In Indien errang sie sich die politische Vorherrschaft. Die Türken, die verschiedene christliche Länder überrannt hatten, wurden zunächst aufgehalten und schließlich vertrieben.

Von vielen, die über die einzelnen Kulturen schreiben, wird übersehen, daß die Kultur, die das Abendland über die ganze Welt verbreitete, ihre Durchschlagskraft nicht der jüdisch-griechisch-römischen Synthese, aus der das traditionelle Christentum hervorging, zu verdanken hatte, sondern anderen Elementen, die erst am Ausgang des 15. Jahrhunderts Bedeutung gewannen. In der Vorstellung der übrigen Welt war das Abendland nicht in erster Linie mit dem Christentum gleichbedeutend, sondern mit Abenteurergeist, technischer Geschicklichkeit, rücksichtsloser militärischer Tüchtigkeit und – während des 19. Jahrhunderts – mit gewissen Freiheitsidealen und der Praxis konstitutioneller Regierung. Bis zum Jahre 1914 schien die Verbreitung dieser Ideen ebenso unaufhaltsam wie sicher. Die russische Regierung, die einen traditionellen Absolutismus aufrechtzuerhalten versuchte, wurde von Revolutionären bedroht und 1906 zu dem ersten Schritt in Richtung auf eine parlamentarische Regierung gezwungen. Das mehr als zweitausend Jahre alte China fiel der emsigen Neuerungssucht von Menschen zum Opfer, die ihre Bildung aus dem Abendlande bezogen hatten. Das streng konservative und isolationistische Japan öffnete seine Häfen dem Handel und (mehr oder minder) seinen Geist westlichen Ideen. Es herrschte die durchaus berechtigte Erwartung, daß diese Entwicklung anhalten würde, bis die ganze Welt kulturell geeint und die Ideen Jeffersons und Macaulays widerspruchslos nicht nur in Indien, sondern auch auf der Hochebene Tibets und in den dunkelsten Tiefen afrikanischer Urwälder gepredigt würden. Und so wäre es auch zweifellos gekommen, wenn Europa nicht seine kriegerische Leistungsfähigkeit zu einem Kampf benutzt hätte, der im Grunde ein Bürgerkrieg war. Dadurch, daß Europa der Welt dieses wahnwitzige Schauspiel bot, verlor es an Gesicht und ermutigte es andere Kontinente, ihre kulturelle Selbständigkeit zu behaupten.

Wie das Zeitalter, das auf den Untergang des Weströmischen Reiches folgte, ist auch das unsere eine Epoche kulturellen Niedergangs. Der russische Kommunismus ist wie die Religion des Propheten ein neuer streitbarer Glaube, der sich große, ehemals christliche Gebiete erobert hat. Ohne zu seinen alten Traditionen zurückzukehren, hat sich China dafür entschieden, große Teile des westlichen Glaubensbekenntnisses abzulehnen. Afrika befindet sich in einem Gärungszustand mit zweifelhaftem Ausgang; es ist aber gut möglich, daß es in die primitive Barbarei zurückfällt. Indien hat sich noch vieles von dem britischen Erbe bewahrt; es ist aber nicht unwahrscheinlich, daß es unter dem Einfluß konservativer Theologen zu der Mentalität der Zeit vor Vasco da Gama zurückkehrt. Wie im dunklen Zeitalter ist unsere Welt von Krieg und Kriegsgerüchten erfüllt und durch raschen kulturellen Rückgang gekennzeichnet.

Hand in Hand mit dem zunehmenden kulturellen Chaos geht der wirtschaftliche Verfall. Zwischen kommunistischen und nichtkommunistischen Ländern bestehen nur sehr wenige Handelsbeziehungen, und selbst in den nichtkommunistischen Teilen der Welt setzt sich der Gedanke der Autarkie immer mehr durch. Da der Industrialismus die Grundlage militärischer Macht ist, macht sich immer mehr die Überzeugung geltend, daß jedes Land sich auf das schnellste industrialisieren sollte. Das bedeutet hohe Zölle, Schrumpfung des Handels und Beschränkung der Lebensmittelversorgung bei gleichzeitiger schnellerer Zunahme der Bevölkerung. Ein derartiger Zustand hat die Tendenz, dem Aufeinanderprallen von Glaubensbekenntnissen, der wirtschaftlichen Katastrophe, Hungersnöten und Kriegen den Weg zu bereiten. Diese schlimmen Konsequenzen sind nur zu vermeiden, wenn sich die Menschheit entschließt, die Dinge in einer weniger wahnwitzigen Weise zu behandeln, als es jetzt vorwiegend geschieht.

Das Abendland bedeutete im 19. Jahrhundert Christentum, verfassungsmäßige Regierung, Handel und wissenschaftliche Technik. Die drei ersten hat die übrige Welt verworfen, nur die wissenschaftliche Technik hat sich behauptet. Jetzt ist sie das einzig wirkliche zwischenstaatliche Element in den Kulturen der Welt. Turbinen und Wasserstoffbomben sind auf beiden Seiten des Eisernen Vorhangs die gleichen. Wer als Wissenschaftler freiwillig oder unfreiwillig von der einen zur anderen Seite hinüberwechselt, vermag seine Arbeit sogleich fortzusetzen und die gleichen Laboratoriumseinrichtungen und -möglichkeiten zu benutzen, die ihm vorher zu Gebote standen. Die Wissenschaft ist eine Einheit, die von allen sonstigen Unterschieden vollkommen unabhängig ist. Wenn ein Mensch eine Bombe für die Russen herstellt, dann hilft er mit bei der Errichtung dessen, was humorvoller Weise als Diktatur des Proletariats bezeichnet wird; wer eine Bombe für die Amerikaner fabriziert, unterstützt die Verwirklichung dessen, was ebenso humorvoll die Grundsätze der Bergpredigt genannt wird. Aber trotz der ungeheuren Kluft zwischen den Kulturen, die diese beiden Menschen vertreten, können sie miteinander ins Gespräch kommen, ohne sich der Gegensätzlichkeit ihres Standpunkts bewußt zu sein, solange sie sich auf die Wissenschaft und die wissenschaftliche Technik beschränken. Wenigstens in diesem Bezug ist die Welt eine Einheit geblieben.

Daß die Welt sich mehr denn je zur Einheit rundete, dazu trug noch ein anderes wesentlich bei: daß man Kunde bekommen hatte und Kunde bekam, was sich in ihr begab. Vor Columbus hatten die Mexikaner nichts von ihrer wechselseitigen Existenz geahnt, hatte Europa nichts von der westlichen Hemisphäre gewußt. Im dunklen Zeitalter spielte China eine sehr unbedeutende und Japan überhaupt keine Rolle im Geiste der Westeuropäer. Als die meisten Menschen noch nicht lesen konnten, blieb der überwiegenden Mehrheit das meiste von dem, was die des Lesens Kundigen zu wissen bekamen, unbekannt. Heute erfahren dank der Verbreitung von Zeitung und Rundfunk die meisten Menschen in den meisten zivilisierten Ländern rasch die wichtigsten Ereignisse aus aller Welt. Das Ergebnis ist jedoch nicht so hervorragend, wie die Verehrer der Aufklärung es ein oder zwei Jahrhunderte früher erwartet haben würden. Die Neuigkeiten, die sich am schnellsten verbreiten, sind aufregende Nachrichten und am leichtesten verursachen sie Erregung in Gestalt von Haß und Furcht. Und so erfahren wir weniger von den rein menschlichen Dingen, die uns mit unseren potentiellen Feinden verbinden, als vornehmlich von ihren mannigfaltigen Sünden und ihrer Verderbtheit. Haß- und Furchtgefühle gegenüber potentiellen Feinden sind beim Menschen etwas Natürliches und haben eine sehr lange Geschichte. Wenn die einzelnen Staaten in ihrem Verhältnis zueinander nicht von ihnen beherrscht werden sollen, dann dürfen sie entweder wie die Azteken und Inkas nichts voneinander ahnen oder, da das heute nicht mehr möglich ist, die Nachrichten, die von anderen Staaten aus weiter Ferne kommen, dürfen nicht so beschaffen sein, daß sie Entsetzen und Bestürzung erregen. Im Augenblick aber sind die Aussichten sehr gering, daß der Haß nicht immer stärker geschürt wird.

Im militärischen Sektor waren die jüngsten Entwicklungen, die vielleicht wichtiger sind als alle die Dinge, von denen wir gesprochen haben, weder durch vollständiges Auseinanderbrechen noch durch restlosen Zusammenschluß gekennzeichnet. Militärisch sind zwei große Blockbildungen zu beobachten: der kommunistische Block und der Block der Westmächte. Kohäsion und Konkurrenz, zwei Tendenzen, die sich seit dem ersten Zusammenprall wilder Stämme bis auf den heutigen Tag stets gleichzeitig geltend gemacht haben, sind durch einen Prozeß von furchtbarer Unausweichlichkeit beide in ihrer Entwicklung so ungeheuer weit fortgeschritten, daß sie gerade noch nebeneinander bestehen können. Je größer der Zusammenhalt, desto größer ist die Chance zu siegen; je größer die Konkurrenz, desto größer der Ansporn, innerhalb jeder Gruppe zusammenzuhalten. Der Druck dieser beiden Kräfte führt naturgemäß, die nötige technische Leistungsfähigkeit vorausgesetzt, zur Konzentration der Militärmacht bei einer von zwei rivalisierenden Gruppen. Und das wiederum kann kaum anders als mit der gegenseitigen Vernichtung enden, wenn das Rivalitätsverhältnis bestehen bleibt und die technische Leistungsfähigkeit immer größer wird. Wenn der Ausgang nicht ganz so tragisch sein soll, dann muß der Konkurrenzkampf weniger vernichtende Formen annehmen. Kann man die Menschen dazu erziehen, es ebenso ergötzlich zu finden, sich im Sport zu besiegen wie sich gegenseitig umzubringen? Sich daran genügen zu lassen, in Künsten und Wissenschaften und in den angenehmen Dingen des normalen Lebens miteinander zu wetteifern? Können sie lernen, sich zu bescheiden mit einem Dasein, das frei ist von grausamen Gelüsten und von der Angst, ihrem Gegenbild? Ich weiß es nicht; wenn sie es aber nicht können, dann ist unsere Spezies zum Untergang verdammt.

Die Nutzbarmachung der Atomenergie gehört zu den wichtigsten Entdeckungen, die der Menschheit jemals gelungen sind. Bisher hat man sich vorwiegend für ihre Bedeutung im Kriegsfalle interessiert, aber es wäre ganz falsch, ihre friedlichen Verwendungsmöglichkeiten zu vernachlässigen. Sie wird sehr bald neue Kraftquellen liefern, die namentlich für Transportzwecke zu Lande, zu Wasser und in der Luft ausgenutzt werden können. In der Medizin hat sie sich bereits als sehr nützlich erwiesen, und mit der Zeit wird sie bald ebensoviel Menschen heilen wie töten. Weitere sinnfälligere Möglichkeiten liegen noch im Schoße der Zukunft. Die Sowjetregierung hat davon gesprochen, mit Hilfe der Atomkraft den Lauf des Jenissei abzuleiten und damit weite Wüstengebiete in fruchtbare Ebenen zu verwandeln. Vielleicht wird es über kurz oder lang möglich sein, das Polareis zu schmelzen und damit das Klima der nördlichen Länder völlig zu verändern. Aber das sind vorläufig rein spekulative Möglichkeiten. Ziemlich sicher aber wird sie in vielen Beziehungen Kohle und Öl als Kraftquelle ersetzen und damit die Arbeit produktiver gestalten.

Einen sicheren Frieden vorausgesetzt, bedeutet es natürlich für die Menschheit einen Gewinn, wenn Möglichkeiten zur Steigerung der Arbeitsproduktivität gefunden werden. In Kriegszeiten aber oder wenn die Kriegsgefahr sehr bedrohlich wird, ist alles, was die Arbeit produktiver gestaltet, ein Unglück, denn damit wird ein größerer Kräfteanteil der Nationen zu Zwecken gegenseitiger Vernichtung frei. So gesehen ist die Entdeckung von Möglichkeiten zur Freisetzung der bisher im Atomkern eingeschlossen gebliebenen Energie ohne Frage ein Unglück. Ob es das bleiben wird, hängt von der Fähigkeit der Völker und Staaten ab, sich einer vollkommen neuen Situation anzupassen. Nach Ansicht hervorragender Wissenschaftler, darunter Einstein als bedeutendster und zugleich einer der ernstesten Warner, wird die Atomkriegführung, wenn sie nicht kontrolliert wird, wahrscheinlich noch vor Ablauf dieses Jahrhunderts die vollständige Ausrottung der Menschheit und vielleicht des gesamten tierischen Lebens herbeiführen. Die herkömmliche Staatsführung bietet weder den Politikern noch den Bürgern, die hinter ihnen stehen, eine Möglichkeit, dieser drohenden Gefahr zu begegnen. Seit sich die

Menschen zu bewaffneten Staaten zusammenschlossen, hat immer nur eine einzige Regel gegolten: macht eure Rüstungen stärker als die jedes Feindes, mit dem ihr vielleicht werdet kämpfen müssen; dann werdet ihr ihn entweder so einschüchtern, daß er Frieden hält, oder ihr werdet siegen, wenn er sich für den Krieg entscheidet. Da beide Seiten diesen Grundsatz befolgen, werden infolgedessen die Kriege so blutig, wie es der jeweilige Stand der Industrie erlaubt; bis jetzt aber hat dieses Prinzip den Sieg nicht unmöglich gemacht und in der Regel auch keine wirkliche Lebensgefahr für die Neutralen heraufbeschworen. Diese Voraussetzungen werden in naher Zukunft hinfällig werden, wenn nicht ganz neue politische Wege eingeschlagen werden. Ich sage nicht, daß sie unter allen Umständen hinfällig werden, wenn morgen der Krieg ausbricht, denn noch besteht die Wahrscheinlichkeit, daß wenn beide Seiten ihren gesamten Vorkriegsvorrat an Bomben verbraucht haben, noch menschliche Wesen auf der Welt am Leben sein werden; wahrscheinlich wäre auch jede Seite in der Lage, eine solche Verwirrung auf der Gegenseite herbeizuführen, daß während des Krieges die Herstellung neuer Bomben unmöglich gemacht würde. Aber das ist nur ein flüchtiger und immer schwächer werdender Hoffnungsschimmer. Je weiter die wissenschaftliche Technik fortschreitet, desto tödlicher werden die Bomben und desto billiger wird ihre Herstellung. Wenn genug davon da sind, werden sie radioaktive Wolken erzeugen, die ohne Rücksicht auf politische Grenzen mit dem Winde dahintreiben und ein Gebiet nach dem anderen dem Tode ausliefern. Das sind die Aussichten, wenn die alten Methoden der Staatsführung keine Wandlung erfahren.

Wenn auch die Menschen in erster Linie an die Atom- und Wasserstoffbomben denken, wenn sie sich das Unheil vorstellen, das die Wissenschaft heraufbeschwören kann, so ist doch keineswegs gesagt, daß sie eine größere Gefahr bedeuten als diejenigen Katastrophen, die aus anderen wissenschaftlichen Errungenschaften drohen. Der Bakterienkrieg ist in der Praxis noch nicht erprobt worden, wird aber sorgfältig auf beiden Seiten des Eisernen Vorhangs erwogen. Es gibt Menschen, die in einem Fläschchen einen Vorrat tödlicher Mikroorganismen zu besitzen behaupten, der ausreicht, um das ganze Menschengeschlecht auszurotten. Noch ist es ungewiß, wieweit sich solche Methoden erfolgreich im Kriege anwenden lassen, aber es wäre töricht, zu glauben, daß die nötigen Entdeckungen noch lange auf sich warten lassen werden. Zartbesaitete Naturen beklagen solche Methoden deswegen, weil die unter dem Feinde verbreiteten Krankheiten über die Grenze dringen können, aber ich glaube, die Grausamkeit braucht nur ein wenig gesteigert zu werden, und diesem Mißgeschick wäre vorgebeugt. Gefangene dürften natürlich nicht mehr gemacht werden, da das gefährlich wäre. Vermutlich würde das keine der beiden Seiten sehr tragisch nehmen. Als bedenklicher aber würde man es empfinden, daß die Entsendung von Spionen in Feindesland in Zukunft mit Gefahren verbunden wäre. Ebenso würden Eroberer nicht mehr wagen, feindliches Gebiet zu okkupieren, bevor nicht das letzte menschliche Wesen, das es besetzt gehalten hätte, geflohen oder tot wäre. Aber trotz all dieser Vorsichtsmaßregeln könnten doch nur ungewöhnlich optimistische Vertreter militärischer Kreise darauf hoffen, lediglich den Feind durch die von ihnen verbreiteten Übel auszurotten. Da sich beide Seiten dieser Hoffnung hingeben würden, würde es wahrscheinlich beiden gelingen, den Feind zu schädigen, nicht aber, den gleichen Schäden selber zu entgehen.

Es gibt noch andere, weniger sinnfällige Methoden, Katastrophen herbeizuführen. Der Boden könnte vergiftet werden, so daß er nicht mehr fruchtbar wäre, oder es könnten Krankheiten unter den Feldfrüchten statt unter menschlichen Wesen verbreitet werden. Es sind überhaupt keine Grenzen dafür abzusehen, welches Leid Menschen mit Hilfe der wissenschaftlichen Erfindungsgabe einander zufügen können. Und doch ist noch kein Anzeichen dafür zu bemerken, daß die Menschen auf dem Wege zur gegenseitigen Vernichtung vor dem Letzten zurückschrecken werden. Auf beiden Seiten des Eisernen Vorhangs werden so schnell wie möglich Wasserstoffbomben hergestellt, und beiderseits hofft man, daß sie die Entscheidung herbeiführen werden. Bis jetzt sehen die Machthaber, die die Politik der Völker bestimmen, keine andere Möglichkeit als dieses Wettrennen auf den gemeinsamen Selbstmord zu.

Besitzt denn das Menschengeschlecht nicht soviel gesunden Menschenverstand, um diese Katastrophe, die von niemand gewollt wird, abzuwenden? Die Schwierigkeit ist die, daß trotz aller Unerwünschtheit dieses Ergebnisses die Maßnahmen zu seiner Verhütung den eingefleischten Denkgewohnheiten so zuwiderlaufen, daß es sehr schwer ist, die Menschen von ihrer Notwendigkeit zu überzeugen. So schwer, daß wohl noch eine Reihe von Jahren vergehen wird, bis die notwendige geistige Wandlung eingetreten ist; bis dahin können wir nur hoffen, daß sich der Ausbruch eines dritten Weltkriegs durch solche Notbehelfe und Auswege verhüten läßt, wie sie sich ab und an als zweckmäßig zu erweisen scheinen. Wenn sich ein neuer Weltkrieg auf irgendeine Weise abwenden läßt, dann besteht vielleicht die Hoffnung, daß im Laufe der nächsten zehn oder zwanzig Jahre sogar die

Politiker es dahin bringen werden, die politischen Vorgänge in der neuen, nunmehr notwendigen Terminologie zu verstehen.

Wenn die Menschen nicht das Opfer ihrer eigenen kindischen Gescheitheit werden wollen, werden sie in allen mächtigen Ländern der Welt, jedenfalls aber in Amerika und Rußland, lernen müssen, nicht an einzelne Menschengruppen zu denken, sondern an *den* Menschen. Noch nie war der Mensch als solcher in Gefahr; noch nie drohte der Konkurrenzkampf einzelner Gruppen alle zu vernichten. In der Terminologie des möglichen Sieges politisch zu denken, ist heute nicht mehr zeitgemäß. Wenn das Menschengeschlecht fortbestehen soll, muß diese Wahrheit erkannt und zur Richtschnur des Handelns gemacht werden, und zwar nicht nur von den Westmächten, sondern auch von denen, die heute von der überlebten, von Marx ausgehenden Philosophie des 19. Jahrhunderts beherrscht werden. Dies zu erhoffen, erscheint im Augenblick vielleicht phantastisch, aber ich bin nicht absolut überzeugt davon, daß selbst kommunistische Machthaber unbegrenzt an einer Politik festhalten werden, sobald es sich als ganz sicher erweist, daß sie damit die Weltherrschaft nicht erringen werden, die sie aus Liebe zur Macht und aus Begeisterung für ihre Mission mit allen Mitteln erzwingen wollen.

Jeder Zuwachs an Technik bedingt, wenn damit ein Zuwachs und nicht eine Schmälerung des menschlichen Glücks verbunden sein soll, einen entsprechenden Zuwachs an Weisheit. In den letzten 150 Jahren hat die Technik einen noch nicht dagewesenen Zuwachs erfahren, und es macht sich kein Anzeichen dafür bemerkbar, daß sich das Tempo dieses Wachstums verlangsamt. Die Weisheit indessen hat nicht den geringsten Zuwachs erlebt. Die Grundsätze der Staatsführung sind noch immer die gleichen, die im 18. Jahrhundert im Schwange waren. Die Schlagworte, mit denen Wahlsiege errungen werden, sind genauso töricht wie immer. Kurzsichtige Habgier macht die Staaten genauso blind wie je gegenüber dem, was auf lange Sicht ihr wahres Interesse bedeutet. Technisches Können ohne Weisheit ist die Ursache unserer Nöte. Nicht in der bloßen Steigerung unseres Könnens liegt unser Heil beschlossen, sondern einzig und allein in dem Erstarken jener Weisheit, nach der unsere ratlose Zeit verlangt. Es schaudert uns, wenn wir an die Vernichtung des Menschen denken, aber mit dem Schaudern allein ist es nicht getan. Es ist unser aller dringlichste Pflicht, dafür zu kämpfen, daß Haß, Habgier und Neid, die uralten Leidenschaften, einer neuen, aus der Erkenntnis der gemeinsamen Gefahr erwachsenden Weisheit weichen, einer Gefahr, die wir durch unsere eigene Torheit heraufbeschworen haben und nur abwenden können, wenn wir diese Torheit bekämpfen. Haß erzeugt Gegenhaß. Wenn Einzelne einander hassen, bleibt das Leid immer noch in gewissen Grenzen, aber es wird grenzenlos und absolut, wenn große Völkergruppen sich hassen. Verfallt nicht wieder in den Glauben, die von euch Gehaßten verdienten diesen Haß. Ich weiß nicht, ob überhaupt jemand hassenswert ist, das aber weiß ich, daß der Haß gegen die, die wir für schlecht halten, die Menschheit nicht erlösen wird. Das einzige, was die Menschheit zu retten vermag, ist Zusammenarbeit, und der Weg zur Zusammenarbeit nimmt im Herzen der Einzelnen seinen Anfang. Im allgemeinen ist man sich selber wohlgesinnt, aber in unserer technisch vereinheitlichten Welt ist das Wohlwollen dem eigenen Ich gegenüber ganz gewiß sinnlos, wenn es sich nicht auch auf andere erstreckt. Das ist eine alte Lehre, die weise Menschen in vielen Epochen und an vielen Orten gepredigt haben – bisher vergebens. Wenn aber einer von uns am Leben bleiben soll, dann muß die praktische Politik nun endlich lernen, eine Weisheit zu beherzigen, welche die Praktiker bisher als für diese Welt zu gut befunden haben.

7 Wird der religiöse Glaube uns retten?

Einer Theorie zufolge, die in der Welt immer mehr Anklang findet, sind die Übel, woran die Völker kranken, auf das Schwinden des religiösen Glaubens zurückzuführen. Ich halte gerade das Gegenteil dieser Theorie für richtig. Der Glaube, soweit er überhaupt etwas mit der Sache zu tun hat, ist heute weit mehr verbreitet als noch vor kurzem. In Wirklichkeit steht die Kette der Ursachen, die zu der gegenwärtigen gefährlichen Situation geführt haben, in so gut wie gar keinem Zusammenhang mit den religiösen Überzeugungen der Menschen, die eher Auswirkung als Ursache unserer Nöte sind.

Was seit 1914 auf der Welt geschehen ist, hat seinen Gang mit der Unausweichlichkeit der griechischen Tragödie genommen, einer Unausweichlichkeit, die sich nicht aus den äußeren Umständen, sondern aus den Charakteren der Handelnden ergibt. Wir wollen kurz die einzelnen Phasen dieser Entwicklung verfolgen.

Im Jahre 1914 glaubten sich die Deutschen stark genug, sich gewaltsam ein Reich zu verschaffen, das sich mit dem britischen, französischen und russischen messen konnte. England, Frankreich und

Rußland schlossen sich zusammen, um diese Ambitionen zu vereiteln. Rußland wurde geschlagen und gab in der Revolution von 1917 seine traditionelle imperialistische Politik auf. Der Westen hatte den Russen Konstantinopel versprochen; doch als die Russen einen Sonderfrieden schlossen, fiel dieses Versprechen unter den Tisch. England und Frankreich schlugen mit Hilfe Amerikas die Deutschen, nachdem die Deutschen die Russen geschlagen hatten. Die Deutschen wurden gezwungen, den demütigenden Versailler Vertrag anzunehmen und die Alleinschuld am Kriege zuzugeben. Sie waren ›schlecht‹, weil sie den Krieg angezettelt hatten. Die Russen waren ›schlecht‹, weil sie einen Separatfrieden geschlossen hatten, vor allem aber, weil sie ihre Kriegsschulden nicht anerkannt hatten. Alle Siegernationen machten gemeinsam Front gegen Rußland, zogen aber den kürzeren und stellten mit einigem Erstaunen fest, daß Rußland sie nicht mehr liebte. Inzwischen litten die Deutschen große Not, die sich noch beträchtlich verschlimmerte, als der Wahnsinn der amerikanischen republikanischen Regierung zu der großen Weltwirtschaftskrise führte. Die Not führte zur allgemeinen Hysterie, und die Hysterie brachte Hitler ans Ruder. Die Westmächte ließen Hitler gewähren in der Hoffnung, er werde Rußland angreifen. Sie hatten die relativ einwandfreie Weimarer Republik angefeindet, aber mit der Begünstigung Hitlers bewiesen sie vor aller Welt, daß ihnen jeder Maßstab für sittliche Werte abging. Zum Glück war Hitler verrückt und beschwor in seiner Verrücktheit seinen Untergang selbst herauf. Der Westen war begeistert davon gewesen, daß Rußland ihm behilflich war, dieses Resultat zustande zu bringen; während Rußland und Deutschland am Ende des Ersten Weltkrieges gleich schwach gewesen waren, war Rußland nun, nach Beendigung des Zweiten Weltkrieges, stark. England war traditionsgemäß rußlandfeindlich, aber von 1907 bis 1917 aus Furcht vor Deutschland zur Scheinfreundschaft mit Rußland gezwungen gewesen. Am Ende des Zweiten Weltkrieges bildete sich eine ganz neue zwischenstaatliche Konstellation heraus. Westeuropa zählte nicht mehr. Die einzig Mächtigen waren Rußland und die Vereinigten Staaten. Wie es in der Vergangenheit in mehr oder minder ähnlichen Situationen stets der Fall gewesen war, waren sich diese beiden Großmächte spinnefeind. Jede sah eine Chance, sich die Welthegemonie zu sichern. Rußland übernahm das politische Erbe Philipps II., Napoleons und des deutschen Kaisers. Amerika setzte die Politik fort, die England im 18. und 19. Jahrhundert verfolgt hatte.

Bei all dem war nichts neu bis auf die Technik. Die Konflikte der

Großmächte waren genau die gleichen wie immer, nur hatte die Technik die Großmächte größer und den Krieg vernichtender gemacht. Die Sachlage wäre genau die gleiche, wenn Rußland noch der orthodoxen Kirche angehörte. In diesem Falle würden wir im Westen eben das anprangern, was uns bei der griechisch-orthodoxen Kirche ketzerisch erscheint. Wie unsere Propaganda aussähe, kann sich jeder vorstellen, der die Berichte über den Krimkrieg liest. Ich verteidige das heutige russische Regime genausowenig wie das zaristische. Ich sage nur, daß sich beide sehr ähnlich sind, obwohl das eine christlich war und das andere es nicht ist. Ich behaupte auch, daß die Lage genau die gleiche wäre wie heute, wenn die gegenwärtige Regierung von Rußland christlich wäre. Die Ursache des Konflikts ist die Kollision der machtpolitischen Bestrebungen. Im Grunde ist es kein Aufeinanderprallen von Glauben und Unglauben oder von zwei verschiedenen Glauben; es ist der Widerstreit zweier mächtiger Reiche, die beide eine Chance zu sehen glauben, die Weltherrschaft an sich zu reißen.

Kein Mensch kann behaupten, der Erste Weltkrieg sei mehr oder minder darauf zurückzuführen, daß es den Herrschern, die ihn anzettelten, am christlichen Glauben gefehlt habe. Der Zar, der deutsche Kaiser und der Kaiser von Österreich waren alle ernsthafte Christen. Auch Sir Edward Grey und Präsident Wilson. Nichtchristlich war damals nur ein einziger prominenter Politiker: der Sozialist Jean Jaurès, der den Krieg bekämpfte und zur Genugtuung fast aller christlichen Franzosen ermordet wurde. In England waren John Burns und der als Atheist bekannte Lord Morley die einzigen Kabinettsmitglieder, die zurücktraten, weil sie den Krieg mißbilligten. In Deutschland ging ebenfalls die einzige Opposition von den Atheisten unter Führung Liebknechts aus. Als in Rußland die Atheisten ans Ruder kamen, war es ihr erstes, Frieden zu schließen. Die Bolschewisten blieben freilich nicht friedlich, was aber nicht weiter verwunderlich ist angesichts der Tatsache, daß sie von allen christlichen Siegernationen angefeindet wurden.

Aber lassen wir die politischen Einzelheiten auf sich beruhen und betrachten wir unser Problem mehr im allgemeinen. Die Christen sind der Überzeugung, ihr Glaube wirke Gutes, jeder andere Glaube dagegen schade. Jedenfalls tut das nach ihrer Ansicht der kommunistische Glaube. Ich persönlich möchte sagen: jeder Glaube schadet. Wir können den ›Glauben‹ definieren als sicheres Überzeugtsein von etwas, wofür es keine Gewißheit gibt. Wo Gewißheit herrscht, spricht niemand von ›Glauben‹. Wir meinen damit nicht den Glauben, daß zwei und zwei gleich vier oder daß die Erde rund ist. Von Glauben sprechen wir nur, wenn wir die Gewißheit durch das Gefühl ersetzen wollen. Die Ersetzung der Gewißheit durch das Gefühl führt leicht zu Auseinandersetzungen, da verschiedene Gruppen unterschiedliche Gefühle als Ersatz nehmen. Die Christen glauben an die Auferstehung, die Kommunisten an die marxistische Werttheorie. Keiner der beiden Glauben läßt sich mit Vernunft begründen; folglich wird jeder durch Propaganda und nötigenfalls durch Krieg verteidigt. In dieser Beziehung sind beide gleich. Wenn man es für ungeheuer wichtig hält, daß die Leute etwas glauben sollen, was sich vernunftgemäß nicht rechtfertigen läßt, dann spielt es keine Rolle, was das für ein Etwas ist. Wo man die Macht in Händen hält, bringt man dieses Etwas dem unreifen Geist der Kinder bei und verbrennt oder verbietet Bücher, die das Gegenteil lehren. Wo man nicht die Macht hat, wird man bewaffnete Streitkräfte zu Eroberungszwecken aufstellen. Das alles ist die unvermeidliche Folge eines festen Glaubens, es sei denn, man begnügt sich wie die Quäker damit, stets in einer winzigen Minderheit zu sein.

Es ist mir völlig rätselhaft, wie anscheinend geistig normale Menschen der Meinung sein können, der Glaube an das Christentum vermöchte einen Krieg zu verhindern. Der römische Staat wurde zur Zeit Konstantins christlich und befand sich bis zu seinem Untergang fast dauernd im Kriegszustand. Die christlichen Staaten, die ihn ablösten, bekämpften einander unentwegt, wenn sie auch ab und an, was ich gar nicht bestreiten will, nichtchristliche Staaten bekriegten. Von der Zeit Konstantins bis zur Gegenwart findet sich in der Geschichte auch nicht die Spur eines Beweises dafür, daß christliche Staaten weniger kriegerisch sind als andere. Ja, einige der erbittertsten Kriege waren das Ergebnis von Auseinandersetzungen über verschiedene Arten des Christentums. Daß Luther und Loyola Christen waren, läßt sich ebensowenig bestreiten, wie daß ihre Meinungsverschiedenheiten mit einer langen Epoche grausamer Kriege verknüpft waren.

Manche Leute wollen einem weismachen, das Christentum sei, wenn auch vielleicht nicht wahr, so doch nützlich, weil es den sozialen Zusammenhalt fördere; wenn es auch nicht vollkommen sei, so sei es doch besser als jeder andere Glaube von gleicher Wirksamkeit. Ich gebe gern zu, daß ich die ganze Welt lieber christlich als marxistisch sähe. Ich finde den marxistischen Glauben abstoßender als jeden anderen, den zivilisierte Völker angenommen haben (mit Ausnahme vielleicht der Azteken). Ich kann aber beim besten Willen nicht zugeben, daß sozialer Zusammenhalt nur mit Hilfe von Zwecklügen möglich sein soll. Ich weiß sehr wohl, daß diese Anschauung von Platon und einer langen Reihe praktischer Politiker sanktioniert worden ist, halte sie aber selbst vom praktischen Standpunkt für falsch. Zu Zwecken der Selbstverteidigung ist sie nicht erforderlich, wenn vernünftige Argumente genügen. Notwendig ist sie für einen Kreuzzug, aber ich kann mich an keinen Fall erinnern, wo ein Kreuzzug zu etwas Gutem geführt hätte. Wenn die Menschen das Christentum als Teil der Wiederaufrüstung betrachten, so berauben sie es jedes möglichen spirituellen Verdienstes. Und um als Wiederaufrüstung wirksam zu sein, muß es nach allgemeiner Auffassung streitbar, dogmatisch und engherzig sein. Wenn sich die Menschen das Christentum als Kampfhilfe gegen die Russen vorstellen, dann schwebt ihnen nicht ein Christentum im Sinne der Quäker vor, sondern mehr etwas im Stile McCarthys. Die Durchschlagskraft eines Glaubens beruht im Kriege auf seinem negativen Aspekt, das heißt auf seinem Haß gegen diejenigen, die ihn nicht teilen. Ohne diesen Haß ist er für kriegerische Zwecke nicht verwendbar. Sobald er aber als Kriegswaffe benutzt wird, gewinnt der Haß gegen Ungläubige die Oberhand. Wenn zwei Glaubensbekenntnisse einander bekämpfen, zeigt sich daher jedes von seiner schlimmsten Seite und ahmt sogar das nach, was nach seiner Ansicht bei dem von ihm bekämpften Glauben wirksam ist.

Die Überzeugung, daß der Fanatismus im Kriege zum Erfolge beitrage, wird durch die Geschichte nirgends bestätigt, obwohl sie ständig von Menschen vertreten wird, die ihre Unwissenheit mit dem Wort ›Realismus‹ bemänteln. Als die Römer die Mittelmeerwelt eroberten, spielte der Fanatismus bei ihren Erfolgen keine Rolle. Die Motive römischer Feldherren waren entweder, in den Besitz der Goldreserven der Tempel zu kommen, mit der Absicht, die eine Hälfte für sich zu behalten und die andere ihren Soldaten zu überlassen, oder, wie es bei Cäsar der Fall war, das nötige Ansehen zu gewinnen, um Wahlsiege in Rom zu erringen und ihre Gläubiger zum Schweigen zu bringen. In den ersten Kämpfen zwischen Christen und Mohammedanern waren die Christen fanatisch und die Mohammedaner erfolgreich. Die christliche Propaganda hat allerlei Geschichten über die mohammedanische Intoleranz erfunden, die aber in bezug auf die ersten Jahrhunderte des Islam grundfalsch sind. Jeder Christ hat von der Geschichte der Zerstörung der Alexandrinischen Bibliothek durch den Kalifen gehört. In Wirklichkeit ist diese Bibliothek wiederholt zerstört und wiederaufgebaut worden. Die erste Zerstörung erfolgte durch Julius Cäsar, die letzte geschah vor der Zeit des Propheten. Die ersten Mohammedaner waren, anders als die Christen, duldsam gegen die, welche sie die ›Menschen des Buches‹ nannten, wenn sie nur ihren Tribut entrichteten. Im Gegensatz zu den Christen, die nicht nur die Heiden, sondern sich auch gegenseitig verfolgten, waren die Mohammedaner um ihrer toleranten Gesinnung willen gern gesehen, was ihre Eroberungen sehr erleichterte. Später wurde dann Spanien durch fanatischen Haß auf die Juden und Mauren zugrunde gerichtet; Frankreich verarmte schrecklich durch die Hugenottenverfolgung, und eine der Hauptursachen von Hitlers Niederlage war, daß er versäumte, die Juden an der Atomforschung mitarbeiten zu lassen. Seit der Zeit des Archimedes ist der Krieg stets eine Wissenschaft, und wissenschaftliche Leistungsfähigkeit eine der Hauptgrundlagen des Sieges gewesen. Wissenschaftliche Leistungsfähigkeit ist aber mit Fanatismus schwer zu vereinigen. Wir wissen alle, daß die russischen Biologen auf Grund eines Befehls Stalins gezwungen wurden, die Irrlehren Lysenkos zu unterschreiben. Für jeden, dem die freie wissenschaftliche Forschung nicht untersagt ist, steht es außer Frage, daß die Lysenkoschen Theorien die Weizenversorgung der Russen wahrscheinlich weniger steigern als die Lehren orthodoxer Genetiker die Weizenvorräte des Westens. Ich halte es auch für sehr zweifelhaft, daß die Kernforschung auf die Dauer in einer Atmosphäre gedeihen kann, wie sie Stalin in Rußland geschaffen hat. Vielleicht wird Rußland nun liberal, und vielleicht wird jetzt in den Vereinigten Staaten Bigotterie zum Hemmschuh für die Atomforschung. In dieser Beziehung enthalte ich mich der Meinung. Aber wie dem auch sei, es ist klar, daß ohne intellektuelle Freiheit die wissenschaftliche Kriegführung wahrscheinlich nicht lange erfolgreich bleiben wird.

Doch betrachten wir die Erscheinung des Fanatismus etwas allgemeiner. Die Beweisführung derer, die dem Fanatismus das Wort reden, ohne selbst Fanatiker zu sein, ist nach meinem Dafürhalten nicht nur falsch, sondern auch gemein. Es herrscht anscheinend die Ansicht, daß – wenn nicht jeder einzelne in einer Volksgemeinschaft entweder durch Verfolgung oder durch eine das selbständige Denken abtötende Erziehung dahin gebracht wird, Dinge zu glauben, die kein vernünftiger Mensch glauben kann – das Volk von Zwistigkeiten so zerrissen oder durch Zweifel so unschlüssig gemacht oder gelähmt wird, daß es unvermeidlich zu Schaden kommt. Für diese Ansicht fehlt nicht nur, wie schon bemerkt, jede historische Gewißheit, sondern sie widerspricht auch allen Erwartungen. Als 1905 eine britische Militärexpedition gegen Lhasa marschierte, hielten ihr die tibetanischen Soldaten zunächst tapfer stand, weil die Priester Zauberformeln gesprochen hatten, die – wovon jeder überzeugt war – gegen Blei schützten. Als die Soldaten aber trotzdem fielen, entschuldigten sich die Priester damit, daß die Kugeln Nickel enthielten, wogegen ihre Zaubersprüche machtlos seien. In der Folgezeit stießen die englischen Truppen kaum noch auf Widerstand. Philipp II. von Spanien war so davon überzeugt, daß der Himmel seinen Krieg gegen die Ketzer segnen müsse, daß er es ganz versäumte, sich zu überlegen, daß es einen großen Unterschied bedeutete, ob man gegen Engländer oder gegen Türken kämpfte, und so wurde er geschlagen. Es ist eine weitverbreitete Ansicht, daß man Menschen dahin bringen könne, etwas zu glauben, was auf dem einen Gebiet den Tatsachen widerspricht, auf dem anderen aber wissenschaftlich bleibt. Das stimmt nicht. Einen offenen Blick zu behalten für eine Evidenz ist gar nicht so einfach, und beinahe unmöglich ist es, das in der einen Beziehung fertig zu bringen, wenn man in der anderen absichtlich nicht sehen will.

Ein Mensch, der den Fährnissen des Lebens nicht ohne Zuhilfenahme tröstlicher Mythen ins Auge sehen kann, hat etwas Schwächliches und Verächtliches. Irgendein Teil seines Ichs muß ja doch schließlich merken, daß es sich um Mythen handelt und daß er sie nur glaubt, weil sie tröstlich sind. Weil er diesem Gedanken aber ausweicht, kommt er mit seinen Überlegungen nicht zu einem logischen Schluß. Außerdem wird er wütend, wenn man seine Ansichten anzweifelt, weil er selbst irgendwie das dunkle Gefühl hat, daß sie nicht vernünftig sind. Infolgedessen greift er zu Verfolgung, Zensur und strafferer Erziehung als den Haupterfordernissen der Staatskunst. Wenn er Erfolg damit hat, dann erzieht er sich ein Volk, das Angst hat, nichts wagt und keine Fortschritte machen kann. Autoritäre Herrscher haben stets in diesem Sinne auf ihr Volk einzuwirken versucht. Gewöhnlich ist ihnen das gelungen, und der Erfolg war, daß sie ihre Länder ins Verderben stürzten.

Viele von den Einwänden gegen den sogenannten ›Glauben‹ beruhen gar nicht auf dem, was der fragliche Glaube womöglich besagt. Man kann an die Verbalinspiration der Bibel oder des Korans oder des »Kapitals« von Marx glauben. Welchem Glauben man auch anhängt, seinen Verstand muß man vor jeder Evidenz verschließen. Und wenn man das in einer Beziehung tut, dann tut man es auch in anderer, wenn die Versuchung stark genug ist. Der Herzog von Wellington erlaubte sich nie den geringsten Zweifel an dem Wert der Spielplätze von Eton und war infolgedessen außerstande, jemals die Überlegenheit des Gewehrs über die altmodische Muskete anzuerkennen. Vielleicht wird man einwenden, der Glaube an Gott sei nicht so verhängnisvoll wie der Glaube an die Spielplätze von Eton. Ich will nicht darüber streiten, sondern nur bemerken, daß seine Gefährlichkeit sich danach bemißt, wieweit man im stillen daran zweifelt, daß er mit der Wirklichkeit übereinstimmt. Es kommt nicht darauf an, was man glaubt, sondern wie man es glaubt. Zu einer gewissen Zeit war es ein vernünftiger Glaube, daß die Erde eine Scheibe wäre. Damals hatte diese Überzeugung nicht die bösen Folgen, die sich an den sogenannten Glauben knüpfen. Die Menschen aber, die noch heute davon überzeugt sind, daß die Erde Scheibengestalt habe, müssen sich vor der Vernunft verschließen, aber neben ihrer törichten Grundvorstellung für allen möglichen Unsinn zugänglich bleiben. Wenn Ihre Ansicht in Ihren Augen auf der Vernunft beruht, dann werden Sie sie eher mit Beweisen als durch Verfolgung durchzusetzen versuchen, und wenn der Beweis gegen Sie spricht, werden Sie sie aufgeben. Wurzelt Ihre Überzeugung aber im Glauben, dann werden Sie einsehen, daß mit Beweisen nichts zu erreichen ist, und Ihre Zuflucht zur Gewalt nehmen, entweder in Form der Verfolgung oder der sogenannten ›Erziehung‹, die den Geist der Jugend künstlich in der Entwicklung hemmt oder verbildet. Diese letzte Methode ist besonders abscheulich, da sie sich die Wehrlosigkeit unreifer Geister zunutze macht. Leider wird sie mehr oder minder in den Schulen aller zivilisierten Länder angewendet.

Abgesehen von dem, was ganz allgemein gegen den Glauben spricht, prägt sich etwas besonders Widerwärtiges in der Anschauung aus, daß die Gebote der Bergpredigt befolgt werden müßten, um die Wirkung der Atombomben zu verstärken. Wenn ich Christ wäre, würde mir das als der Gipfel der Blasphemie erscheinen.

Ich glaube nicht daran, daß das Schwinden des Dogmenglaubens sich nur zum Schlechten auswirken kann. Ich gebe ohne weiteres zu, daß neue Dogmensysteme, die der Nazis zum Beispiel oder der Kommunisten, noch schlimmer sind als die alten, aber sie hätten niemals solche Macht über den Geist der Menschen gewonnen, wenn ihnen nicht in der Jugend das starre Festhalten an einem orthodoxen Dogma eingeimpft worden wäre. Stalins Sprache ist durchsetzt mit Reminiszenzen an das theologische Seminar, in dem er seine Ausbildung empfangen hatte. Was die Welt braucht, ist nicht das Dogma, sondern die Haltung wissenschaftlicher Untersuchung, gepaart mit der Überzeugung, daß die Marterung von Millionen kein erstrebenswertes Ziel ist, mag sie von Stalin verhängt werden oder von einem göttlichen Wesen, dem der Gläubige die Züge des eignen Bildes verleiht.

8 Eroberung?

In diesem Kapitel möchte ich erwägen, welche Rolle – bei Einsetzung einer einzigen weltumspannenden Autorität, die Kriege großen Stils unmöglich machen würde – gegebenenfalls die Militärmacht spielen könnte. Bei dem derzeitigen Spannungszustand besteht die Wahrscheinlichkeit oder zumindest die Möglichkeit, daß auf der einen oder der anderen Seite Furcht und Unsicherheit unerträglich werden. Wenn es so weit kommt, dann wird sich sogleich die Überzeugung verbreiten, daß eine Lösung im Siege der eigenen Seite (welche es auch sei) gefunden werden müsse, und zwar nach einem Weltkrieg, in dem die andere Seite eine nicht wiedergutzumachende Niederlage erlitten hätte. Das ist tatsächlich eine der Hauptursachen der Beunruhigung, seitdem die Ost-West-Spannung besteht. Es kann leicht der Moment kommen, wo die Nervenanspannung ins Unerträgliche wächst. Allein schon aus diesem Grunde lohnt sich die Überlegung, welche Aussichten auf einen glücklichen Ausgang bestehen, falls es unter Verhältnissen, wie sie derzeit herrschen, zu einem Weltkrieg kommen sollte.

Falls morgen ein Weltkrieg ausbräche, dann wären logisch drei Resultate denkbar: der Westen siegt; der Kommunismus siegt, oder der Krieg endet unentschieden. Im letzten Falle blieben dann wiederum zwei Möglichkeiten: der Frieden, der dabei herauskäme, könnte wie der Vertrag von Amiens nur eine Atempause bedeuten, in der beide Seiten Vorbereitungen träfen, um den Kampf so bald wie möglich wiederaufzunehmen; oder er könnte wie der Westfälische Friede nach Beendigung des Dreißigjährigen Krieges den Abschluß einer Epoche ideologischer Auseinandersetzung bezeichnen und eine Ära gegenseitiger Duldung einleiten. Ich möchte im Augenblick nicht erwägen, was geschähe, wenn der Krieg unentschieden enden würde und die Kriegführenden als intakte, organisch gegliederte Staaten daraus hervorgingen. Was ich überlegen möchte, ist, ob sich eine erstrebenswerte Form einer Weltregierung aus dem Siege einer der beiden Seiten entwickeln könnte.

Wir wollen zuerst die Hypothese eines sowjetischen Sieges ins Auge fassen. So peinlich eine solche Hypothese auch für alle Nicht-kommunisten sein muß, so wird man sie doch, fürchte ich, so wie die

Dinge liegen, als möglich ansehen müssen. Das wäre in den ersten Jahren nach 1945, als Amerika noch das Monopol der Atombombe hatte, nicht der Fall gewesen. Damals war sich aber die amerikanische Regierung noch nicht klar darüber, daß die Feindschaft mit Rußland unvermeidlich war, und die amerikanischen Streitkräfte, die ihren Krieg gewonnen hatten, hatten es eilig, nach Hause zu kommen, und verspürten nicht die geringste Lust, einen neuen Krieg zu beginnen. Nun, da sich die politische Lage gewandelt hat, ist auch die militärische Situation eine andere, teils weil China kommunistisch geworden ist, aber mehr noch, weil Rußland im Besitz der Atom- und der Wasserstoffbombe ist. Jetzt ist die Sachlage so, daß der Sieg des Westens nicht als sicher gelten kann.

Wie würde es der Welt ergehen, wenn Rußland uneingeschränkt siegen und seine Streitkräfte die strategischen Positionen in den Vereinigten Staaten und auch in ganz Westeuropa besetzen würde? Bestünde dann die Möglichkeit, daß in der ganzen Welt unterwürfige Satellitenregierungen eingesetzt würden, wie es Rußland zum Beispiel in Polen, Ungarn und der Tschechoslowakei gemacht hat? Und wäre es möglich, mittels solcher Regierungen die dauernde kommunistische Weltherrschaft zu errichten? Ich halte das für gänzlich ausgeschlossen. Wir haben schon am Beispiel Ostdeutschlands gesehen, wie schwierig die Unterdrückung eines westlichen zivilisierten Staates ist. Und Ostdeutschland hat zahlenmäßig nur eine kleine Bevölkerung. Gegenüber dem Problem, eine sehr große, von erbitterter Feindseligkeit erfüllte Bevölkerung wie zum Beispiel die der Vereinigten Staaten zu unterjochen, würden die Mittel der Schreckensherrschaft und der Geheimpolizei bald versagen. Ein auf Eroberung gegründetes Ostreich würde wie die Reiche Attilas und Timurs unvermeidlich der Isolierung anheimfallen. Wenn das einträte und mächtige Teile der westlichen Welt ihre Unabhängigkeit zurückgewännen, würden Erbitterung, Haß und Furcht noch viel mehr die Oberhand gewinnen, als es jetzt schon der Fall ist, und alle Energien des Westens würden sich auf die Hoffnung auf Rache konzentrieren. Wir kommen also um die Schlußfolgerung nicht herum, daß unter diesen Perspektiven auf eine bessere Welt oder auch nur auf eine dauernde Vereinheitlichung der Welt unter einem tyrannischen totalitären Regime nicht zu hoffen ist.

Als nächstes wollen wir überlegen, was wahrscheinlich im Falle eines westlichen Sieges geschehen würde. Dabei dürfen wir wohl davon ausgehen, wie die Entwicklung in Deutschland und Japan verlaufen ist. In diesen beiden Ländern wird trotz des französischen Wi-

derstrebens im einen und des australischen Zögerns im andern Falle
die Wiederaufrüstung gefördert, und es besteht keine Gewähr dafür,
daß ihre Regierungen nach zwanzig Jahren in etwa besser sein werden als die, welche als Endergebnis des Zweiten Weltkrieges hinweg-
gefegt wurden. Ein ähnlicher Ausgang wäre noch sicherer zu erwarten, wenn der Westen in einem dritten Weltkrieg siegen würde. Rußland und China sind zusammen zu riesig, um sie auf die Dauer mit
Gewalt in Schach halten zu können. Die in Amerika verbreitete Ansicht, daß die Ursache unserer Beunruhigung eher im Kommunismus
als in dem Rivalitätsverhältnis der Großmächte zu suchen sei, könnte
zur Veranlassung werden, den Russen und Chinesen rasch zu verzeihen, wenn sie mit dem Brustton der Überzeugung verkündeten, sie
seien nicht mehr kommunistisch. Der wahre Grund der Unruhe, der
Nationalismus, würde bestehen bleiben, und bald wäre ein neuer
Spannungszustand da, ähnlich dem, den wir heute haben.

Aus solchen Gründen halte ich es nicht für wahrscheinlich, daß ein
großer, mit der Eroberung einer Seite endender Krieg eine anhaltende
Besserung herbeizuführen vermag. Dabei lasse ich die mit einem großen Krieg verbundene Zerstörung sowie die Möglichkeit, daß überall
das Regierungssystem zusammenbrechen kann, außer Betracht. Ich
habe mich bei dem oben bezüglich der Kriegführung Gesagten auf die
Vermutungen militärischer Fachleute gestützt und nur erwogen, welches Resultat, die Richtigkeit dieser Mutmaßungen vorausgesetzt, zu
erwarten wäre, falls der Krieg noch einmal der Politik weichen sollte.
Wenn dieses Argument stichhaltig ist, so müssen wir schließlich doch
versuchen, zu einer Verständigung zwischen Ost und West zu kommen und nicht bloß zu der Überlegenheit unserer Streitkräfte.

Ich will jedoch nicht bestreiten, daß, wenn es jemals zu einer Weltregierung kommen sollte, ein Element des Zwanges unentbehrlich
sein wird, wenn sie universalen Charakter erhalten soll. Das ist, wie so
oft in der Politik, eine quantitative Frage, die man nicht von abstrakten Prinzipien aus anfassen soll. Aus unserer Argumentation geht hervor, daß sich eine Weltregierung nicht unter der Opposition großer
wichtiger Länder errichten läßt, namentlich wenn darin die Erbitterung über eine im Kriege erlittene Niederlage zum Ausdruck kommt.
Aber auch wenn alle mächtigen Nationen einig wären, so würden sie
doch noch einen Druck ausüben müssen, insbesondere auf die weniger
zivilisierten Teile der Welt. Dieser Druck könnnte zweifellos auch
ohne wirklichen Krieg zum Ziele führen; sollte aber in einem besonderen Falle ein wirklicher Krieg erforderlich werden, so könnte er
kurz sein, ohne die Lebenskraft der Menschheit an der Wurzel zu

treffen. Doch das sind Überlegungen, die einer ziemlich fernen Zukunft angehören.

Ein dritter Weltkrieg, wie er auch ausgehen mag, wird wie seine beiden Vorgänger die Probleme nicht lösen, sondern im Gegenteil die Welt noch schlechter machen, als sie vorher war. Ziel der Staatskunst sollte es sein, beide Seiten von dieser Wahrheit zu überzeugen und jede der beiden Seiten davon, daß die andere diese Wahrheit anerkennt. Wir im Westen sind durchaus nicht davon überzeugt, daß Rußland nicht zu einem unprovozierten Angriff übergeht. Und ebensowenig sind die Russen, so absurd uns das vielleicht auch erscheint, davon überzeugt, daß wir uns nicht zum Angriff entschließen, wenn uns die militärische Lage günstig erscheint. Ich glaube nicht an eine Verbesserung der Welt, solange sich beide Seiten in dieser Weise mißtrauen. Eine Besserung ist nur dann zu erwarten, wenn jede Seite davon überzeugt ist, daß die andere sich wohl gegen einen Angriff zur Wehr setzen, nicht aber als erste angreifen wird. Wären beide Seiten davon überzeugt, dann bestände die Möglichkeit ehrlicher Verhandlungen und eines wirklichen Nachlassens der Spannung. Aber daran ist schwerlich zu denken, solange jede Seite mit dem ganzen rednerischen Geschick, das ihr zu Gebote steht, sich bemüht, die Schlechtigkeit der Gegenseite anzuprangern. Ich will gar nicht abstreiten, daß diese Schlechtigkeit wirklich vorhanden ist. Ich möchte nur sagen, daß nichts dabei herauskommt, wenn beide Seiten sie immer wieder unterstreichen. Vielleicht wäre der erste und einfachste Schritt zur Befriedung, daß beide Seiten sich darüber verständigten, die Propaganda gegen den Gegner in gewissen Grenzen zu halten. Als nächstes sollte einer wahrheitsgetreuen Information der Weg durch den Eisernen Vorhang geöffnet werden. Zur Zeit dürfen bekanntlich die Russen die Wahrheit über den Westen nicht erfahren. Der Westen wiederum ist noch kaum gewahr geworden, daß in Amerika eine große Kampagne im Gange ist, um aus den Bibliotheken diejenigen Bücher auszumerzen, die über Rußland Aufschluß geben. Solche Maßnahmen, die das gegenseitige Verstehen verhindern sollen, richten nur Schaden an und schüren die Leidenschaften, die zur Sinnlosigkeit eines dritten zwecklosen Weltkonflikts führen.

Bei dem, was ich bisher zum Thema eines dritten Weltkriegs gesagt habe, habe ich mich, wie schon gesagt, an gewisse Mutmaßungen gehalten, die gewöhnlich von militärischen Fachleuten geäußert werden; ich glaube aber, es ist keineswegs als sicher anzunehmen, daß sich diese Vermutungen durch das Geschehen bestätigen werden. Wenn, was durchaus denkbar ist, ein Krieg mit der Zerstörung großer Städte, der totalen Zerschlagung aller Verbindungswege und der Inbrandsetzung der Ölfelder beginnt, so kann die Folge sein, daß riesige Armeen ohne Proviant bleiben und zu plündern gezwungen sind. Und diese Entwicklung kann leicht in allgemeine Anarchie ausarten. In Gebieten und Ländern, die auf eingeführte Lebensmittel angewiesen sind, würde ein Großteil der Bevölkerung verhungern, während lebensmittelerzeugende Gebiete ihre Erträge mit einer marodierenden Soldateska zu teilen hätten. Die Lage wäre dann ähnlich wie zur Zeit des Zusammenbruchs des Römischen Reichs. Große Staaten würden zerfallen und kleine lokale Einheiten an ihre Stelle treten. Die Anführer von Räuberbanden würden sich zu Lokaldespoten machen und ihre Leibgarden als Entgelt dafür, daß sie sie vor der Volkswut schützen, mit angemessener Verpflegung versorgen. Ein in dieser Weise fortgeführter Kampf wäre nicht mehr die gewaltige, auf der Grundlage von Atombomben, Flugzeugen und Öl organisierte Kriegführung, sondern eine viel altmodischere primitive Art, die die Zerstörung aller Industriezentren überdauern könnte. Aus einer solchen allgemeinen Anarchie würde die Menschheit im Laufe eines Jahrtausends zu einer neuen sogenannten Zivilisation emporklimmen, womit sie wieder in die Lage versetzt würde – falls sie inzwischen nichts dazugelernt hätte –, den ganzen zwecklosen Ablauf von neuem zu beginnen.

Diese Vorausschau ist jedoch unter Umständen, wie unsere früheren Prognosen, zu optimistisch. Wir müssen immer die Möglichkeit im Auge behalten, daß der wissenschaftlich geführte Krieg, bevor er sich selbst vernichtet, das Menschengeschlecht auslöschen kann. Mit jedem Jahr, um das sich der Dritte Weltkrieg verzögert, wird dieser Ausgang wahrscheinlicher. Sollen wir deshalb hoffen, den Dritten Weltkrieg so bald wie möglich ausbrechen zu sehen? Das wäre eine vernünftige Hoffnung, wenn wir an der Möglichkeit eines Quentchens weisen Selbsterhaltungstriebes bei den Politikern verzweifeln müßten, die über unser Schicksal und über die fanatische breite Masse, die hinter ihnen steht, zu bestimmen haben. Ich für mein Teil habe diesen Tiefstand der Verzweiflung noch nicht erreicht. Ich glaube immer noch, daß, wenn sich der Krieg so lange verhüten läßt, Zeit gewonnen wird, um die Gefahren weitgehend zu begreifen, eine aufbauende Staatskunst den Weg zur völligen Verhütung von Kriegen großen Stils weisen kann. Die erforderlichen Maßnahmen werden drastisch sein und auf starke Vorurteile stoßen, doch vielleicht wird die drohende Gefahr ihre Anerkennung erzwingen. Was das für Maßnahmen werden sein müssen, werde ich in einem weiteren Kapitel erörtern.

Einstweilen ist es noch höchst zweifelhaft, ob eine auf der Grundlage wissenschaftlicher Technik errichtete und geordnete menschliche Gesellschaft stabil sein kann. Ich habe diese Frage in »The Impact of Science on Society«, Kapitel 7, erwogen. Ich will sie deshalb nicht von neuem erörtern, sondern nur den Schluß anführen, den ich in diesem Kapitel gezogen habe:

»Meine Schlußfolgerung ist, daß ein wissenschaftliches Gemeinwesen unter bestimmten Bedingungen stabil sein kann. Erste Bedingung ist eine Weltregierung, die ein Militärmonopol besitzt und daher den Frieden sichern kann. Zweite Bedingung ist ein allgemeiner Wohlstand, womit die Gründe hinfällig werden, aus denen ein Teil der Welt den anderen beneidet. Dritte Bedingung (die die Erfüllung der zweiten voraussetzt) ist die allseitige Einhaltung einer niedrigen Geburtenziffer, so daß das Wachstum der Bevölkerung zum Stillstand kommt oder sich diesem Zustande nähert. Vierte Bedingung ist, daß für persönliche Initiative in Arbeit und Spiel gesorgt ist und eine größtmögliche Verteilung der Gewalt, soweit diese mit der Aufrechterhaltung eines politischen und wirtschaftlichen Systems vereinbar ist.«

Ehe diese Bedingungen nicht erfüllt sind, wird eine wissenschaftlich organisierte Welt ständig großen Gefahren ausgesetzt sein. Die verhängnisvollste ist die Vernichtung der menschlichen Spezies in einem Kriege großen Stils. Kommt es auch nicht so weit, so besteht doch immer die Gefahr, daß alles zu einem anarchischen Zustand mit allgemeinem Absinken des Zivilisationsniveaus zusammenbricht. Eine solche Entwicklung kann nur unter schrecklichen Leiden vonstatten gehen, da sie die gewaltsame Tötung oder den Hungertod etwa der halben Bevölkerung des Erdballs einbezieht. Alle vernünftigen Menschen müssen also wünschen, daß die Welt die zur dauernden Sicherheit notwendigen Wege einschlägt. Man kann aber nicht behaupten, daß sich die Welt zur Zeit in dieser Richtung bewegt. Besteht irgendwelche Hoffnung, daß sie sich in nicht allzuferner Zukunft vielleicht doch mehr dem Aufbau zuwendet?

Der Krieg, wie er auch ausgehen mag, scheint, wie wir im vorigen

Kapitel gezeigt haben, nicht die geeignete Methode zu sein, eine Wendung zum Besseren herbeizuführen. Alle diejenigen, denen die Zukunft der Menschheit höher steht als das Spiel vergänglicher Machtpolitik, müssen deshalb hoffen, daß, bevor es zu einer Explosion kommt, beide Parteien im Ost-West-Konflikt seine Zwecklosigkeit einsehen und sich bereitfinden, glaubwürdige Versicherungen dafür abzugeben und anzunehmen, daß sie entschlossen sind, den Frieden zu wahren.

Welche Wege ließen sich nun als erste bei einem solchen Verlauf beschreiten? Zur Zeit werden Ost und West gleichermaßen von Fanatikern regiert, die dermaßen von der Schlechtigkeit der Gegenseite besessen sind, daß sie sich einbilden, nur die gegenseitige Vernichtung könne das Zeitalter des Glücks und Friedens herbeiführen. Die Sowjetregierung vertritt eine Ideologie, nach welcher stets der Haß die Triebfeder aller menschlichen Angelegenheiten war und auch heute ist. In abergläubischer Besessenheit von der Unantastbarkeit ihres Dogmas sieht sie in einem mörderischen Kampf zwischen Kapitalismus und Kommunismus das Gebot der blinden Mächte des wirtschaftlichen Determinismus und glaubt, daß, wenn dieser Kampf ausbreche, er nach den Prophezeiungen der marxistischen Bibel mit dem weltweiten Siege des Kommunismus enden werde. Das alles ist natürlich ein Mythos, den kein vernünftig denkender Mensch glauben kann.

Aber wie kann der Fanatismus an der Verrichtung seines bösen Werkes gehindert werden? Einer gewissen Ansicht zufolge, die anscheinend zur Zeit in der öffentlichen Meinung Amerikas immer mehr an Boden gewinnt, ist Fanatismus nur durch Fanatismus zu bekämpfen; die Kampfmethode gegen den Kommunismus ist die öffentliche Verkündung der Ruchlosigkeit der Kommunisten, die Terrorverbreitung über ihre Machenschaften und die Aufbietung aller Möglichkeiten, um ein Kennenlernen und Verstehen ihrer Weltanschauung zu vereiteln.

Das entspricht aber nicht den Geboten wahrer Staatskunst. Wenn der Krieg, wie wir zu zeigen versucht haben, keine Abhilfe für die Nöte der Welt bedeutet, dann muß die Lösung in der Versöhnung und in einer Milderung des Hasses und der Furcht gesucht werden. Eine Versöhnungspolitik in die Wege zu leiten, ist deshalb so schwierig, weil beide Seiten davon überzeugt sind, daß Sicherheit nur durch Rüstung verbürgt werde. Rußlands Bevölkerung hat sich mit unzureichender Ernährung, Unterbringung und lauter Unannehmlichkeiten zufriedenzugeben, während alle Energien, alles Wissen und

Können für die Kriegsvorbereitung eingespannt werden. In den Vereinigten Staaten muß dem Kongreß plausibel gemacht werden, daß jetzt nicht der geeignete Moment für eine Senkung der Einkommensteuer sei, und das ist nur durch eine großangelegte Kampagne möglich, die die sowjetische Bedrohung in denkbar schwarzen Farben malt. Eins der Momente, die die Lage so hoffnungslos erscheinen lassen, ist die ziemlich niedrige Denkungsart, die sich auf beiden Seiten bemerkbar macht. Jede Seite glaubt, die Gegenseite werde zum Angriff übergehen, sobald ihr der Sieg aussichtsreich erscheint. Infolgedessen ist jede Seite der Überzeugung, ihre Rüstung müsse so stark sein, daß die Gegenseite vor dem Kriege zurückschreckt. Verstärkt eine Seite ihre Rüstungen, so wächst gleich die Furcht auf der Gegenseite, folglich werden dort wiederum die Rüstungen vergrößert. Keine von beiden Seiten wagt den ersten Schritt zur Versöhnung zu tun oder nachdrücklich auf die Übelstände hinzuweisen, die sich aus einem Kriege für die ganze Menschheit ergeben würden, denn jede Seite glaubt, die andere würde darin ein Zeichen der Furcht erblicken und dadurch in ihrer Kriegslust bestärkt werden. Die Lage ist genau die gleiche wie einst zu Zeiten des Duells, wo zwei Männer, von denen keiner töten oder getötet werden wollte, von der Furcht besessen waren, als Feigling zu gelten. Das Privatduell ist inzwischen abgeschafft worden, unter den Staaten aber geht der Zweikampf mit genau der gleichen albernen Psychologie weiter.

Was kann geschehen, um beide Seiten von ihrem Mißtrauen abzubringen? Aus den Gründen, die wir uns eben überlegt haben, ist es für den kommunistischen wie für den antikommunistischen Block gleich schwer, den ersten Schritt zu tun. Das müssen wohl neutrale Mächte besorgen. Sie haben zwei Vorteile: keiner kann sie der Feigheit bezichtigen und, was noch wichtiger ist, sie können mit den Regierungen verhandeln, ohne sich feindlicher Absichten verdächtig zu machen. In den westlichen Ländern stellt die öffentliche Meinung noch immer eine Macht dar. Wenn man aber irgendwelchen Einfluß auf Rußland ausüben will, dann muß man es fertigbringen, die russische Regierung zu überzeugen – und das können nur Regierungen mit Aussicht auf Erfolg unternehmen.

Ich würde es sehr begrüßen, wenn die indische Regierung eine nur aus Indern bestehende Kommission ernennen würde; diese Kommission, die aus hervorragenden Politikern, Wirtschaftlern, Wissenschaftlern oder militärischen Fachleuten zusammengesetzt sein müßte, hätte in einem vollkommen neutralen Geiste die Übel festzustellen, mit denen zu rechnen wäre, falls der kalte Krieg sich in einen heißen verwandeln sollte, Übel, die sich keineswegs nur auf die Kriegführenden beschränken, sondern sich auch, wenn auch wahrscheinlich in geringerem Maße, auf die Neutralen auswirken würden. Diesen Bericht müßte die indische Regierung dann den Regierungen aller Großmächte vorlegen und sie auffordern, sich zu seinen Voraussagen zustimmend oder ablehnend zu äußern. Wenn die Arbeit der Kommission in angemessener Weise durchgeführt würde, wäre es meines Erachtens sehr schwierig, gegenteiliger Meinung zu sein. In dieser Weise wäre es vielleicht möglich, die beiderseitigen Regierungen davon zu überzeugen, daß keine Seite sich von einem Angriff etwas versprechen dürfte. Ich persönlich glaube nicht, daß im gegenwärtigen Zeitpunkt eine von beiden Seiten an einen Angriff denkt, aber jede argwöhnt das von der anderen, und dieser Verdacht wirkt sich genauso schädlich aus, als wenn er wirklich begründet wäre. Aufgabe der Neutralen wäre es, diesen Verdacht zu zerstreuen und jede Seite wirklich davon zu überzeugen, daß die Gegenseite nur kämpfen werde, wenn sie angegriffen würde. Ich weiß nicht, ob es in nächster Zukunft möglich sein wird, diese Überzeugung beiden Seiten beizubringen, glaube aber, daß es viel eher gelänge, wenn man sich dabei auf eine maßgebende neutrale Untersuchung stützen könnte, die unvoreingenommen bewiese, wie wenig für jede der beiden Seiten bei einem Angriff herausspränge. Die Argumente des Eigeninteresses sind so einleuchtend, so triftig, so restlos überzeugend, daß sie, wenn eine außerhalb des Konfliktes stehende Macht sie eindringlich geltend machte, nach einer gewissen Bedenkzeit ihre Wirkung auf den Osten wie auf den Westen nicht verfehlen würden.

Wenn beide Seiten erst einmal einmütig erkannt haben würden, daß der Krieg keine Lösung ist, dann würden bald Verhandlungen möglich sein und die Spannung würde rasch nachlassen. Als erstes müßte die Schärfe der amtlichen Propaganda gemildert und die einst übliche Höflichkeit im diplomatischen Verkehr wieder eingeführt werden. Sodann müßte ein Kongreß alle strittigen Punkte überlegen und nach Lösungen suchen, die eher Stabilität gewährleisteten als solche, die mit dem diplomatischen Siege einer der beiden Seiten verknüpft wäre. Einem jeden, dessen Blick nicht durch parteiische Voreingenommenheit getrübt ist, muß es einleuchten, daß die Welt nicht zur Ruhe kommt, solange Deutschland geteilt bleibt und die Anerkennung der De-facto-Regierung Chinas verweigert wird. Das Deutschland-Problem kann nur durch russische, das China-Problem nur durch amerikanische Zugeständnisse gelöst werden. Wenn jede Seite von dem aufrichtigen Wunsch erfüllt wäre, die Kriegsgefahr abzubauen, würden derartige Zugeständnisse auf beiden Seiten nicht mehr so schwierig sein wie gegenwärtig. Bei der Herbeiführung der dazu erforderlichen geistigen Einstellung könnten neutrale Mächte, scheint mir, eine segensreiche und entscheidende Rolle spielen.

Wenn die unmittelbaren Ursachen der Spannung durch die obige oder eine andere Methode beseitigt würden, dann könnte man sich der Lösung von Problemen mit großer Tragweite zuwenden. Das erste, was hier in Angriff zu nehmen wäre, wäre wahrscheinlich die Einführung der internationalen Atomkontrolle. Amerika hat am Ende des letzten Krieges einen durchaus anerkennenswerten Vorstoß in dieser Richtung gemacht, der jedoch an dem russischen Mißtrauen scheiterte. Seitdem ist der russische Argwohn nicht geringer geworden und der amerikanische hat zugenommen. Wir müssen hoffen, daß die Entwicklung in umgekehrter Richtung verläuft, und das scheint mir jetzt eher möglich, seitdem beide Seiten im Besitz der Atom- und der Wasserstoffbomben sind.

Es wird ein hartes Stück Arbeit werden, entweder Rußland oder Amerika zur Aufgabe der absoluten nationalen Unabhängigkeit zu bewegen, aber bevor das nicht geschehen ist, wird es keine Sicherheit für die Welt geben. Ich glaube, das Beste, was man erhoffen darf, wäre eine *Détente*, während der ein Krieg nicht zu befürchten wäre, und die während der Dauer der Détente allmählich reifende Erkenntnis, daß gewisse Freiheiten, die immer als etwas sehr Kostbares gegolten haben, auf einem Planeten, der durch die Technik klein und übervölkert geworden ist, jetzt nicht mehr möglich sind. Jedem, der an das Stadtleben gewöhnt ist, erscheinen die verschiedenen Beschränkungen der Freiheit, die in einer dünn bevölkerten Gegend nicht erforderlich sind, als eine Selbstverständlichkeit. Sobald sich irgendwo eine Menschenmenge ansammelt, ertönt die Stimme des Polizisten »Bitte weitergehen« und niemand entrüstet sich. Anarchische Freiheit, der sich bislang die Staaten erfreuten, ist in der modernen Welt genauso unmöglich wie für die Fußgänger oder Motorradfahrer auf den Straßen Londons oder New Yorks.

Wenn aber eine internationale Regierung möglich sein soll, dann muß der Fanatismus gebändigt werden. Gemeinwesen vom Standpunkt der Wissenschaft, nicht des leidenschaftlichen Gefühls zu betrachten, muß allseits zur Gewohnheit gemacht werden. Durch wildes Verabscheuen ist unerwünschtes Verhalten nicht abzustellen. Im 18. Jahrhundert hängte man in England die Diebe auf, und damals wurde beträchtlich mehr gestohlen als heute. Wenn der russische Fanatismus nachlassen soll, dann wird er das bestimmt nicht deswegen tun, weil der amerikanische Fanatismus zugenommen hat. Im Gegenteil, der amerikanische Fanatismus ist die Folge des russischen, und das einzige, was wahrscheinlich dabei herauskommt, ist, daß er auf den russischen Fanatismus, aus dem er entstanden ist, zurückstrahlt und ihn weiter verstärkt. Geeint werden kann die Welt nur, wenn sie nicht zugrunde gehen soll, durch Ausbreitung des wissenschaftlichen Geistes. Darunter verstehe ich nicht das technische Können, sondern die Gewohnheit, auf Grund der Evidenz zu urteilen und mit dem Urteil zurückzuhalten, wo die Evidenz fehlt. Im Guten und im Schlechten ist die Wissenschaft das Kennzeichen unserer Zeit. Der Fanatismus, ob auf Seiten der Hindus, der Moslems, der Katholiken oder der Kommunisten, ist eine Hinterlassenschaft des Mittelalters. Eins der ersten Dinge, die während der Dauer einer Détente zu geschehen hätten, wäre die allseitige Unterbindung der von der Regierung ausgehenden Schürung des blinden Fanatismus und des Hasses, der aus ihm erwächst.

Gewisse Dinge sind allen menschlichen Wesen gemein. Eins davon, vielleicht das wichtigste, ist die Leidensfähigkeit. In unserer Macht steht es, die Summe des Leidens und des Elends in der Welt unermeßlich herabzudrücken; aber das wird uns nicht gelingen, solange wir dulden, daß gegensätzliche irrationale Anschauungen das Menschengeschlecht in feindliche Gruppen aufspalten. Eine weise Humanität, in der Politik wie überall, erwächst nur aus der Besinnung darauf, daß selbst die größten Gruppen aus Einzelnen bestehen, daß der Einzelne glücklich oder traurig sein kann und daß jedes leidende Individuum ein Zeuge für das Versagen menschlicher Weisheit und allgemeiner Menschlichkeit ist. Die Staatskunst sollte keine abstrakten Ziele haben. Ihre Ziele sollten genauso konkret sein wie die Liebe der Eltern zu ihren kleinen Kindern. Die Welt braucht Weisheit und menschliche Wärme gleichermaßen. Beide entbehrt sie jetzt, doch hoffentlich nicht für immer.

10   Auftakt oder Abgesang?

An geologischen und entwicklungsgeschichtlichen Zeiträumen gemessen, ist der Mensch erst sehr spät auf diesem Planeten erschienen. Während zahlloser Jahrmillionen hat es nur sehr einfache Lebewesen gegeben. Während weiterer zahlloser Jahrmillionen entwickelten sich allmählich neue Arten – die Fische, die Reptilien, die Vögel und schließlich die Säugetiere. Die Spezies Mensch, zu der wir gehören, existiert seit höchstens einer Million Jahre; seine zerebralen Fähigkeiten besitzt der Mensch erst halb so lange. Aber so verhältnismäßig spät der Mensch auch in der Geschichte des Universums, ja selbst des Lebens auftaucht, so ist doch die Entfaltung seiner ebenso furchtbaren wie herrlichen titanischen Kräfte sehr viel neueren Datums. Erst vor etwa sechstausend Jahren entdeckte der Mensch seine Eignung zu spezifisch menschlichen Tätigkeiten. Als früheste können wir wohl die Erfindung der Schreibkunst und die organische Gliederung der Obrigkeit ansetzen. Seit Anbeginn der Geschichte ist die Entwicklung nicht stetig verlaufen, sondern ruckhaft, stoßweise. Nach dem Zeitalter der Pyramiden fällt der erste, wirklich nennenswerte Fortschritt in die griechische Blütezeit; der nächste von annähernd gleicher Bedeutung nach diesem Zeitpunkt liegt erst etwa fünfhundert Jahre zurück. In den letzten fünfhundert Jahren sind immer häufiger Wandlungen eingetreten; schließlich haben sie ein derartiges Tempo angenommen, daß ein alter Mann kaum hoffen darf, die Welt, in die er sich versetzt sieht, zu begreifen. Es ist fast unvorstellbar, daß ein Zustand, der sich so von Grund auf von allem unterscheidet, was seit der Existenz der ersten lebenden Organismen je dagewesen ist, andauern sollte, ohne eine entsetzliche Verwirrung hervorzurufen, in der die rasende, Herz und Hirn immer stärker erschöpfende Beschleunigung schließlich endet. Wir haben Grund zu diesen Befürchtungen, die durch den Zustand der Welt gerechtfertigt werden, und, verstärkt durch den Kontrast der beschaulichen Vergangenheit und der sich überstürzenden Gegenwart, bemächtigen sie sich der Vorstellung des nachdenklichen Historikers.

Aber wenn wir vergessen, was uns derzeit bedroht und bestürzt, dann werden wir gewahr, daß wir uns die Zukunft in weit größeren als geologisch in Betracht kommenden Ausmaßen vorstellen. Allem Anschein nach spricht in der physikalischen Welt nichts dagegen, daß unser Planet noch weitere Abermillionen Jahre bewohnbar bleibt, und wenn der Mensch trotz der Gefahren, die er durch seinen eigenen Wahnsinn heraufbeschwört, am Leben zu bleiben vermag, dann besteht kein Grund, daß er nicht seinen Siegeszug fortsetzen sollte, den er vor so kurzer Zeit erst angetreten hat. Auf viele Jahrmillionen hinaus liegt, nach dem jetzigen Stande unseres Wissens zu schließen, das Schicksal des Menschen in seiner Hand. Bei ihm steht es, zu entscheiden, ob er untergehen oder zu ungeahnten Höhen emporsteigen will. Shakespeare spricht von dem

»Prophetischen Geist
der weiten Welt, der künftige Dinge träumt.«

Sollen wir glauben, daß es kein prophetischer Traum ist? Sondern nur ein Trugbild, endend im Tod? Oder können wir glauben, das Drama habe gerade erst begonnen und wir hätten nurmehr die ersten Silben des Vorspiels vernommen?

Der Mensch, so sagten die Orphiker, ist ein Sohn der Erde und des Sternenhimmels, oder moderner ausgedrückt: ein Doppelwesen aus Gott und Tier. Nicht jeder will nur das Tier, nicht jeder nur den Gott in ihm sehen. Es ist allzu einfach, den Menschen nur als Tier zu bezeichnen. So hat Swift ihn in seinen Yahoos dargestellt, so überzeugend, daß es vielen von uns unauslöschlichen Eindruck gemacht hat. Aber bei aller Widerwärtigkeit fehlen den Swiftschen Yahoos doch die schlimmsten Eigenschaften des modernen Menschen, denn sie besitzen nicht seine Intelligenz. Den Menschen als Doppelwesen aus Gott und Tier zu beschreiben, ist nicht sehr fair gegenüber den Tieren. Eher ist er ein Doppelwesen aus Gott und Teufel. Kein Tier und kein Yahoo wäre solcher Verbrechen fähig, wie sie Hitler und Stalin begangen haben. Es gibt anscheinend keine Grenzen für die Greuel, die wissenschaftliche Intelligenz, gepaart mit satanischer Bosheit, zu verüben imstande ist. Wenn wir uns vergegenwärtigen, welche Leiden Hitler und Stalin vorsätzlich Millionen Menschen angetan haben, und uns vorstellen, daß wir der gleichen Gattung angehören, die sie so furchtbar entwürdigt haben, dann erscheinen uns die Yahoos trotz all ihrer Verderbtheit weit weniger schrecklich als manche von den menschlichen Wesen, die in der Wirklichkeit in großen modernen Staaten die Macht in Händen haben. Es ist lange her, daß sich die menschliche Phantasie die Hölle ausgemalt hat, aber erst durch ihre jüngst erworbenen Fertigkeiten ist sie in die Lage versetzt worden, ihre einstigen Vorstellungen zu verwirklichen. Der menschliche Geist schwebt wunderlich zwischen dem lichten Himmelsbogen und dem schwarzen Höllenschlund. In der Betrachtung beider vermag er Befriedigung zu finden, und wer dürfte sagen, daß ihm der eine gemäßer sei als der andere?

In Augenblicken des Grauens habe ich bisweilen fast gezweifelt, ob es überhaupt zu wünschen ist, daß eine Kreatur wie der Mensch weiterlebt. Es gehört nicht sonderlich viel dazu, den Menschen nur als ein finsteres, grausames Geschöpf, als eine Verkörperung teuflischer Macht zu betrachten und ihn als einen Makel auf dem reinen Antlitz des Alls zu empfinden. Aber das ist nicht die ganze Wahrheit und nicht der Weisheit letzter Schluß.

Der Mensch, sagten die Orphiker, ist auch ein Sohn des Sternenhimmels. Wenn auch sein Leib, an den großen Himmelskörpern gemessen, winzig und ohnmächtig ist, so vermag doch der Mensch diese astronomische Welt widerzuspiegeln und in der Phantasie und der wissenschaftlichen Erkenntnis unermeßliche Weiten von Raum und Zeit zu durchwandern. Was er bereits von der Welt weiß, in der er lebt, wäre seinen Ahnen vor tausend Jahren unglaubwürdig erschienen, und bei dem Tempo, in dem er neues Wissen erwirbt, besteht aller Grund zu der Annahme, daß, wenn er seinen gegenwärtigen Kurs weitersteuert, sein Wissen nach abermals tausend Jahren *unsere* Vorstellungen genauso übertreffen wird. Aber nicht nur, oder grundsätzlich, in der Erkenntnis beweist der Mensch seine besten und bewundernswertesten Eigenschaften. Auch Schönheit haben die Menschen geschaffen; sie hatten wunderbare Visionen, wie das erste Aufschimmern eines Märchenlandes; sie waren der Liebe fähig und des Mitleids für das ganze Menschengeschlecht und gewaltiger Hoffnungen für die gesamte Menschheit. Freilich waren das Dinge, die nur sehr ungewöhnlichen Menschen gelungen sind und ihnen oftmals die Feindschaft der Menge eingetragen haben. Aber warum sollten nicht solche Menschen, heute noch eine Ausnahme, dereinst die Regel werden? Wenn das geschähe, würde sich der Ausnahmemensch in jener neuen Welt ebenso weit über Shakespeare erheben, wie Shakespeare heute den Durchschnittsmenschen überragt. Zu soviel Schlechtem ist das Wissen mißbraucht worden, daß wir uns kaum vorstellen können, welche guten Zwecke sich verwirklichen ließen, wenn sich die Menge zu dem gleichen hohen Niveau erhöbe, das bisher nur geniale Menschen zu erreichen vermögen. Wenn ich zu hoffen wage, daß die Welt ihre heutigen Nöte übersteht und eines Tages lernt, ihr Schicksal nicht grausamen Scharlatanen, sondern Menschen voll Mut und Weisheit anzuvertrauen, dann ersteht vor mir eine leuchtende Vision: eine Welt, worin niemand hungert und nur wenige krank sind, worin die Arbeit befriedigend und maßvoll ist, worin die Güte regiert und geniale Geister furchtlos und frei Herz, Auge und Ohr mit ihren Schöpfungen erquicken. Man sage nicht, das sei unmöglich. Es ist nicht unmöglich. Ich sage nicht, daß es schon morgen sein kann, doch vielleicht in tausend Jahren, wenn die Menschheit sich aufrafft, die Art des Glücks zu erstreben, die den Menschen auszeichnen sollte. Ich sage: das Glück, das den Menschen auszeichnet; denn das Glück der Schweine, das zu erstreben Epikur von seinen Gegnern vorgehalten wurde, ist dem Menschen versagt. Wer sich mit dem Glück von Schweinen zufriedengeben will, wird elend werden, weil er seine inneren Kräfte erstickt. Wahres menschliches Glück werden nur diejenigen finden, die ihre göttlichen Fähigkeiten bis zum letzten entwickeln. Für solche Menschen muß heutigentags das Glück mit viel Schmerz gemischt sein, weil sie unwiderstehliches Mitleid erfaßt, wenn sie andere leiden sehen. In einem Gemeinwesen aber, in dem es diese schmerzlichen Erlebnisse nicht mehr gäbe, würde das menschliche Glück vollkommener, reicher an Phantasie, Wissen und Harmonie sein als alles, was sich an Glücksmöglichkeiten denen bietet, die in unserer überschatteten Zeit zu leben verurteilt sind.

Zählt diese Hoffnung gar nicht? Müssen wir weiter unser Los Menschen anvertrauen, die weder Mitleid noch Wissen noch Phantasie besitzen und nichts anderes als Empfehlung aufzuweisen haben als einen zur Methode gewordenen Haß und eine meisterhafte Fertigkeit des Schmähens? (Das ist nicht als Vorwurf allen Staatsmännern gegenüber gemeint, sondern gilt nur für die, die Rußlands Geschicke lenken, und für einige, die in anderen Ländern Einfluß haben.) Wie sagte Othello, als er sich anschickte, Desdemona zu töten? »Aber welch Jammer, Jago! Welch Jammer, Jago!« Ich bezweifle, daß Malenkow und seine Gegner bei ihren Vorbereitungen zur Ausrottung der Menschheit wenigstens soviel Mitleid empfinden, um sich in diesem Sinne äußern zu können oder sich auch nur vorzustellen, was sie im Begriff sind heraufzubeschwören. Vermutlich ist ihnen niemals auch nur für einen Augenblick der Gedanke gekommen, daß der Mensch eine einzigartige Gattung darstellt mit Möglichkeiten, die sich verwirklichen oder vereiteln lassen. Nie hat sich ihr Sinnen und Trachten über das ständige Erwägen des jeweils Zweckmäßigen im kleinlichen Kampf um kurzlebige Macht erhoben. Und doch muß es in jedem Lande viele Menschen geben, die einer höheren und weiteren Sicht fähig sind. An sie muß allerorten der Weckruf der Freunde des Menschen ergehen. Die Zukunft des Menschen steht auf dem Spiel; sie ist gesichert, sobald nur genügend Menschen sich dieser Einsicht nicht verschließen. Mut, Hoffnung und Liebe werden sie brauchen, die der Welt den Weg zur Rettung aus ihrer Not weisen sollen. Ob sie es können, das weiß ich nicht; mit einer Gewißheit aber, die stärker ist als alle Vernunft, glaube ich, daß sie es wollen.

Jean-Marie BENOIST

DIE WERKZEUGE DER FREIHEIT

Herbig

In diesem Buch liefert Benoist eine Definition der Grundlagen des Liberalismus. Ausgehend von einer Bestandsaufnahme der heutigen politischen und gesellschaftlichen Situation in Frankreich entwirft Benoist eine kritische Vision der modernen Welt mit ihren ideologischen Konfrontationen.

328 Seiten

HERBIG